生态产品价值的司法实现

王海晶◎著

浙江工商大学 出版社

ZHEJIANG GONGSHANG UNIVERSITY PRESS

·杭州·

图书在版编目（CIP）数据

生态产品价值的司法实现 / 王海晶著 . — 杭州：
浙江工商大学出版社，2024.5
ISBN 978-7-5178-6022-8

Ⅰ . ①生… Ⅱ . ①王… Ⅲ . ①生态环境—环境保护法
—研究—中国 Ⅳ . ① D922.684

中国国家版本馆 CIP 数据核字（2024）第 094562 号

生态产品价值的司法实现
SHENGTAI CHANPIN JIAZHI DE SIFA SHIXIAN

王海晶 著

责任编辑	徐　凌	
责任校对	李远东	
封面设计	胡　晨	
责任印制	包建辉	
出版发行	浙江工商大学出版社	
	（杭州市教工路 198 号　邮政编码 310012）	
	（E-mail：zjgsupress@163.com）	
	（网址：http://www.zjgsupress.com）	
	电话：0571-88904980，88831806（传真）	
排　　版	杭州浙信文化传播有限公司	
印　　刷	浙江全能工艺美术印刷有限公司	
开　　本	710 mm × 1000 mm　1/16	
印　　张	21	
字　　数	288 千	
版 印 次	2024 年 5 月第 1 版　2024 年 5 月第 1 次印刷	
书　　号	ISBN 978-7-5178-6022-8	
定　　价	78.00 元	

目 录

引　言

一、研究背景

党的十八大以来，我国确立了"全面推进生态文明建设"的战略目标和时代任务，在习近平生态文明思想的指引下，逐渐重视绿色发展、可持续发展，出现了"践行'绿水青山就是金山银山'理念助力共同富裕""全面推进生产生活方式绿色转型""推动传统产业绿色化发展"等政策话语，"碳中和促进共同富裕，碳配额可成为居民重要财富来源""'双碳'目标将促进共同富裕"等专家观点、公众舆论话语。最关键的是，对"绿水青山就是金山银山"理念的理解更加深入，此乃习近平生态文明思想的重要内容、核心理念，是指导中国推进生态文明建设的重要理论依据。经过实践探索和深入研究，我们逐渐厘清"绿水青山"与"金山银山"之间的关系，逐渐明晰"绿水青山就是金山银山"理念的核心，也让我们意识到自然资源的经济属性，即生态系统本身蕴含了巨大的经济效益，"绿水青山"在为我们提供高质量的生态产品的同时也提供了物质保障。

在"绿水青山就是金山银山"理念的指引下，我国生态文明建设的道路就是将处理生态环境保护和经济发展之间的博弈关系的各种战略思路与行动方案予以统一，增加与"绿水青山就是金山银山"理念相契合的有关举措，稳中有序、序中有度地持续推进我国生态文明建设。生态产品价值实现的提出与"绿水青山就是金山银山"理念之间存在密切关系。一方面,"绿水青山就是金山银山"理念是生态产品价值实现的指导思想。唯有树立正确的"绿水青山就是金山银山"理念,深刻认识"绿水青山"与"金山银山"之间的关系,方可探索生态产品价值实现路径。另一方面,生态产品价值实现是"绿水青山就是金山银山"理念得以实现的主要抓手,也是"绿水青山就是金山银山"理念的重要内在逻辑。探索生态产品价值实现机制的过程就是"绿水青山就是金山银山"理念充分落实、实现将绿水青山转化为金山银山的过程。概言之,生态产品价值实现的过程就是将绿水青山转化为金山银山。建立健全生态产品价值实现机制,既是贯彻落实习近平生态文明思想、践行"绿水青山就是金山银山"理念的重要举措,也是坚持生态优先、推动绿色发展、建设生态文明的必然要求。

党的十九大报告明确把"坚持人与自然和谐共生"纳入新时代坚持和发展中国特色社会主义的基本方略,指出"生态文明建设是关系中华民族永续发展的千年大计""必须树立和践行绿水青山就是金山银山的理念";2035年基本实现的社会主义现代化,将"生态环境根本好转,美丽中国目标基本实现"作为重要的衡量标准。党的二十大报告再度强调"人与自然和谐共生",提出中国式现代化是人与自然和谐共生的现代化,人与自然和谐共生的现代化是推进中国式现代化的重要支撑,人与自然和谐共生在中国式现代化内容体系中占据着基础性的重要地位。基于此,中国式现代化语境被赋予了"绿色"内涵,是绿色的中国式现代化,而其实现路径就是要在人与自然和谐共生的基础上完善旧路、探索新路。生态环境法治现代化是中国式现代化的应有之义,是"人与自然和谐共生"的内生力量,是生态环境治理现代化的重要助力。生态产品也是推进生态环境法治现代化的重要抓手,是实现"绿水青山就是金山银山"理念的关键因素。

梳理我国提及生态产品的国家级别的法律和行政法规文件,最早提及"生态产品"的是2010年国务院印发的《全国主体功能区规划》。此后,我国逐步开展对生态产品价值实现的探索。2018 年，习近平总书记在深入推动长江经济带发展座谈会上的讲话中明确指出："探索政府主导、企业和社会各界参与、市场化运作、可持续的生态产品价值实现路径。"生态产品价值实现重新引发重视，自 2020 年 4 月起，自然资源部先后发布了 3 批 32 个生态产品价值实现的典型案例，主要包括以市场配置、市场交易等为主要方式的市场路径，以政府财政转移、政府购买服务等为主要方式的政府路径，以及以政府提供政策支持、行政管控等促进市场交易为主要方式的政府与市场混合型路径。目前，许多地方建立了"绿水青山就是金山银山"理念研究所，如广西"两山"发展研究院等。聚焦于浙江省内，主要是 2020 年 5 月注册成立的湖州师范学院"两山"理念研究院和 2020 年 6 月注册成立的安吉"两山"转化数字研究院。2021 年 4 月，中共中央办公厅、国务院办公厅印发的《关于建立健全生态产品价值实现机制的意见》（以下简称《意见》）更是让生态产品价值实现逐渐规范化、有序化。《意见》是习近平总书记提出"绿水青山就是金山银山"理念以来首部对生态产品作出系统规定的纲领性文件，更是首部将"绿水青山就是金山银山"理念在制度安排和实践操作层面予以落实的纲领性文件。《意见》从生态产品的调查监测、价值评估、产品运营、保护补偿、价值实现等角度进行详细阐述，为我国生态产品相关制度建设规划了蓝图、指明了目标。全国各地也通过发展生态旅游、助力绿色金融、发展碳汇项目、进行生态修复等方式致力于生态产品的价值实现，充分贯彻"绿水青山就是金山银山"理念。经过多年的努力探索，我国生态产品调查监测体系基本确立，比较科学的生态产品价值核算体系初步建立，生态产品经营开发持续创新，生态产品保护补偿政策制度日益完善，生态产品"难度量、难抵押、难交易、难变现"等问题得到较好解决。总体来看，现阶段我国初步建立了符合中国国情的生态产品价值实现机制，但是与《意见》所确立的"到 2025 年，生态产品价值实现的制度框架初步形成，到 2035 年，完善的生态产品价值实现机制全面建立"这一目标相比，生态产品价值实现的建立健全之路仍然道阻且长。因此，2024 年的政府工作报告也提出"完善生态产品价值实现机制"这一工作任务，在已有工作成效的基础上，以体制机制改革创新为核心，进一步破解现行制度框架体系下影响生态产品价值转化的深层次瓶颈制约，加快推进生态产品价值实现机制建设。

实践证明，生态产品价值实现既需要法治保障，也需要法治助力。对各种法律工具进行优劣分析，结合生态产品价值实现的现实情况，可以得出生态环境司法是解决人与自然博弈关系的重要手段，是生态环境法治实施体系的重要组成部分，是孕育生态产品价值的主要法治场域，更是推动生态产品价值实现的关键工具的结论。

二、国内外研究现状

"绿水青山就是金山银山"理念的落实关键是建立生态产品价值实现的体制机制。"建立健全生态产品价值实现机制"已经逐渐成为生态界、经济界、法律界等激烈讨论的学术热点话题，从自然资源部陆续发布的 3 批生态产品价值实现典型案例可见，我国的生态产品交易平台逐步搭建，绿水青山转化为金山银山的通道正在打通，进而实现生态产品价值提升和价值"外溢"。聚焦于法律界，"生态产品"逐渐成为高频词汇，其在法律规范文件和司法案例中的出现频次日益提高。梳理研究成果，国内外对该领域研究总体主要集中于经济学、管理学和法学领域。

（一）国内研究现状

一是对生态产品价值的基础理论研究，主要聚焦于生态产品的概念、属性、类型等生态产品概念内涵问题，以及生态产品价值形成与彰显等。刘向敏（2020）认为，必须要夯实生态产品价值实现基础，以此完善生态产品价值实现机制，从而助推生态修复与重建，提高生态产品的输出能力。[①] 关于生态产品基础理论的研究呈现出从历时性研究转为共时性研究，从全国视角聚焦到区域视角再放眼至全国视野，从单纯强调生态资源的资本化、产品化到供给侧、需求侧层面的趋势。国内研究伴随着国际生态环境系统服务功能及评价研究的兴起而兴起。最早可以追溯到 20 世纪 80 年代，国内以李金昌为代表的资源经济学家开始对自然资源评估测算进行理论与实践探索。[②] 任耀武等（1992）强调生态意识下的产品观，最早提出"生态产品"一词，认为生态产品是指通过生态工（农）艺生产出来的没有生态滞竭的安全可靠无公害的高档产品，具有天然性、限量性、针对性、局限性、时效性等特点。[③] 之后，学界逐渐意识到"生态产品"是我国的独创性概念，李宏伟等（2020）表示"生态产品"作为我国的独创性概念，与西方的"自然资本""生态环境系统服务"等概念既有共通性，也存在差异。[④] 刘江宜等（2020）将生态产品与生态领域内密切相关的概念进行比较，如生态资源资产、生态标签产品、生态环境系统服务、环境产品等，对生态产品的内涵予以准确界定。[⑤] 但是也有部分学者将生态产品与一些相关概念进行同等对待，方印等（2022）就表示生态产品是生态环境系统服务功能在国内的对应概念。[⑥] 白荣君等（2022）则认为，生态产品供给服务是生态环境系统服务功能类型之一。[⑦] 黄向（2022）将生态产品划分为公共性生态产品、准公共性生态产品和经营性生态产品三种，

[①] 刘向敏：《生态产品价值实现视域下矿山废弃地生态修复与重建》，《中国矿业》2020 年第 11 期，第 72—75 页、第 81 页。

[②] 李金昌：《生态经济学的产生和发展》，《环境保护》1983 年第 1 期，第 2—5 页。

[③] 任耀武、袁国宝：《初论"生态产品"》，《生态学杂志》1992 年第 6 期，第 50—52 页。

[④] 李宏伟、薄凡、崔莉：《生态产品价值实现机制的理论创新与实践探索》，《治理研究》2020 年第 4 期，第 34—42 页。

[⑤] 刘江宜、牟德刚：《生态产品价值及实现机制研究进展》，《生态经济》2020 年第 10 期，第 207—212 页。

[⑥] 方印、柯莉：《生态产品价值市场化实现：需求导向、定价方式及制度配置》，《价格月刊》2022 年第 11 期，第 28—37 页。

[⑦] 白荣君、李军媛：《南水北调中线水源地生态补偿机制的制度保障研究——以秦岭地区陕南三市为例》，《生态经济》2022 年第 11 期，第 209—214 页。

其中公共性生态产品就是指作为生态屏障的生态环境系统服务。① 何寿奎等
（2022）则从狭义和广义分别进行理解，认为狭义的生态产品包括自然产品，
广义的生态产品包括生态环境系统服务。② 仇晓璐等（2023）将生态产品定义
为以自然资源与生态环境为物质载体和保障，并辅以人类劳动而形成的满足
人们美好生活和优美生态环境需要的各类产品（含服务），或为了更好地促进
人们供给和享有以上产品，在政府规制下形成的可实现经济价值的相关权益
及虚拟化产品，并创新性地构建了一套包含 2 个一级大类、9 个二级大类、14
个三级大类及具体举例说明的生态产品多级综合分类体系。③ 李树训（2023）
将生态环境系统服务功能与生态产品视为并列关系。④ 窦亚权等（2022）则认
为，生态产品与国外常用的"生态环境系统服务"一词既有密切联系，又存
在部分区别，如生态产品不包括生态环境系统服务的中间服务过程，以终端
产品为主；生态产品包括产权不明晰的清新空气这一自然要素，在生态环境
系统服务中尚未体现，等等。⑤ 王金南等（2021）从本质出发，认为生态环
境系统服务在本质上更多地侧重于人类与生态系统及生态系统内部之间的关
系，而生态产品在此基础上又着重强调了人与人之间的关系，即产品的可交
易性。⑥ 随着对生态产品概念的深入研究，其概念、特点逐渐明晰。张文明等
（2019）认为，生态资源资本化是一个基于生态资源价值的认识、开发、利用、
投资、运营的保值增值过程，遵循"生态资源—生态资产—生态资本"的演

---

① 黄向：《自然保护地双机构管理模式的生态正义研究——生命权力运作的视角》，《思想战线》2022
年第 6 期，第 160—168 页。
② 何寿奎、徐建卿：《乡村振兴与生态资本价值实现融合的内在逻辑、机制与路径研究》，《云南民族
大学学报（哲学社会科学版）》2022 年第 5 期，第 117—124 页。
③ 仇晓璐、赵荣、陈绍志：《生态产品及其分类体系构建研究》，中国农业资源与区划：1—11［2023-
08-07］. http://kns.cnki.net/kcms/detail/11.3513.S.20230803.1850.036.html.
④ 李树训：《新时代环境法治观的转向：空间思维的应用》，《西北民族大学学报（哲学社会科学版）》
2023 年第 1 期，第 82—93 页。
⑤ 窦亚权、杨琛、赵晓迪、王怀毅、李娅、何友均：《森林生态产品价值实现的理论与路径选择》，
《林业科学》2022 年第 7 期，第 1—11 页。
⑥ 王金南、王志凯、刘桂环、马国霞、王夏晖、赵云皓、程亮、文一惠、於方、杨武：《生态产品第
四产业理论与发展框架研究》，《中国环境管理》2021 年第 4 期，第 5—13 页。

化路径。① 张林波等（2019）认为，生态产品具有市场交易、人类消费、终端产品三方面内涵，属于满足人类美好生活需要的生活必需品。② 同时，生态产品的生态经济价值越发凸显。庄贵阳（2018）、陈宝山（2021）表示，生态环境要素的产品化体现了生态产品的经济价值，而其保值增值、市场交易等过程激活和释放了生态红利。③ 卢瑶等（2019）认为生态环境要素的使用价值决定了其产品化，生态公共利益的"公益性"本质决定了其属于公共产品。④ 王前进等（2019）对生态产品的特点进行分析，认为其具备可体会、不可界定、不可交换、永不过剩等特点。⑤ 李琳森等（2018）将生态产品解读为具有基于生态系统内涵的生态产品和基于生态属性的生态产品，而只有基于生态属性的生态产品才可以通过市场交换方式实现其经济价值。⑥ 但也不是所有的学者都赞同生态产品这一概念，主要体现为对生态资源资本化的驳斥，如刘卫先（2016）认为生态资源价值难以用货币评估量化，对其资本化贬低了自然生态的重要性，而且此行为与生态环境保护的目标相违背。⑦ 耿言虎（2014）认为，资本与生态之间存在内在冲突，市场对生态资源赋值会加剧生态失衡。⑧ 刘顺等（2014）认为，资源资本化实际是商品拜物教的流变形态，驱迫使用价值

① 张文明、张孝德：《生态资源资本化：一个框架性阐述》，《改革》2019 年第 1 期，第 122—131 页。
② 张林波、虞慧怡、李岱青等：《生态产品内涵与其价值实现途径》，《农业机械学报》2019 年第 6期，第 173—183 页。
③ 庄贵阳：《新时代中国特色生态文明建设的核心要义》，《企业经济》2018 年第 6 期，第 5—10 页、第 2 页；陈宝山：《生态财产权的类型化建构与制度表达》，《华中农业大学学报（社会科学版）》2021年第 3 期，第 152—161 页、第 191 页。
④ 卢瑶、熊友华：《生态环境损害赔偿制度的理论基础和完善路径》，《社会科学家》2019 年第 5 期，第 131—138 页。
⑤ 王前进、王希群、陆诗雷、郭保香：《生态补偿的经济学理论基础及中国的实践》，《林业经济》2019 年第 1 期，第 3—23 页。
⑥ 李琳森、张旭锐：《基于供给侧改革的森林生态标志产品研究》，《林业经济问题》2018 年第 1 期，第 15—20 页、第 101 页。
⑦ 刘卫先：《我国环境法学研究中的路径依赖及其克服》，《政法论丛》2016 年第 5 期，第 59—68 页。
⑧ 耿言虎：《自然的过度资本化及其生态后果——云南"橡胶村"案例研究》，《河海大学学报（哲学社会科学版）》2014 年第 2 期，第 31—36 页、第 91 页。

从属于交换价值、致使人与自然之间的新陈代谢断裂。①

　　二是生态产品价值实现的体制机制研究。生态产品经济性表达的重视程度从低到高，价值实现困境的破解视角由小及大，生态产品价值实现的路径从政府干预的价值控制到市场调节的价值自由，再到政府与市场融合的协调配合，逐步构建完善的生态产品价值实现机制。张文明等（2019）认为，生态产品的价值实现路径可以分为直接转化路径和间接转化路径，直接转化路径是将生态资源的优势转化为生态产品并可直接交易获得价值，间接转化路径则需要经过生态资产优化配置、绿色产业组合、金融市场工具嫁接等方式实现生态资源增值。② 周一虹等（2020）从生态—经济—社会和谐可持续发展的视角出发，以生态系统的自我修复能力临界值（阈值）为标准，将生态（产品）价值实现模式分为原生态环境条件下生态（产品）价值实现模式、生态环境保护条件下生态（产品）价值实现模式与生态环境治理条件下生态（产品）价值实现模式三种。③ 多数学者强调市场交易机制，黎元生（2018）认为生态产品的特性决定其只能通过在虚拟市场交易中以权利转让等方式实现其生态价值。④ 高晓龙等（2020）认为，生态产品价值实现就是通过多种政策工具的干预真实地反映生态产品的价值，通过已有或新建的交易机制进行交易，保证政府和市场的双重参与，构建市场化交易体制和非市场化的管理方式，实现外部经济内部化的长效机制。⑤ 金兴华等（2021）认为，生态产品价值具有虚拟特性：从质上看是剩余劳动，从量上看是生态产品因促进劳动生产率而推动的一个剩余价值量；生态产品的人格化奠定了生态产品价值剥离的基

① 刘顺、胡涵锦：《自然资本化：福斯特生态学马克思主义批判的关键命题》，《中国地质大学学报（社会科学版）》2014 年第 1 期，第 75—81 页。
② 张文明、张孝德：《生态资源资本化：一个框架性阐述》，《改革》2019 年第 1 期，第 122—131 页。
③ 周一虹、郭建超：《基于甘肃甘南草原旅游服务的生态产品价值实现研究》，《会计之友》2020 年第 11 期，第 138—143 页。
④ 黎元生：《生态产业化经营与生态产品价值实现》，《中国特色社会主义研究》2018 年第 4 期，第 84—90 页。
⑤ 高晓龙、林亦晴、徐卫华、欧阳志云：《生态产品价值实现研究进展》，《生态学报》2020 年第 1 期，第 24—33 页。

础，生态产品价值通过市场方式和非市场方式外化而得到实现。[①]虞慧怡等（2020）加强了对生态产品价值实现交易载体的研究，强调要厘清交易载体与生态产品生产之间的关系，并以此建立基于交易载体的生态产品市场交易机制，以促进生态产品向经济产品转化。[②]还有学者从具体实践出发，对市场交易机制予以现实检视。李忠（2020）结合长江经济带特点，建议建立资源类生态产品交易平台和环境类生态产品交易平台，积极探索生态资源变资本的交易机制，促进生态资源向生态经济转化。[③]但也有学者质疑市场机制的实效性，胡咏君等（2019）表示生态产品的价值化和市场化也会促进生态产品的生产，但其存在资源产权不清、价值实现程度总体偏低及科学性不足等困难，进而导致生态产品无法实现合理价值。[④]王斌（2019）明确指出，生态产品价值化、市场化发展难点主要集中在产权制度、市场化机制和管理体制三大方面。[⑤]基于此，许多学者关注政府作用的发挥，王茹（2020）从供给出发，建议发挥政府主导和市场机制作用，构建多元主体的生态产品供给体系，实现经济效益、生态效益和社会效益的叠加效应，从而推动生态产品价值实现，保持发展战略定力。[⑥]也有学者开始关注政府、市场和社会对生态产品价值实现的协调合作，龙耀（2018）认为生态产品的经济回报包含市场、社会和政府三种路径，而这三种路径之间存在明显的博弈关系。[⑦]陈清等（2020）从政

---

① 金兴华、严金强：《生态产品价值：虚拟特性、量化基础与硬化过程》，《青海社会科学》2021年第4期，第60—66页。
② 虞慧怡、张林波、李岱青等：《生态产品价值实现的国内外实践经验与启示》，《环境科学研究》2020年第3期，第685—690页。
③ 李忠：《长江经济带生态产品价值实现路径研究》，《宏观经济研究》2020年第1期，第124—128页、第163页。
④ 胡咏君、吴剑、胡瑞山：《生态文明建设"两山"理论的内在逻辑与发展路径》，《中国工程科学》2019年第5期，第151—158页。
⑤ 王斌：《生态产品价值实现的理论基础与一般途径》，《太平洋学报》2019年第10期，第78—91页。
⑥ 王茹：《基于生态产品价值理论的"两山"转化机制研究》，《学术交流》2020年第7期，第112—120页。
⑦ 龙耀：《利润补差＋公众诉求：生态效益补偿新探索》，《农业经济问题》2018年第7期，第108—117页。

府干预角度出发，将生态产品价值实现机制划分为政府权威机制、市场机制、志愿机制和混合机制四种。[①] 姚震等（2020）提出多元化的价值实现机制，认为该机制的总体构想是对于具有纯公共产品或公共资源属性的生态产品，其价值通过多种财税手段得以实现；对于具有可交易特性的生态产品，则其价值可通过引入市场机制予以实现；对介于可交易与纯公共产品特性之间的其他生态产品，应推广政府和社会资本合作（PPP）模式，实现生态环境污染第三方治理，引导社会资本进入生态产品市场。[②] 李宇亮等（2021）表示要在识别生态产品自然、社会和经济属性的基础上，以排他性和竞争性为依据，将不同消费方式的生态产品进行归纳分类，结合政府、市场和社会的现实情况，分别探析各类生态产品的价值实现途径。[③] 还有学者对私人模式予以高度关注，朱新华等（2022）就强调打造生态产业化模式，吸引供给主体，促进绿色消费。[④]

三是生态产品价值实现的法治研究。法治是推动、落实和保障生态产品价值实现的关键，而从动态的系统观出发，法治本身，尤其是司法手段，也是生态产品价值实现的重要方式。对于生态产品价值实现的法治研究主要集中于静态视角，侧重强调相关法律制度的健全完善。早在 21 世纪初，就有学者对法律制度予以重视。王孔雀等（2004）表示，生态经济是制度约束的经济，其开发必须建立健全完善的制度机制，并构想了由法律约束机制、生态转移支付机制、区域协调机制、市场价格机制和生态补偿机制组成的生态经济制度机制。其中，法律约束机制是整个制度机制的基础，是其他机制形成和运行的依据。[⑤] 靳诚等（2021）对我国生态产品价值实现的政策予以梳理，

---

① 陈清、张文明：《生态产品价值实现路径与对策研究》，《宏观经济研究》2020 年第 12 期，第 133—141 页。
② 姚震、陶浩、王文：《生态文明视野下的自然资源管理》，《宏观经济管理》2020 年第 8 期，第 49—54 页。
③ 李宇亮、陈克亮：《生态产品价值形成过程和分类实现途径探析》，《生态经济》2021 年第 8 期，第 157—162 页。
④ 朱新华、李雪琳：《生态产品价值实现模式及形成机理——基于多类型样本的对比分析》，《资源科学》2022 年第 11 期，第 2303—2314 页。
⑤ 王孔雀、胡仪元：《生态经济的制度机制研究》，《生态经济》2004 年第 S1 期，第 76—79 页。

认为我国早在 1980 年就开始制定相关政策了，大致分为萌芽起步、努力探索、全面发力三个阶段，在"双碳"目标牵引下，未来的 5—10 年内生态产品价值实现的具体实践工作将进入一个全新的发展阶段。[①] 丘水林等（2019）揭露了我国在生态产品价值实现方面的政策缺陷，认为其主要表现为制度建设滞后于市场化演进、竞争激励难以满足多元化需求、公私合作关系契约精神匮乏，以及生态产品交易市场浅层化发育。[②] 唐潜宁（2019）认为，生态产品能否实现市场化供给，主要从制度性条件、经济性条件和技术性条件三方面考虑，且制度性条件是其他两方面的保障和基础。[③] 李胏等（2021）强调要尽快完善生态产品价值实现的法律法规，加强顶层设计，明晰生态产品所有权及行使权，完善资产产权，推进生态产品产权改革，加大对生态产品市场交易机制的完善力度。[④] 为此，学界展开研究。吴良志（2020）以"权利—义务"范式为标尺，认为生态产品包含生态法益、生态产品供需法律关系和生态产品供需法律行为。[⑤] 陈宝山等（2021）认为，可以引入生态财产权概念，从外在和内在的类型化两个方面探讨供给主体生态产品财产利益的财产权建构，完善登记认证、产品抵消、产权转移等制度，为生态财产权的生成和实现提供制度保障，通过制度进行表达。[⑥] 大量学者关注价值核算，如于法稳（2021）重点考虑了优质生态产品，认为此属于供给短缺的稀缺产品，要推动生态产品的价值实现，要先确定生态产品价值的内涵及其价值核算，也就是生态价值的量化核算。[⑦] 罗琼（2021）认为，政府尚未充分发挥作用，相关市

① 靳诚、陆玉麒：《我国生态产品价值实现研究的回顾与展望》，《经济地理》2021 年第 10 期，第 207—213 页。
② 丘水林、靳乐山：《生态产品价值实现的政策缺陷及国际经验启示》，《经济体制改革》2019 年第 3 期，第 157—162 页。
③ 唐潜宁：《生态产品的市场供给制度研究》，《人民论坛·学术前沿》2019 年第 19 期，第 112—115 页。
④ 李胏、姚震、陈安国：《自然资源生态产品价值实现机制》，《中国金融》2021 年第 1 期，第 78—79 页。
⑤ 吴良志：《论优质生态产品有效供给的法治保障》，《学习与实践》2020 年第 5 期，第 84—89 页。
⑥ 陈宝山、黄锡生：《生态产品财产权的类型化建构与制度表达》，《经济体制改革》2021 年第 6 期，第 178—184 页。
⑦ 于法稳：《中国生态经济研究：历史脉络、理论梳理及未来展望》，《生态经济》2021 年第 8 期，第 13—20 页、第 27 页。

场机制不完善，生态产品价值实现的社会意识薄弱，最关键的是，基础性制度不健全，尤其是国家尚未出台规范统一的生态产品价值核算方法。[①] 谷中原等（2019）建议构建政府与民间协同的生态产品供给体系，以供给促需求，推动生态产品价值实现。[②] 杨锐等（2020）认为，建构基于消费端的自然保护地指标交易机制也是破解生态产品价值实现难题、解决中国不同行政单元间自然保护和经济发展不均衡这一结构性矛盾的新思路。[③] 方印等（2021）基于"市场自由竞争，政府适度规制，公众充分参与"的内在逻辑，提出构建生态产品价格形成机制法律规则，具体包括定价权法律规则和价格形成配套法律规则，推动生态产品市场化改革。[④] 张文明（2020）则提出借鉴福建森林生态银行的运营模式，完善生态产品价值实现机制和自然资源产权制度，营造有利于生态产品价值实现的环境。[⑤]

（二）国外研究现状

国外并无与"生态产品"严格对应的学术概念，国外学界提出的与"生态产品"最为接近的概念是"生态环境系统服务"。20世纪60年代，生态环境系统服务的概念在《人类对全球环境的影响报告》中被首次提出，后被扩展为以自然生态为载体的为人类提供净化空气、调节气候的"全球环境服务"。梳理国外相关研究可发现，从自然科学角度和社会科学角度讨论生态环境系统服务功能的文献均比较丰富。Garrick等（2009）从生态经济学的角度，研究了北美地区的哥伦比亚河流域及澳大利亚墨累河流域淡水资源生态

---

① 罗琼：《"绿水青山"转化为"金山银山"的实践探索、制约瓶颈与突破路径研究》，《理论学刊》2021年第2期，第90—98页。
② 谷中原、李亚伟：《政府与民间合力供给生态产品的实践策略》，《甘肃社会科学》2019年第6期，第41—48页。
③ 杨锐、钟乐、赵智聪：《基于消费端的自然保护地指标交易机制：生态产品的价值实现》，《生态学报》2020年第18期，第6687—6693页。
④ 方印、李杰：《生态产品价格形成机制及其法律规则探思——基于生态产品市场化改革背景》，《价格月刊》2021年第6期，第1—10页。
⑤ 张文明：《完善生态产品价值实现机制——基于福建森林生态银行的调研》，《宏观经济管理》2020年第3期，第73—79页。

环境系统服务功能及其在水资源市场中的意义。[1] 诺贝尔经济学奖得主 Olsson 等（2013）研究了生态环境系统服务功能的制度属性及在流域、国家和国际层面建立生态环境系统服务功能利用和保护制度的问题。[2] Marcela 等（2012）以哥伦比亚和德国为例，研究了流域生态环境系统服务功能支付制度的可持续性等问题。Roesch–McNally 等（2016）研究了生态环境系统服务功能的自愿支付和非自愿支付问题，其中非自愿支付与我国的生态环境系统服务功能期间的损害赔偿存在相通之处。[3] Muradian 等（2012）从治理的角度，探讨了采用市场机制和政府管制，规制、保护生态环境系统服务功能的问题。[4] McElwee（2012）从新制度经济学的角度出发，分析对生态环境系统服务功能支付对价是一剂灵丹妙药还是引发更多问题的原因。[5] Bouwma 等（2018）研究了欧盟环境政策体系对生态环境系统服务功能的接纳过程及生态环境系统服务功能在欧盟法中的地位。[6] Abcede 和 Gera（2018）研究了生态环境系统服务功能法律制度对于东盟国家矿产资源可持续发展的意义。[7] Pastén 等（2018）研究了生态环境系统服务功能在加拿大和智利法律制度中的地位。[8] Rasyikah Md Khalid 等（2018）研究了生态环境系统服务功能概念对于在马来

① 　D. Garrick, et al. "Water Markets and Freshwater Ecosystem Services: Policy Reform and Implementation in the Columbia and Murray-Darling Basins". Ecological Economics, 2009, 69, pp. 366-379.
② 　Franciska Rosen, Per Olsson. "Institutional Entrepreneurs, Global Networks, and the Emergence of International Institutions for Ecosystem-based Management: The Coral Triangle Initiative". Marine Policy, 2013, 8, pp. 195-204.
③ 　G. E. Roesch-McNally, S. S. Rabotyagov. "Paying for Forest Ecosystem Services: Voluntary Versus Mandatory Payments". Environmental Management, 2016, 57, pp. 585-600.
④ 　Roldan Muradian, Laura Rival. "Between Markets and Hierarchies: The Challenge of Governing Ecosystem Services". Ecosystem Services, 2012, 1, pp. 93-100.
⑤ 　Pamela D. McElwee. "Payments for Environmental Services as Neoliberal Market-based Forest conservation in Vietnam: Panacea or problem?" Geoforum, 2012, 43, pp. 412-426.
⑥ 　Irene Bouwma, et al. "Adoption of the Ecosystem Services Concept in EU policies". Ecosystem Services, 2018, 29, pp. 213-222.
⑦ 　Rene Abcede, Weena Gera. "Examining the Coherence of Legal Frameworks for Ecosystem Services toward Sustainable Mineral Development in the Association of Southeast Asian Nations". Ecosystem Services, 2018, 29, pp. 228-239.
⑧ 　Roberto Pastén, Martin Olszynski, Michael Hantke-Domas. "Does Slow and Steady Win the Race? Ecosystem Services in Canadian and Chilean Environmental Law". Ecosystem Services, 2018, 29, pp. 240-250.

西亚实现良好生态状态的意义。[①] Małgorzata Stępniewska 等（2018）研究了在波兰法律制度中，引入生态环境系统服务功能的概念和加强生态环境管理的可能性问题。[②] Alexandre Altmann，Márcia Silva Stanton（2018）从立法和司法的角度出发，研究了巴西法律制度中生态环境系统服务功能的概念和地位。[③] Sunita Chaudhary 等（2018）研究了尼泊尔法律制度中的环境正义和生态环境系统服务功能问题。[④] Ho Huu Loc 等（2018）针对生态环境系统服务功能对于农地价格的意义，研究了越南法律及湄公河三角洲地区的习惯法。[⑤] Benoît Prévost，Audrey Rivaud（2018）研究了世界银行的环境战略，针对将新制度经济学适用于法律问题时存在的偏见，探讨了与生态环境系统服务功能有关的问题。[⑥] Jane Verbitsky（2018）从国际法的角度研究了生态环境系统服务功能问题，以及南极洲的生态环境系统服务功能法律问题。[⑦] Aitana De la Varga Pastor，Joan Pons Solé（2018）研究了西班牙加泰罗尼亚地区为保护生态环境系统服务功能所进行的法律工具创新问题。[⑧] Paul V. Martin（2018）研究了管理生态环境系统服务功能市场的法律风险。[⑨]

---

① Rasyikah Md Khalid, et al. "Legal Framing for Achieving 'Good Ecological Status' for Malaysian Rivers: Are There Lessons to be Learned from the EU Water Framework Directive?" Ecosystem Services, 2018, 29, pp. 251-259.

② Małgorzata Stępniewska, et al. "Capability of the Polish Legal System to Introduce the Ecosystem Services Approach into Environmental Management". Ecosystem Services, 2018, 29, pp. 271-281.

③ Alexandre Altmann, Márcia Silva Stanton. "The Densification Normative of the Ecosystem Services Concept in Brazil: Analyses from Legislation and Jurisprudence". Ecosystem Services, 2018, 29, pp. 282-293.

④ Sunita Chaudhary, et al. "Reprint of: Environmental Justice and Ecosystem services: A Disaggregated Analysis of Community Access to Forest Benefits in Nepal". Ecosystem Services, 2018, 29, pp. 316-332.

⑤ Ho Huu Loc, et al. "The Legal Aspects of Ecosystem Services in Agricultural Land Pricing, Some Implications from a Case Study in Vietnam's Mekong Delta". Ecosystem Services, 2018, 29, pp. 360-369.

⑥ Benoît Prévost, Audrey Rivaud. "The World Bank's Environmental Strategies: Assessing the Influence of a Biased Use of New Institutional Economics on Legal Issue". Ecosystem Services, 2018, 29, pp. 370-380.

⑦ Jane Verbitsky. "Ecosystem Services and Antarctica: The Time Has Come?" Ecosystem Services, 2018, 29, pp. 381-394.

⑧ Aitana De la Varga Pastor, Joan Pons Solé. "Innovative Legal Tools Applied in Land Stewardship for the Conservation of Ecosystem Services in Catalonia". Ecosystem Services, 2018, 29, pp. 395-403.

⑨ Paul V. Martin. "Managing the Risks of Ecosystem Services Markets". Ecosystem Services, 2018, 29, pp. 404-410.

　　国外的研究多集中在生态产品价值实现的经济政策工具与相关评估方法等领域。如 Liv Lundberg 等（2018）从技术层面出发，分析拍卖机制在现实世界 PES（支持生态系统服务补偿）设计中的应用情况，分析实施 PES 计划的环境符合参与者之间的计划标准、机会成本与生态环境系统服务之间的相关性、成本的异质性和预算规模等，并设计了反向拍卖这一生态产品价值实现的经济政策工具；Bratman 和 Gregory N. 等（2019）认为，生态环境系统服务评估范围应当予以扩大，使其包括心理健康，并为此提供一个启发式的概念模型①；Raum 和 Susanne（2018）认为，生态环境系统服务的概念为系统评估生态系统多重益处提供了一个有用的框架，应当将生态环境系统服务与利益攸关方紧密联系起来，系统规划它们在这些方面的潜在利益②；Dick 和 Jan（2018）明确指出，生态环境系统服务概念正在成为政策和规划的主流③；Mauerhofer 和 Volker（2018）对法治作为一个社会构建的规范框架和生态环境系统服务之间的关系提出了初步见解，认为应当协调好法规激励、经济激励和信息激励三种措施之间的关系。④ 其次比较接近"生态产品"的概念为"自然资本"（natural capital assets），如 Missemer 和 Antoine（2018）梳理了自然资本概念的历史沿革⑤，Barbier 和 Edward B.（2019）指出，自然环境现在通常被视为一种资本资产或自然资本，还包括为经济提供重要商品和

① Bratman, Gregory N., et al. "Nature and Mental Health: An Ecosystem Service Perspective". Science Advances, 2019, 5(7), pp. eaax0903-eaax0903.
② Raum, Susanne. "A Framework for Integrating Systematic Stakeholder Analysis in Ecosystem Services Research: Stakeholder Mapping for Forest Ecosystem Services in the UK". Ecosystem Services, 2018, 29, pp. 170-184.
③ Dick, Jan, et al. "Stakeholders' Perspectives on the Operationalisation of the Ecosystem Service Concept: Results from 27 Case Studies". Ecosystem Services, 2018, 29(c), pp. 552-565.
④ Mauerhofer, Volker. "Legal Aspects of Ecosystem Services: An Introduction and an Overview". Ecosystem Services, 2018, 29, pp. 185-189.
⑤ Missemer, Antoine. "Natural Capital as an Economic Concept, History and Contemporary Issues". Ecological Economics, 2018, 143, pp. 90-96.

服务的生态系统。[1] Dickie 和 Ian 等（2019）认为，自然资本核算是环境管理的新工具，是以经济价值来阐明决策者对环境的技术和科学理解，而且自然资本会计结构有助于提高自然环境的资产价值，降低环境风险和经济风险；Fairbrass，A. 等（2020）认为，发挥经济资产作用的环境组成部分为自然资本，政府应当通过自然资本核算、评估等一系列活动检测其状况和趋势，并提出了一个综合的自然资本指标框架（NCIF）和示例指标，该框架为各国选择和组织指标以评估其使用与依赖自然资本的情况提供了一个说明性结构。[2] Helm 和 Dieter（2019）认为，自然资本是一个基于资产而不是实用程序的硬概念，该类资本的资产适合会计、资产负债表和风险等级，需要进行资本维护[3]。Brandon 和 Carter 等（2021）明确指出，鉴于气候变化、环境退化和生物多样性丧失对人类的威胁，必须将自然资本的价值纳入国家经济决策。[4]

国外从法学视角对"生态产品"的研究也比较丰硕。Mauerhofer, V.（2018）指出，法学界对生态环境系统服务的关注较少，但是法律在生态环境系统服务中具有重要的作用。[5] Sandberg（2007）研究了生态环境系统服务功能的法律属性。[6] Rene Abcede 和 Weena Gera（2018）研究了生态环境系统服务功能的法律属性，以及借助法律强制力保护生态环境系统服务功能所具有的潜力和所面临的问题。[7] David Toledo 等（2018）以哥伦比亚 Anchicaya 地区的一

---

[1] Barbier, Edward B. "The Concept of Natural Capital". Oxford Review of Economic Policy, 2019, 35(1), pp. 14-36.

[2] Fairbrass, A., et al. "The Natural Capital Indicator Framework (NCIF) for Improved National Natural Capital Reporting". Ecosystem Services, 2020, 46, pp. 101-198.

[3] Helm, Dieter. "Natural Capital: Assets, Systems, and Policies". Oxford Review of Economic Policy, 2019, 35(1), pp. 1-13.

[4] Brandon, Carter, et al. "Integrating Natural Capital into National Accounts: Three Decades of Promise and Challenge". Review of Environmental Economics and Policy, 2021, 15(1), pp. 134-153.

[5] Mauerhofer, V. "The Law, Ecosystem Services and Ecosystem Functions: An in-Depth Overview of Coverage and Interrelation". Ecosystem Services, 2018, 29, pp. 190-198.

[6] Audun Sandberg. "Property rights and ecosystem properties". Land Use Policy, 2007, 24, pp. 613-623.

[7] Rene Abcede, Weena Gera. "Examining the Coherence of Legal Frameworks for Ecosystem Services toward Sustainable Mineral Development in the Association of Southeast Asian Nations". Ecosystem Services, 2018, 29, pp. 228-239.

个司法案例为例，研究了生态环境系统服务功能的估值框架。^① Suhardiman 等（2013）研究了越南的自然资源权属及生态环境系统服务功能的性质，考察了生态环境系统服务功能是市场机制还是政府对资源的控制。^② Kistenkas，Bouwma（2018）研究了欧洲水法和自然保育法中纳入生态环境系统服务功能、保障及救济生态环境系统服务功能的障碍，对于涉及生态环境系统服务功能的可赔偿性的法律问题做了梳理。^③ Jones，DiPinto（2018）研究了自然资源侵权诉讼中生态环境系统服务功能的角色，提出了初级恢复原状（primary restoration）和补偿性恢复原状（compensatory restoration）的概念，认为生态环境系统服务功能损失可以纳入作为补偿性恢复原状的内容。该文研究了美国联邦 1990 年发布《石油污染法》以来的司法实践，具有很重要的比较法意义。^④ Davidson（2012）研究了全球生态环境系统服务功能的分配正义问题，其中关于生态环境系统服务功能分配正义、矫正正义讨论，为研究生态环境系统服务功能在国内法中的地位、救济等问题提供了思路。^⑤

近十年来，国外司法实务界对于生态产品的重视程度由低到高，生态产品价值实现的司法统一化、规则化逐渐引起了司法部门高度重视。后文将列举子午能源有限公司诉中奥塔哥区议会案、卡特·霍尔特·哈维有限公司诉怀卡托地区委员会案、地热集团有限公司诉怀卡托地区委员会案、北坎特伯雷山卡斯山脊建设风力发电厂诉胡润瑞区议会案等案件并进行简单分析。

对上述研究予以评析：学者们从科学认知和制度构建层面初步探讨了生

① David Toledo, et al. "Ecosystem Service Valuation Framework Applied to a Legal Case in the Anchicaya Region of Colombia". Ecosystem Services, 2018, 29, pp. 352-359.
② Diana Suhardiman, et al. "Payments for Ecosystem Services in Vietnam: Market-based Incentives or State Control of Resources?" Ecosystem Services, 2013(5), pp. 94-101.
③ Frederik H. Kistenkas, Irene M. Bouwma. "Barriers for the Ecosystem Services Concept in European Water and Nature Conservation Law". Ecosystem Services, 2018(29), pp. 223-227.
④ Carol Adaire Jones, Lisa DiPinto. "The Role of Ecosystem Services in USA Natural Resource Liability Litigation". Ecosystem Services, 2018(29), pp. 333-351.
⑤ Marc D. Davidson. "Distributive Justice in the International Regulation of Global Ecosystem Services". Global Environmental Change, 2012(22), pp. 852-861.

态产品价值实现法治保障措施的必要性、可行性和实现路径，这些真知灼见
为后续研究奠定了理论基础。总体来看，这些研究尚存不足，存在不少问题
值得思考：与生态产品价值实现相关的法学研究数量不多，而且其论文数量
与质量往往难成正比，多局限于生态产品价值实现的法律保障和制度建设的
理论层面，缺乏与司法实务的有效协同衔接，司法实践性较为薄弱。尤其是
在关于生态产品价值实现的具体定性规则和定量规则两方面，通过对国内外
司法案例的梳理分析发现，学术层面研究的薄弱导致司法实务中面对大量案
例无据可循，而学术理论研究的超前与制度化进程无法衔接，导致司法实务
中出现大量法律空白。本书展开的研究将在一定程度上填补学术理论界和司
法实务界的这些不足与空白。

　　生态环境关系千秋万代，对其进行保护关系着人类的生存与发展。因此，
"生态产品"绝不是一个简单陈旧的话题，而是一个亟待持续关注、深度研究
的生态环境法治疑难论题。随着学术界日益重视生态环境损害责任，未来相
关研究应当在既有研究的基础上予以突破，并呈现出以下趋势：一方面，理
念转变趋势。学者在对生态产品实现的法治保障研究中往往秉持单一的立法
思维，多停留在"就事论事"的理论叙事或碎片化的单种类生态产品研究，
尚未考虑到法治的整体性、体系性，尤其是未对司法力量予以高度重视。本
书将在夯实绿色司法和能动司法两大司法理念的基础上，进一步夯实生态产
品价值实现路径中的司法理念，并确定生态产品价值的司法实现方式。另一
方面，保障制度体系化趋势。既有研究关于生态产品价值实现保障制度较为
零星、松散，不成体系，未来研究需结合中国本土实际，在新理念的指导下完
善生态产品价值法律制度，尤其是对司法实现机制予以规范的制度，保证生态
产品价值的司法实现可以规范有序，进而提升生态产品价值司法实现的效能。

三、研究内容

　　生态产品价值实现是落实"绿水青山就是金山银山"理念、推进生态文

明建设的重要抓手之一，是推动我国绿色产业发展及经济增长的新动力，是
我国生态环境保护和治理的助推力，更是生态环境保护司法体制改革的重要
推动力。对此，我国致力于实现该机制的制度安排，保证规范有序地进行实
践操作，尤其是在司法方面。量化、评估等司法规范的健全和专门化、绿色
化司法环境的完善推动了生态产品价值的司法实现。同时，司法实现也是生
态产品价值实现的重要方式。

　　本书从司法视角出发，以生态产品价值为研究对象，采取"提出问题—
分析问题—研究问题"的传统研究思路，主要通过六章展开论证研究。

　　第一章《生态产品价值司法实现的基础理论》：生态产品价值作为研究对
象，厘定其基础概念、法治逻辑和司法意义，对生态产品价值的司法实现具
有基础性的理论作用。本章通过阐释生态产品的内涵外延，并提炼其价值特
性，从而实现对生态产品价值的概念界定。以此为起点，从法律理论和法律
功能两方面厘清生态产品价值的法治逻辑，进一步聚焦到司法领域，明确生
态产品价值在司法领域的意义，阐述生态产品价值可以通过司法方式实现的
可能性。

　　第二章《生态产品价值司法实现的现实优势》：生态产品价值司法实现是
一个系统性工程、实践性工作，因此，其必须建立于现实基础之上，具有一
定的现实优势。本章通过梳理法律规范文件和司法实践案例，通过司法规范
和司法运行两方面论证生态产品价值司法实现的现实优势。

　　第三章《生态产品价值司法实现的不足检视》：生态产品价值实现在我国
的实践过程中暴露了许多问题，尤其是在司法实现层面。本章对生态产品价
值实现的相关法律规范和典型案例进行微观剖析，提炼出规范依据层级较低、
价值认定技术障碍、价值裁量自由度大、司法实现路径单一四大主要司法困
境，为研究的后续展开提供了着力点。

　　第四章《生态产品价值司法实现的地方经验考察》：基于中国地大物博的
生态优势，在生态产品价值实现体制机制构建中，采取了地方探索、先行先

试的方式，司法实现这一方式亦是如此。本书通过考虑地理因素、经济因素、法治因素及生态产品分布情况等，共选取了 11 个省份（直辖市）作为地方样本，对其法律规范文件、司法实践样态、生态产品价值实现现状等进行分析，提炼出生态产品价值司法实现的地方经验。

第五章《生态产品价值司法实现的理念定位》：生态产品价值司法实现需要理念先行，结合当前生态文明建设进程，需要夯实其基础理念，以此指导司法实践。本章通过检视生态文明建设推进进程和生态文明法治完善现状，确定了以绿色司法理念为核心、以生态正义理念为基础、以能动司法理念为动力的生态产品价值司法实现的理念体系。

第六章《生态产品价值司法实现的路径选择》：本章在厘清生态产品价值司法实现需要选择多元路径的必然性后，从宏观层面和微观层面论述该多元路径的建立健全方式。在宏观层面，主要从要素多元、手段多元和主体多元三个方面展开论述；在微观层面，主要运用系统思维来检视生态产品司法实现的过程。

四、研究方法

"学术体系化取决于学术方法，学术方法左右学术价值。"[①] 本书以法学为基础，立论于实然与应然，既采用规范分析方法、价值分析方法、比较分析方法等一般法学研究方法，亦注重运用跨学科研究方法，结合经济学和哲学等各种研究成果，进行了一次学科交叉性研究尝试。本书主要采用以下几种研究方法。

（一）系统分析法

事物是普遍联系的，事物及事物各要素之间相互影响、相互制约。生态

---

① ［日］中村宗雄、中村英郎：《诉讼法学方法论——中村民事诉讼理论精要》，陈刚、段文波译，中国法制出版社（现中国法治出版社）2009 年版，第 1 页。

产品价值实现是一个系统工程，即便缩小至司法实现机制构建中，生态产品价值的司法实现的理论夯实、制度构建及运行都需要考虑生态产品所处的生态环境的系统性、复杂性、公共性等特点，确保生态产品价值实现的生态、经济、社会效益的逻辑统一。在生态产品相关法学研究中，系统分析法在研究方法体系中占据着重要的基础性地位，该方法以整体性、环境性、结构性、层次性和相关性为特点，强调以系统为着眼点，以此出发考察和研究整个生态产品及其价值实现，并为认识生态产品本身及其价值实现的过程、完善相关法律制度提供科学的理论和方法。基于系统分析的视角探析生态产品价值司法实现规律，一是要根据系统分析法的整体性、环境性特点，明确基本法律要素，包括生态产品价值的概念要素、权利义务要素等；二是要根据系统分析法的结构性特点，厘清各个基本法律要素内部的排列组合；三是要根据系统分析法的层次性、相关性特点，深入研究各个基本法律要素，探寻各个基本法律要素组成部分之间的关系，以厘清探析生态产品价值司法实现的思路。

（二）规范分析法

法学研究既不能超脱法律制度，也不能依循法律制度，而是要以批判性视角对法律制度展开分析，灵活运用传统法学研究方法。规范分析法就是重要的传统法学研究方法，是法律研究的基础性方法，对当前中国特色社会主义法律体系中涉及生态产品及其价值实现的相关法律规范予以梳理，以现有法律规范条文为"教义"文本，解读并评析其核心内涵、构成要素、规范定位、规范属性等，运用法律自身的原理，遵循逻辑与体系的要求，分析生态产品及其价值实现在法律规范文件中的规范表达。既要关注法律规范内部的融合、集合，还要对学界观点、司法实践、道德规范、风序良俗等予以综合考虑，对其概念含义、制度构造、运行效果和实践样态等进行深层阐述与理论拓展，以此实现生态产品及其价值实现相关法律规范与背后的道德、哲学等正当化脉络相协调的目标，弥补现有法律规范体系中的某种缺陷或割裂现象，确保法律规范本身的自洽性，并客观地彰显我国生态产品价值司法实现的法治优势，剖析我国生态产品价值实现的法治劣势，以此查漏补缺、扬长补短，充分论证生态产品价值司法实现的合理性和可行性，从而推进司法实现机制的健全完善。

（三）实证分析法

实证研究也被称为经验研究，其哲学基础源于社会实证主义。法学研究应当将规范研究和实证研究有机结合，因为观点的成立，需要逻辑和实证两方面的支持，既要言之成理，又要符合社会实际。转型期的中国司法存在显规则、潜规则、言规则之别，实证研究能够突破从理论到理论、从制度到制度的局限，发现实践问题。本书所做的研究具有强烈的应用对策性，研究必须强调实证分析的方法。一方面，梳理国内外生态产品价值司法实现的典型案例，提炼司法实践经验，确保本研究与实践相衔接，突出研究的实践价值。另一方面，重点对国内的生态产品价值司法实现典型案例展开分析，既要发现其优点，发现我国用司法手段推进生态产品价值实现的司法优势，也要发现其弱点，剖析我国生态产品司法实现的司法困境，确保研究对症下药，纾困解难。

（四）学科交叉研究法

生态产品价值实现是一个集经济学、管理学、法学等多学科的领域，不仅需要运用法学研究方法，还需要进行跨学科研究。本书注重学科交叉研究，综合考虑环境管理学、环境社会学、环境伦理学、环境经济学等其他学科范式的分析结论，加强多学科之间的相互联系、作用和影响，并辅以深层次的理解分析，以此充分发挥各个学科（重点为法经济学和法社会学两种）的优势，全方位把握所研究问题的关键所在，探寻解决问题的有效方式。

法经济学是 20 世纪 60 年代兴起的一门法学和经济学交叉的边缘学科。自 20 世纪 80 年代中期以来，法经济学进入了一个相对平稳的持续发展阶段，其影响范围日趋扩大，内容也越发丰富。该学科是一门"用经济学的方法和理论，而且主要是运用价格理论（或称'微观经济学'），以及运用福利经济学、公共选择理论及其他有关实证和规范方法考察、研究法律和法律制度的形成、结构、过程、效果、效率及未来发展的科学"。在本书中，法经济学主要结合制度经济学、生态经济学等，在对生态产品价值及其司法实现展开研究时充分考虑成本效益分析，关注生态经济利益，强调可持续发展，以此实现理论加码，促进逻辑证成，彰显个人理性。

法社会学是一门对实然问题进行经验描述的学科，运用社会科学化的语言，探究法律及其他社会制度的规范性背景，重点关注法律与习惯、道德、文化等之间的关系。法学源于社会现象，又为调整社会现象服务，将法学置于整个社会系统中去考察，注重分析其对实际问题的解决能力及所产生的社会效应，为理论研究的推进提供清晰的视角，这有助于实现成果的本土化。在本书中，法社会学主要是将生态产品及其价值实现放置于社会环境中予以考虑，考虑其与社会道德、风俗习惯等之间的关系，以及司法路径进行生态产品价值实现所发挥的社会效益。

五、研究创新

（一）观念创新

本书从生态文明建设进程和生态文明法治构建现状出发，进行事理和法理分析，夯实生态产品价值司法实现的理念定位，确定具有核心指导意义的理念体系。

第一，结合生态文明理念，对绿色司法理念予以阐释。明确了绿色司法理念的理论来源和具体内涵，认为此乃对生态文明价值理念的贯彻落实，并从内在规定性、司法管理、司法过程、价值取向、司法效果等多个方面对绿色司法理念进行了系统性梳理和提炼。

第二，根据生态产品特性，从实践观、辩证观、价值观提炼生态产品价值司法实现中的生态正义价值蕴含，主要包含"全面协调可持续发展"的整体观、"以人民为中心"的价值观、"化劣势为优势，将优势可持续"的辩证观、"人与自然和谐共处"的实践观等丰富内涵，并将其进一步升华为生态产品价值原则，具体由同一性生态正义原则、差异性生态正义原则、生态程序正义原则和最小限度损害原则四大子原则构成。

第三，梳理能动司法理念的理论渊源，对中国的能动司法理念与国外的司法能动主义进行辨析，承认中国"能动司法"的中国特色和本土性，但是并不认为其与国外的司法能动主义之间存在绝对割裂，二者的"能动"内核亦有相同之处，国外的司法能动主义也有中国能动司法理念可供借鉴之处。

第四，对上述三种理念进行整理，确定绿色司法理念的核心地位，夯实生态正义理念的基础地位，明晰能动司法理念的动力作用，从而构建生态产品价值司法实现的理念体系。

（二）视角创新

通过前面对国内外研究的梳理发现，学界关于生态产品价值实现的研究主要聚焦于经济学、管理学和法学三大领域。其中，法学领域的研究起步较晚且研究成果较少，既有的法学研究也更多地侧重于对生态产品价值实现的保障制度构建研究，视角较为单一，模块化研究较多。

基于上述法学研究的不足，本书将聚焦司法领域，以司法为视角，既考虑司法在生态产品价值实现中的法理功能，即对生态产品价值实现的保障作用，又考虑司法在生态产品价值实现中的社会功能，即司法对生态产品价值实现推动作用，以此进行体系化、多元化研究，构建生态产品价值司法实现的多元化路径。

第一章

生态产品价值司法实现的基础理论

第一节　生态产品价值的概念阐释

　　"概念乃是解决法律问题所必需的和必不可少的工具。"[1] 只有对一般概念进行准确且清晰的界定，才可以进一步将其升华为法律概念，从而实现对相关法律现象的精准描述、对相关法律行为的有效规制。总之，一个清晰明确的概念是相关研究开展的重要逻辑起点。"生态产品价值"既旧又新。言其旧，是因为追溯历史，"生态产品"早在 2010 年就出现在我国的法律规范文件之中，随着时代的发展和研究的深入，其概念含义越发丰富，生态产品价值实现也已经成为生态界、经济界及法学界的热议话题。但是目前的相关概念阐述大多沿用"属加种差"的传统界定方法，法学韵味尚且淡薄，整体呈现为一种宏观层面的外部性概念界定，若是深入微观层面对该法律责任概念的内部构成进行检视，则其只呈现出模棱两可的模糊样态。因此，"生态产品"

---

[1]　[美] E. 博登海默：《法理学：法律哲学与法律方法》，邓正来译，中国政法大学出版社 1999 年版，第 486—487 页。

作为本书题目之核心，在法律界却尚未形成一个规范有效的法律概念。同时，"生态产品价值"还是一个"新"的概念，说其新，则主要基于法律概念的"动态性"，具有"内在于语言之中的事实性和有效性之间的张力"[1]，概念形成的过程就是在法律事实与法律规范之间进行互动的过程，这就要求对此概念进行界定时必须对语言环境进行充分考虑，包括时代背景、法律事实等。"生态产品"及"生态产品价值"仍然存在于政治话语、技术命题阶段，如何由政治话语转化为法学话语、从技术命题拓展到法治命题，此乃生态产品价值实现法治路径构建的基础。以上是本书首章就开宗明义地对"生态产品"这一法律概念进行界定的关键原因。

一、生态产品的概念界定

"生态产品价值"即生态产品的价值，由此可见，这一法律概念的核心就是生态产品。"生态产品"是生态意识推动下的产物，是生态红利、生态经济的主要载体，是涉及生态、经济、法律等领域的复合物。因此，对该类产品的理解因时空、学科的不同而不同。

（一）生态产品的内涵层面

1. 时空层面

第一，时间方面，对"生态产品"的理解从经济性过渡到生态性。众所周知，"生态产品"作为我国的独创概念，在 21 世纪才被提出。但我国提及"生态产品"的国家级别的法律和行政法规文件，最早可以追溯到 2010 年国务院印发的《全国主体功能区规划》，该文件首次（也是到目前为止唯一一次）对生态产品的概念进行界定："维系生态安全、保障生态调节功能、提供良好人居环境的自然要素，包括清新的空气、清洁的水源和宜人的气候等。"由

---

[1] 哈贝马斯：《在事实与规范之间——关于法律和民主法治国的商谈理论》，童世骏译，生活·读书·新知三联书店 2003 年版，第 12 页。

此可见，生态产品具备生态效益，是和农产品、工业品、服务产品同类的人类生存必需品，属于公共产品的一种。该定义体现了生态保护与经济发展的关系，彰显了相关制度的价值所在，但表述较为笼统，并没有对其予以精准化、类型化界定，容易让人在理解生态产品的涵盖范围时产生歧义，可执行性和可操作性较差。随着生态文明价值理念的深入，生态环境利益与实体经济利益的界分越发明显，"生态产品"在相关制度文件中出现的频次明显上升。2021年，中共中央办公厅、国务院办公厅印发《意见》，围绕生态产品明确相关价值实现及保障机制，此乃未来一段时期内我国生态产品价值实现的纲领性指导文件。在全国人大常委会发布的《中华人民共和国海南自由贸易港法》《中华人民共和国青藏高原生态保护法》中都提及了"生态产品"，强调要增强生态产品供给能力，建立生态产品价值实现机制，对生态产品及其价值实现的认识理解逐步深化升华，"生态产品"的性质从以经济属性为主的经营性产品转为以生态属性为主的公益性产品，价值实现方法从单一路径转化为多元路径，实现方式越发复杂多元，构建了多元化的生态产品价值实现体系。

第二，空间方面，对"生态产品"的理解从国际差异到国际共识。如前所述，国外并没有"生态产品"这一概念，较为接近的是"生态环境系统服务"和"自然资本"，而这两个概念与我国目前提出的"生态产品"不可以等同替换。伴随《里约环境与发展宣言》《21世纪议程》等文件的发布、"人类命运共同体"理念的推进，全球环境治理成为国际社会的焦点话题，也成为各国之间达成的共识，全球呈现出积极的"绿色和平"景象，尤其是"建立生态产品价值实现机制"倡议提出之后，国内外纷纷以此为目标落实具体实践工作，国内的典型如福建省南平市的"森林生态银行"、广东省广州市花都区公益林碳普惠项目、广西壮族自治区北海市冯家江生态治理与综合开发案例，等等；国外的典型如英国基于自然资本的成本效益分析案例、美国的湿地缓解银行、美国马里兰州马福德农场生态产品价值实现案例，等等。生态环境保护的共识加强了全球各国之间的绿色合作，"生态产品"从私人属性的私有物转为公有属性的国有物，再到公共属性的共用物，未来必然会形成全国乃至国际统一的学术概念。

2. 学科层面

"生态产品"主要涉及生态学、经济学和法学三门学科，各学科的价值目标和重点倾向不同，导致不同学科对"生态产品"的定义侧重点存在偏差，强调重点亦各不相同。

在生态学领域，对生态产品的定义侧重于强调生态系统的整体性，强调"生态"，重点关注生态产品在生态安全、生态修复、生态治理等方面的实际功效。[1] 如曾贤刚等（2014）认为，生态产品是维持生命支持系统、保障生态调节功能、提供环境舒适性、具有公共产品属性的生态资本。[2] 孙庆刚等（2015）认为，此乃可持续产品或环保产品，引导消费者增强环保理念和采取更加生态友好的生活方式。[3] 包晓斌等（2023）强调生态产品属于中国化概念，其有别于物质产品和文化产品，属于第三类满足人类需求、增进社会福祉的特殊产品，具备自然、公共、稀缺三大属性[4]，等等。

在经济学领域，生态产品主要从社会经济效益角度考虑成本收益的均衡，强调"产品"属性，关注生态要素本身的经营替代价值及投入产出的理性分析。[5] 如张雪溪等（2020）认为，生态产品是在一定的时空范围内，依托自然资源存量、经过生态系统内部作用所产生的，可以在人类消费过程中发挥生

---

① 杨锐、钟乐、赵智聪：《基于消费端的自然保护地指标交易机制：生态产品的价值实现》，《生态学报》2020年第18期，第6687—6693页。

② 曾贤刚、虞慧怡、谢芳：《生态产品的概念、分类及其市场化供给机制》，《中国人口·资源与环境》2014年第7期，第12—17页。

③ 孙庆刚、郭菊娥、安尼瓦尔·阿木提：《生态产品供求机理一般性分析——兼论生态涵养区"富绿"同步的路径》，《中国人口·资源与环境》2015年第3期，第19—25页。

④ 包晓斌、朱小云：《农业生态产品价值实现：困境、路径与机制》，当代经济管理：1—8［2023-09-08］. http://kns.cnki.net/kcms/detail/13.1356.F.20230721.1003.002.html.

⑤ 曾贤刚、虞慧怡、谢芳：《生态产品的概念、分类及其市场化供给机制》，《中国人口·资源与环境》2014年第7期，第12—17页。

态效用的自然要素。①张林波等（2019）认为，生态产品是生态系统通过生物生产和与人类生产共同作用，增进人类福祉、满足人类美好生活需求的生活必需产品或服务。②王爱国等（2023）表示生态产品是通过交换价值的赋权赋能作用，将绿水青山转化为金山银山的重要桥梁与关键纽带，是在新时代下满足人类生态文明需求的社会化产物，其本质上仍然是一种商品，③等等。

在法学层面，则依据生态学和经济学定义，遵循生态保护和经济发展的规律对其进行定义。法学作为公平之学、智识之学、判断与解释之学④，其在定义"生态产品"时应秉持综合考虑原则，以调整法律关系、权利义务为主旨，主要从"权利—义务"的法律关系或公平正义的价值角度出发，赋予生态产品以客观地位，既强调"产品"，又强调"生态"，既尊重经济价值，更尊重生态价值。如邓小云（2015）表示，"生态产品"旨在强调人类要加强对生态环境的保护，以实现对生态环境的可持续利用。⑤吴良志（2020）认为，生态产品是经过人为介入并造成影响，可以合法交付、获取、流通的生态环境要素及其所承载的生态环境系统服务，主要包括生态法益、生态产品供需法律行为、生态产品供需法律关系。⑥张璐等（2023）则将生态产品细化为生态系统功能，认为生态产品价值实现本质上就是将生态系统功能产品化，以借助相应的生产体系、交易体系和流通体系，实现生态保护的合理回报与生态破坏的惩罚赔偿⑦，等等。

① 张雪溪、董玮、秦国伟：《生态资本、生态产品的形态转换与价值实现——基于马克思资本循环理论的扩展分析》，《生态经济》2020 年第 10 期，第 213—218 页、第 227 页。
② 张林波、虞慧怡、李岱青等：《生态产品内涵与其价值实现途径》，《农业机械学报》2019 年第 6 期，第 173—183 页。
③ 王爱国、周信智：《"绿水青山转化为金山银山"的理论逻辑和实践路径》，《东岳论丛》2023 年第 1 期，第 56—64 页。
④ 范进学：《"法学"是什么？——比较法视域中的"法学"含义诠释》，《法学论坛》2006 年第 4 期，第 32—37 页。
⑤ 邓小云：《论生态产品的旨趣及其法制化路径》，《江海学刊》2015 年第 6 期，第 206—211 页。
⑥ 吴良志：《论优质生态产品有效供给的法治保障》，《学习与实践》2020 年第 5 期，第 84—89 页。
⑦ 张璐、王浩名：《数字经济时代生态产品价值实现的法律构造——以"蚂蚁森林"为例》，《南京社会科学》2023 年第 7 期，第 66—77 页。

本书主要基于法学视角对生态产品的概念进行界定。综合分析时间、空间和学科所引发的理解差异，可以发现要准确界定生态产品至少需要明确以下几个问题：第一，生态产品是推动生态环境法治现代化实现和绿水青山转化为金山银山的重要途径，需要辨析和协调好实体经济利益与生态环境利益之间的关系；第二，生态产品作为生态和产品的集合，需要重点厘清人与大自然、人与生态产品的主、客体关系；第三，生态产品的价值实现必须要搭配一系列的制度性安排来加以保障。

3. 语义层面

对"生态产品"进行语义分析，其主要包括"生态"和"产品"两个核心要素。"生态"是环境法学界争议较大的词汇，其源于古希腊文，意为"住所"或"栖息地"。"生态学"的概念是由德国生物学家海克尔于 1866 年率先提出来的，他强调生态学是研究生物在其生活过程中与环境的关系，尤其是动物有机体与其他动物、植物之间互惠或敌对的关系。[1] 现代生态学中的"生态"，意指在一定时空条件下，生物之间（生命个体与相同或不同的生命群体之间）及生物与无机环境之间相互联系、相互作用的关系。[2] "生态"主要指向生物与其周围环境的关系，该关系的产生需要有一定的载体[3]，具有间接性、整体性、动态性、保障性等典型特征。[4] 生态自身归属于关系型的范畴，其属于由生态要素构成的、存在特殊关联的综合体，各种要素之间存在的流动现象产生了相互的影响。生态系统是有机体和周边环境在特殊状态下的组合，是负担生物和周边环境联系的特殊单位，包括淡水、森林、海洋、草原及湿地等多个系统类别。生态作为一种客观存在，也是生态利益的载体。生态利益具有生态系统中能够为人所用的属性，能够为生命的安全、生态体系

---

① 曹凑贵：《生态学概论（第 2 版）》，高等教育出版社 2006 年版，第 2 页。
② 中国科学院可持续发展战略研究组：《2009 中国可持续发展战略报告：探索中国特色的低碳之路》，科学出版社 2009 年版，第 54 页。
③ 邓禾、韩卫平：《法学利益谱系中生态利益的识别与定位》，《法学评论》2013 年第 5 期，第 109—115 页。
④ 杨朝霞：《生态文明观的法律表达》，中国政法大学出版社 2019 年版，第 110 页。

的安全提供必备的基础条件。生态系统对于人类的影响并非依靠单独的因素而产生，是通过系统内多个因素的共同作用实现的。[1]学界对"生态"与"环境"两个词语的运用存在混淆情况。有学者认为，生态是与生物有关的各种相互关系的总和，不是一个客体，而环境是一个客体。[2]还有学者认为，生态强调摒弃人对自然施加外部影响后自然的状态，环境则侧重于强调服务于人的各种因素，生态是环境的上位概念，而生态意义上的环境包含传统意义的环境。[3]更有学者认为，环境和生态是不同服务功能的区分。环境是人类之外的客观存在，生态是生物之外的客观存在。环境更为突出地以人类生存作为重点的外在要素，是人类生产生活活动的空间，并为之提供资源等物质支持。生态偏重生物和环境之间所存在的联系，因此有着更为显著的系统性及关联性。唯有对生态体系的稳定性构成一定的损害，方才符合生态损害的定义，所影响的是生态层面的环境。若是特定的环境未能形成有机的生态体系，即便产生了一定的负面影响，也不能归入生态损害的范畴。[4]"产品"则是用以满足人们需求和欲望的有形物体或无形载体，具有一定的价值，而其价值因产品类型的不同而不同。就"生态产品"而言，其所强调的价值不仅是经济价值，还包括生态价值。张百灵学者认为，"生态产品"中的"产品"一词并非仅强调产品本身所具有的价值，还强调其是人类自觉活动的产物，毕竟人类为了生产生态产品大量地投入和付出。张百灵还对生态产品进行结构上的分析，认为既可以按照偏正结构理解，也可以按照动宾结构理解。如果按照偏正结构理解，则生态产品强调的是具有生态功能或生态价值的产品；如果按照动宾结构理解，则生态产品中的"生态"二字可以作为动词用，即源于

---

[1] 贾爱玲：《"环境问题"法律救济研究：以侵权责任法为视角》，法律出版社 2020 年版，第 4 页。
[2] 钱正英、沈国舫、刘昌明：《建议逐步改正"生态环境建设"一词的提法》，《科技术语研究》2005 年第 2 期，第 20—21 页。
[3] 郭晓虹：《"生态"与"环境"的概念与性质》，《社会科学家》2019 年第 2 期，第 107—113 页。
[4] 贾爱玲：《"环境问题"法律救济研究：以侵权责任法为视角》，法律出版社 2020 年版，第 5 页。

生态系统的或者由生态系统产出的，从狭义上理解应是指自然系统。[①]

由此可见，偏正结构下的生态产品更强调用生态来修饰产品，意为生态化的产品，动宾结构下的生态产品更强调用生态产品产出，意为由生态系统产出的产品。本书强调优先维护法律秩序的确定性，更倾向于将两种结构予以结合，这恰好可以实现法律秩序确定性发挥的最大化，用以避免因界定和区分概念而引起的某些无谓的争执，这也是一种整体化的迈进逻辑。基于此，可以将生态产品理解为由生态环境系统产出的具有生态价值和生态功能的产品。再结合前文从时空层面和学科层面的理解，生态产品既是保障生态安全、维护生态环境的自然要素，更是促进经济高速发展的生产要素。生态产品的本质包含了三个层次：首先，生态产品既是一个个体性概念，也是一个整体性概念，以生态性为内核，将各种生态性资产资本化，进化为生态产品。其次，生态产品的本质是生态环境系统提供的服务功能（如固碳增汇、涵养水源、保持水土、调蓄洪水、防风固沙等），这些功能能够维持生态系统安全、保障生态系统调节功能、支撑舒适美好生活环境。生态产品是无形生态环境系统服务功能的产品化、货币化。最后，生态产品属于社会性产品，是共用物，蕴含着社会利益。总而言之，生态产品就是源于生态资源、具备生态属性、拥有生态价值，按照法律规定或者市场惯例可以进行市场交易的一种具有公私混合性的非物质性的无形商品。

（二）生态产品的外延分析

目前，生态学界、经济学界和法学界对生态产品概念的内涵、外延讨论繁多。自然资源部也发布了案例，将生态产品归纳为自然生态产品与人类共同作用、所产生的能够增进人类福祉的产品和服务。生态产品既不是生态友好型产品、生态环境系统服务，更不等同于生态资源，其作为一种价值与使用价值的结合体，是生态要素的凝聚物，是一种公有和共用的混合物。

[①]　张百灵：《生态产品政府责任研究》，中国社会科学出版社 2020 年版，第 24—25 页。

1. 生态产品与生态资源：种属关系

生态产品是生态资源资本化的产物，遵循"生态资源—生态资产—生态资本"的演化路径，是一个基于生态资源价值的认识、开发、利用、投资、运营的保值增值过程。[①] 由"生态资源—生态资产—生态资本"的演化路径可知，生态产品脱胎于生态资源，但又不等同于生态资源，生态产品与生态资源之间的关系是种属关系（图1-1）。

图 1-1　生态资源与生态产品：种属关系

生态资源主要包括物质、能量和空间三大类，每一大类又包含若干小类。经过上述对生态产品产生过程的分析可知，生态产品由生态资源演化而来，但生态产品是具有交换价值和强生态属性的生态资源，无法交换或者具有强经营属性的生态资源不可以转化为生态产品。具体而言，主要有三类生态资源被排除在外，即不可交易的生物资源、无线电资源和固态物质资源。不可交易的生物资源并不等于法律规定禁止买卖的资源，那些虽不允许交易但交易市场客观存在的生物资源仍可以转化为生态产品，如在泰州市人民检察院

---

① 张文明、张孝德:《生态资源资本化:一个框架性阐述》,《改革》2019 年第 1 期, 第 122—131 页。

诉王小朋等 59 人非法捕捞、收购长江鳗鱼苗生态破坏民事公益诉讼案^① 中，法院明确指出长江鳗鱼苗虽然不允许交易，但是其交易市场实际存在，故承认其可交易性。关于无线电资源和固态物质资源，目前我国已经形成了较为成熟完整的交易市场，具备强烈的经济属性，因此，其被排除在生态产品之外。

2. 生态产品与生态友好型产品：上下游关系

生态友好型产品是早期的"生态产品"，主要包括两类：一类是生态农产品、生态工业品等生态加工类产品；另一类是可再生回收利用产品、节约能源资源类产品等生态标签类产品。生态加工类产品主要是指通过生态工（农）艺生产出来的、没有生态滞竭的、安全可靠无公害的产品，是人与环境在物质生产过程中和谐合作的产物^②，侧重于满足人们的物质需求；生态标签类产品则是指经过权威机构认证并附有生态标签以告知消费者其生态质量的无公害优质产品^③，侧重于满足人们的消费需求。由上可知，生态友好型产品与生态产品之间最大的区别在于，生态友好型产品属于一种二次加工产品，是以生态资源为依托、经过人类劳动所诞生，通过传统的马克思劳动价值论即可界定的有价值的传统商品，并不是本书所界定的大自然的产物。两者属于上下游关系，生态产品位于生态友好型产品的上游环节，大部分生态友好型产品属于生态产品加工后的产物。

3. 生态产品与生态环境系统服务：载体与功能关系

生态环境系统服务是国外常用的学术概念，我国学者也将其称为"生态环境服务"或者"生态系统服务"，这主要是由于对生态、环境、自然三个基石性环境法概念之间的关系理解模糊所致，在此不予赘述。这两种词汇可以

---

① 江苏省高级人民法院：（2019）苏民终 1734 号。
② 任耀武、袁国宝：《初论"生态产品"》，《生态学杂志》1992 年第 6 期，第 50—52 页。
③ 戴波、段海红：《生态标志及生态产品推广问题研究》，《生态经济》2011 年第 1 期，第 128—130 页、第 138 页。

替换使用，均指生态环境系统为人类或其他生态系统直接或间接地提供的收益。[1]梳理国内外学者的观点，尤其是法学界主流观点，具体而言，生态环境系统服务是指生态系统与生态过程所形成及维持的人类赖以生存的自然环境条件和效用，主要包括与人类生活直接相关的供给服务、调节服务和文化服务等服务类型[2]，是链接生态系统和社会系统的重要桥梁。[3]我国也有很多学者将其划归为生态产品的一部分，认为生态环境系统服务才是生态产品的价值所在。有学者认为，生态产品与生态环境系统服务中的调节服务类似。[4]生态环境系统服务是生态效益的具体表现形式，是衡量生态产品生态价值的重要考量因素，是生态系统功能经过人与自然社会互动的产物。如前所述，生态产品的本质是生态环境系统服务功能，简言之，生态环境系统服务是生态产品发挥功能的具体形式，通过实物量计算；生态产品则是生态环境系统服务得以实现的重要载体，一般通过价值量核算，价值量是实物量价值化的过程和结果。[5]生态产品价值损失的"标的"为环境系统、生态系统及环境系统和生态系统的结合，其实就是生态环境系统服务功能。生态产品的结构应保持相对稳定，链条断裂、各部分之间比例失衡，都会导致结构损害、价值耗损，对生态环境系统的功能造成损害，表现为功能的退化或丧失，由此可以推知，生态产品价值裁量性赔偿就是对生态产品所承载的生态环境系统服务功能进行裁量性赔偿。总的来说，生态产品与生态环境系统服务之间呈现出载体和功能的关系。

---

① 环境保护部（现生态环境部）环境规划院：《环境损害鉴定评估推荐方法（第Ⅱ版）》（环办〔2014〕90号），2014年10月，最后访问时间：2023年9月8日，https://www.mee.gov.cn/gkml/hbb/bgt/201411/W020141105395741560668.pdf。

② 傅伯杰、于丹丹：《生态系统服务权衡与集成方法》，《资源科学》2016年第1期，第1—9页。

③ Fu, B., Wang, S., Su, C., Forsius, M. "Linking ecosystem processes and ecosystem services", Current opinion in environmental sustainability, 2013, 5(1), pp. 4-10.

④ Vallecillo, S., La Notte, A., Zulian, G., Ferrini, S., Maes, J. "Ecosystem services accounts: Valuing the actual flow of nature-based recreation from ecosystems to people". Ecological modelling, 2019, 392, pp. 196-211.

⑤ 侯鹏、王桥、申文明、翟俊、刘慧明、杨旻：《生态系统综合评估研究进展：内涵、框架与挑战》，《地理研究》2015年第10期，第1809—1823页。

二、生态产品价值的特性剖析

生态产品的价值彰显关键在于对生态产品价值特征的准确把握，这不仅是认识生态产品、厘定生态产品价值的关键，而且是构建生态产品价值实现机制的前提。属性问题探讨的是本质问题，生态产品特征探讨的是生态产品的本质问题，是对生态产品的识别与洞察。根据上述对生态产品概念的界定可知，生态产品是在生态文明理念推动下的一种市场衍生品、生态衍生品，是一种兼备生态属性和经济属性的特殊产品。产品均具有价值特性，生态产品价值即生态价值，其实质是无形生态环境系统服务功能的经济价值。这也是生态产品不同于传统产品的价值特性，即集生态特性和经济特性于一体。从生态和经济角度考虑分析，生态产品价值的特性可以划分为生态公私性、可交易性、间接价值性和混合客体性四种。

（一）生态公私性

生态公私性可以拆分为生态性和公私性，是由其生态经济属性和社会经济属性共同决定的。

所谓生态性，是指生态资源生于大自然、活于大自然、葬于大自然，必然具有生态属性，这就决定了生态产品具有天然的价值，是未经人类劳动参与的价值，是生态价值。生态价值最原始、最简单的可视化体现就在于生态产品的生态效用性，如防风固沙、涵养水源、固碳释氧、保持水土、维持生态平衡等。

所谓公私性，由词面可知就是公与私的结合，这主要是因为生态产品是公有和共用的混合物，同时具有公共性和私人性，其所有权具备公权与私权的双重色彩。在学界，关于生态资源公有还是私有的争论不休，追根溯源，实则是公地悲剧与反公地悲剧的博弈、公共信托理论与公物理论的争鸣。而生态资源资产化后，又因为国家的双重人格说引发了关于生态资产的国家所有是"国家所有权"还是"国家所有制"的论战。生态产品作为生态资源资本化的产物，作为其衍生品、子集，关于其法权属性的争论层出不穷。实践证明，无论是将其视为纯粹的公共物品还是私人公物都是无效率的，单一的公权属性或私权属性引导下的权利保障都是不完善的。因此，笔者认为，生态产品作为"见人又见物"的特殊产品，既受公法保护，亦受私法保障，可以借用"双阶构造说"的分析思路，确立其公私性的法权属性，实现公私协同的双重保障。一是生态产品的使用价值是固有的生态价值所赋予的，而其交换价值是因需产生的，而且该产品是实现分配公平、增进社会福利的新型生产要素，这就决定了生态产品是共有物，属于共用产品，生态的本质属性又决定了其隶属公共产品范畴。二是产品必然存在可交换性、可交易性，生态产品亦是如此，这就决定了生态产品市场的存在意义，生态产品保值增值的过程是政府与市场共同作用的结果，是公共与私人鼎力合作的成就。三是如果将生态产品局限于共用产品，则根据公物理论，免费是原则，收费是例外，这不利于生态产品价值实现机制的构建；若是局限于国家私产，人们只享有其使用权，这将不利于生态产品效用最大化、价值最大化；若局限于个人私产，公地悲剧事件将影响生态环境保护，有违生态产品存在本意。故，生态产品应当具备公私性，既是国家公有物，亦是个人私有物；既是公共用品，亦是国家私产。

（二）可交易性

虽然有学者认为生态产品的流向开放性和社会共享性导致其无法进入交易市场[1]，但其价值性的存在必然衍生出其具备交易性的可能，而交易的需求又激发了交易市场的建构活力。"使用价值只是在使用或消费中得到实现"，"是交换价值的物质承担者"。[2] 生态资源使用价值唯有经过市场交易方能真正实现价值的可视化和客观化。生态产品的市场交易亦不同于传统市场的交易，

---

① 李爱年、彭丽娟:《生态效益补偿机制及其立法思考》,《时代法学》2005 年第 3 期，第 65—74 页。
② 中共中央马克思恩格斯列宁斯大林著作编译局:《马克思恩格斯文集（第五卷）》,人民出版社2009 年版，第 49 页。

传统市场交易的形式是以物易物、物物交换，而生态产品的市场交易不但包括以物易物的林木、动物等有形产品的交易，还包括碳、能源、水等无形产品的交易，以现存成型的碳这一生态产品的交易市场为例，其市场运作的方式就是一种量化数据的交换，赋予数据以价值，实则就是赋予产品以价格，落实其价值实现。

最关键的是，市场交换的过程是生态产品保值增值的过程。生态产品虽然具有自然公私性，但其价值是由人类社会决定的，由市场调制形成的。生态产品在市场进行流转交换，资本运作增值，生态产品增值性是资本运动积累的必然结果，也是生态产品具备生产力的必要条件。[①] 因此，法律明文规定禁止买卖的野生动植物等就被排除在生态产品之外，而可交易野生动植物则属于生态产品，如江苏省南京市人民检察院诉王玉林生态破坏纠纷民事公益诉讼案中就涉及对林木、鸟类两种生态产品的价值评估。还有一些虽不允许交易但交易市场客观存在的生物资源则属于生态产品，最典型的就是前文提及的泰州市人民检察院诉王小朋等59人非法捕捞、收购长江鳗鱼苗生态破坏民事公益诉讼案[②]。生态产品的可交易性也是对生态产品从经济维度进行观察的结果，目前仍然有一些生态产品不具有公允价值，但是随着生态产品价值实现的陆续推进，绝大部分生态产品都会在市场上流转，其经济属性越发明显，可交易性也显现出来，并通过交易来彰显其经济价值。

（三）间接价值性

生态产品属于有价物，其价值包括直接价值、间接价值及存在价值，但生态产品的价值不同于传统产品的价值，其主要是一种间接价值，这也是很多人质疑"生态产品"的关键原因。首先，生态价值是一种非消费性使用价

[①] 张雪溪、董玮、秦国伟：《生态资本、生态产品的形态转换与价值实现——基于马克思资本循环理论的扩展分析》，《生态经济》2020年第10期，第213—218页、第227页。
[②] 江苏省高级人民法院：（2019）苏民终1734号。

值。如在张永明、毛伟明、张鹭故意损毁名胜古迹案①中，法院将巨蟒峰这一不可再生的珍稀生态资源看作具有重大科学价值、美学价值和经济价值的生态产品。该价值主要体现为生态效益，包括稳定生态系统、保护生态环境，而传统产品的价值属于消费性使用价值，与人类日常生活消费的联系更为紧密，更贴合"经济人心理"。其次，生态价值不像传统价值般具有强烈的可预测、可视化、感知性。生态产品是新时代的产物，而传统产品伴随着货币产生，甚至正是因为传统产品的存在倒逼了货币的产生，这就决定了其比生态产品的价值更容易用货币量化，便于预测、感知。生态产品的间接价值并非都是体现防风固沙、涵养水源等生态正向效益的正面价值，也存在破坏生态、污染环境等负面价值，还有一部分生态产品的间接价值既有正面的，也有负面的，属于一种中性价值，最典型的就是生物能资源，如污水废水生物能资源经加工处理可以二次利用，但同时也会产生环境污染问题。广东省韶关市人民检察院与郑辉雄、邓仁加环境污染责任纠纷案②就涉及一起因电镀废水引发的环境污染责任纠纷，该案既涉及对北江河道这一空间资源的价值评估，也涉及对电镀废水这一生物能资源的价值评估。

（四）混合客体性

生态产品属于客体，但又是具有混合特征即具有一定主体性的客体，本书将生态产品的客体特性简称为"混合客体性"。

人类作为万物之灵长，是一种具有历史性的自然性与社会性的合体，天生具备主体地位，人的尺度决定其他对象的尺度，故其他对象处于客体地位。③生态产品的物格性和产品性决定其属于客体，无论其是作为实体还是转化为数据进入市场交易，都无法掩盖其天然的物体色彩和客体属性。但是生态产

---

① 江西省高级人民法院:（2020）赣刑终 44 号。
② 广东省高级人民法院:（2017）粤民终 3092 号。
③ 杜辉、陈德敏:《环境法范式变革的哲学思辨——从认识论迈向实践论》,《大连理工大学学报（社会科学版）》2012 年第 1 期, 第 116—121 页。

品的客体性与传统产品不同。首先,生态产品是天然产物,其服从物竞天择、适者生存的自然生存法则,不具备确定性和稳定性,而且其生态属性也决定了其并非绝对完全地被民事主体独占和控制。其次,生态产品交易方式的多样化导致其客体性质不明显,传统产品进入市场都为实体物,即便是民法中所承认的智力成果、数据等无形物,其自身也是信息凝聚,具有明显的传统经济价值,而生态产品进入市场,或以实物形式出现,或以数据形式出现。其中数据形式的交易实质是生态产品的具象化呈现,不具有明显的传统经济价值,主要承载着生态经济价值的映射功能,故学界不乏生态产品具有主体地位的观点。但是即便承认人类天生的主体地位不排斥其他主体存在的可能性,赋予生态主体地位也不是实现"绿水青山就是金山银山"理念的充分必要条件,"万物皆为主体,无物是客体,最终也就没有了主体,这与万物主体化适得其反"[1],因此,人与生态之间必然是主客体关系,关键是如何理解其主客体的地位。

学界关于人与生态的关系讨论经历了人类中心主义、非人类中心主义和生态人类中心主义三个阶段,其变化的根源在于思维范式的变化:从"主客二分论"到"主客一体论"再到"新主客二分论"。自2021年4月22日习近平总书记在领导人气候峰会上提出"人与自然生命共同体"理念以来,人与大自然之间的主客体关系发生了细微但重要的变化,即人与大自然是共生共荣、唇齿相依的关系。这就要求我们要秉持辩证的主客体观,既要看到主客体的区别和差异,也要看到主客体的一致和统一;既要看到主客体之间动态的相互作用和相互生成,也要看到主客体之间静态的相对稳定和彼此继承。总而言之,就是要准确、全面地解释主客体关系的真实面目,而非将其绝对化和先验化。[2]生态人类中心主义的环境哲学观要求建立"人—自然—人"的双重

---

① 邱本:《部门法哲学研究》,中国社会科学出版社2018年版,第274页。
② 胡敏中:《重思"主客二分"——基于主客体关系》,《学术研究》2021年第1期,第7—15页。

和谐关系，此时的生态资源已不是人类任意支配的客体，而是具备了一定的主体性，承认主体与客体之间的对等关系、平等关系，秉持主客体尺度辩证统一的环境法律关系。① 在"新主客二分论"的指导下，透视正确的人与生态辩证关系，树立正确的生态产品生产观和消费观，为相关法治建设确立了正确的思维范式和理论基础。整体而言，"主客二分"是环境法学应有的研究范式，但整体主义与个体主义有机结合才是环境法学应有的研究路径，而这种范式与路径是互为前提、相互支撑的。② 因此，生态产品是具有一定主体性的客体。

总之，生态产品价值实现的本质为外部经济内部化，应被纳入处理市场经济问题的经济法律制度体系之中。生态产品价值实现的过程就是参与市场交易的过程，根据前述以是否有形为标准对生态产品进行划分，有形产品与传统产品一样，通过以物易物、物物交换的传统方式直接参与市场交易。而无形产品则以数据、代码等作为价值载体参与市场交易。虽然有学者认为生态产品的流向开放性和社会共享性导致其无法进入交易市场③，但是，公共性并非市场构建的阻碍，当生态产品被赋予价值时，一个相关市场就油然而生了。美国在 20 世纪就出现了有关于生态资源的贸易行为，随着生态资源资本化的实现，碳、水、林木、能源等生态产品逐步进入市场流转，生态产品价值实现机制推动其要素价值向交易价值转化，并逐渐完成了从价值彰显到价值保护的跨越，实现了从基础价值兑现到增值潜能释放的演进。由此可见，生态产品价值实现的法治保障并非仅依靠环境资源保护法这一部门法就可以实现的，还需要对经济法律制度体系予以革新和适用。基于"新发展格局—新发展理念—新发展法治"的分析框架，应当构建与创新、协调、绿色、开

---

① 吕忠梅：《环境法律关系特性探究》，《环境法评论》2018 年第 0 期，第 3—21 页。
② 李爱年、屈振辉：《环境法学的研究方法研究》，湖南师范大学出版社 2019 年版，第 174 页。
③ 李爱年、彭丽娟：《生态效益补偿机制及其立法思考》，《时代法学》2005 年第 3 期，第 65—74 页。

放、共享的新发展理念相符的发展型经济法治体系[①]，运用法治保障生态产品价值实现，落实生态文明。

第二节　生态产品价值的法理逻辑与功能

生态产品及其价值实现都需要被纳入法治轨道，其既需要体系完备的法治体系作为支撑，也需要法治工具的保驾护航。这一法治化进程既遵循生态产品价值彰显的法理逻辑，又契合其功能实现的双重规律：既与生态环境法治保障功能相契合，也与生态经济功能相吻合。

一、生态产品价值的嬗变与法理逻辑

E. 博登海默曾说："在法律制度实施过程中会出现这样的情形，即解决某个问题的特定方法会有一种令人非同意不可的和不可辩驳的力量，从而迫使法律决策者去接受它。"[②]这股力量就是法理的力量，其乃法律体系大楼的根基、法律制度构建的底气，更是法律合理性和可行性的论证过程。理论的缺失导致相关的立法活动无法跳出"就生态经济谈生态产品价值实现，就市场经济谈生态产品市场交易，就现行制度谈生态产品相关制度设计"的固有思维模式，无法对"为什么要构建'生态产品'，为什么要制定生态产品价值实现机制，怎样实现生态产品价值"等本源性问题予以落实，难以实现从政治政策话语向法言法语的完美转化。

---

① 张守文：《新发展理念与"发展型法治"的构建》，《人民论坛·学术前沿》2021 年第 13 期，第 34—43 页。

② ［美］E. 博登海默：《法理学：法律哲学与法律方法》，邓正来译，中国政法大学出版社 2004 年版，第 473 页。

从法理的角度看，构建生态产品相关法律制度必须先将重点聚焦到"生态产品"这个新兴概念上。马克思曾说："把经济的社会形态的发展理解为一种自然史的过程"①，"经济生活呈现出的现象和生物学的其他领域的发展实颇相类似"。②因此自然界中生态资源形态的发展也与经济存在密不可分的联系。"资，货也；货，财也。"生态资源是财富的来源，其资本化是必然现象。生态资源资本化遵循"生态资源—生态资产—生态资本"的演化路径，表现为生态资源从自然形态到商品形态再到价值形态的转化进程，以及生态资源保护制度"无序化管理—市场自由放任利用—政府基于国有资产的管理—市场政府协同管理"的变化过程。生态产品是生态资源资本化的产物，是生态经济发展的成果。资本需要制度保障，生态经济不仅是生态资本经济、市场经济，更是制度经济，必须通过法律、政策等制度予以保障。③透视生态资源资本化的演化路径，推动该进程的不仅是生态环境和市场经济，还有作为上层建筑的法律，确切而言，是法理的力量。

（一）第一次嬗变：从无主物到拟制物

19世纪之前，由于社会经济发展水平较低，生态资源充足，生态资源无价论属于主流观点，马克思劳动价值论的提出更是夯实了生态资源无价论。按照马克思的观点，生态资源作为非经人类劳动的自然产物，不属于产品，"可以是使用价值而不是价值"④，"它只是充当使用价值的形成要素，而不是充当交换价值的形成要素"。⑤时代变迁推动理论转换，受生态资源无价论的影响，人们对生态资源的认识是非理性的，人们认为其无限、无价、无偿，从

---

① 中共中央马克思恩格斯列宁斯大林著作编译局：《马克思恩格斯文集（第五卷）》，人民出版社2009年版，第10页。
② 中共中央马克思恩格斯列宁斯大林著作编译局：《马克思恩格斯文集（第五卷）》，人民出版社2009年版，第21页。
③ 肖国兴：《自然资本投资法：可持续发展的必由之路》，《中州学刊》2007年第6期，第75—77页。
④ 中共中央马克思恩格斯列宁斯大林著作编译局：《马克思恩格斯文集（第五卷）》，人民出版社2009年版，第54页。
⑤ 中共中央马克思恩格斯列宁斯大林著作编译局：《马克思恩格斯文集（第五卷）》，人民出版社2009年版，第237页。

而肆无忌惮地开发利用[1]，或者认为其无毒、无害、无用，从而肆无忌惮、毫无控制地排放生产各种不良生态资源。这时人与生态资源的"主客二分"的表现形态是，只有人是主体，有目的、利益、权利和价值，而生态资源作为客体，无目的、利益、权利和价值。[2] 多数学者都采取"主客二分"的思维范式，将这段时间里人与大自然的关系称为"人类中心主义"。人类中心主义乃物竞天择、适者生存的结果，但是此段时间并非完全符合"人类中心主义"的特点，因为人类中心主义的根本宗旨是以人类为本，使人类真正成为人类，要求符合人的本性，而妄自尊大、排斥异类、有己无他与人类的本性是背道而驰的，是人类非理性、无德行、不自律的表现，并非真正的人类中心主义[3]，反而属于"人类霸权主义"，是私人自我调节下对生态资源的"无序化管理"。

生态效用是无价的，然而无价论引发的生态危机告诫众人："无价"二字难以引发人们的重视。"人类霸权主义"的深化、主客二分观念的扭曲，导致人类对生态资源的粗放式、破坏式开发，严重破坏了生态环境，环境污染事件频频发生，生态资源的管理机制严重失衡。有一部分生态资源由充足物转化为稀缺品，逐渐短缺与空心化，如林木、能源、石油等，还有一部分生态资源则由稀缺品变为剩余物，逐渐过剩与多余，如二氧化碳、废水污水等。物品稀缺、充足或过剩的形态，在影响着生态环境的同时，也影响着人们对该生态资源的态度。生态资源的稀缺或过剩，导致生态资源由自然界中任人宰割、放任剥夺的无主物，逐渐演化为众人争夺、唯我独尊的私人物，成为人类的物质资料和关键生产要素，被赋予拟制化的私有属性，形成一个自发演进的相关市场环境。"物竞天择、适者生存"的市场竞争法则使该市场中的胜者为王、败者为寇，无形之中，市场主体之间开始在维护生态资源和增加

---

[1] 沈振宇、王秀芹：《自然资源资本化研究》，《生态经济》2001 年第 3 期，第 28—31 页。
[2] 蔡守秋、吴贤静：《从"主、客二分"到"主、客一体"》，《现代法学》2010 年第 6 期，第 3—19 页。
[3] 邱本：《部门法哲学研究》，中国社会科学出版社 2018 年版，第 256 页。

人工资源之间相互博弈，在各种生态系统和生态资源的数量与质量组合之间进行决策，在生态环境保护和市场经济激励之间进行协调，一旦被迫进行以上步骤，即进入价值量化的过程。[①]如上所述，生态资源具有使用价值已是共识，而且随着生态资源矛盾的激化，其作为法律关系所指向的对象，必然具有价值，因为"只有有价值的东西才能成为法律客体，无价值的东西成不了法律客体"[②]。虽然生态资源的使用价值属于生态价值、无形价值、波动价值，但难以以货币衡量不是让其向无价化逃遁的理由，况且，当生态资源被赋予价格之时，一个相关市场也就油然而生了。生态资源不仅是大自然的产物，也是市场主要的交易物，这使其使用价值的社会性、公共性逐渐增强。在特定的市场条件下，生态资源可以进行市场交易，将使用价值转化为交换价值，这一转化过程即生态资源的资产化。对生态资产的利用和保护主要依据市场交易是习惯与道德规范及零散的法律规定，尚未实现条理化和体系化。再者，市场上的人是"理性经济人"，对生态资产的认知也呈现出私人化特点，相关习惯和制度偏向于"利用"而偏离于"保护"，对其"利用"也必然偏向于"私"而偏离于"公"，整体而言，此时的制度保护处于无序状态，存在保护与利用、公与私的激烈博弈。

（二）第二次嬗变：从拟制物到公有物

随着生态文明价值理念的深入，生态环境保护观念日益增强，生态资产作为生态竞争、经济博弈的生态市场衍生品，市场自由调节所引发的过度消费行为、生态资产霸权化及不科学的误导性宣传，导致了一系列的"反公地悲剧"，降低了生态资产的生态效益，导致生态环境日益恶化，生态资产分配不均还进一步加剧了贫富差距，有悖于"生态扶贫"经济理念和"共同富裕"价值导向。而且，生态资产的制度化缺失、货币化困境导致人们的生态环境

[①]　黄锡生、何雪梅：《生态价值评估制度探究——兼论资产评估法的完善》，《重庆大学学报（社会科学版）》2009年第1期，第120—125页。

[②]　邱本：《部门法哲学研究》，中国社会科学出版社2018年版，第278页。

保护意识较低，毁林转建、围湖造田、涸泽而渔等现象较为普遍。环境保护主义者也一直遭遇着环境利益与经济利益相互博弈的两难困境：他们认为环境利益对于人类来说具有独立于经济利益的价值，甚至环境本身就具有独立于人类的"内在价值"，不应该用货币来衡量其价值；然而如果不能将环境利益货币化，环境利益就很难在各种公共决策和私人决策中得到考量与尊重。[1]中国的生态经济经历了三个阶段：以经济建设为中心的生态保护阶段，科学发展观指导下的生态和经济并重阶段，以及以绿色发展为导向的生态文明新阶段，这一过程实现了生态建设和经济建设的共赢发展[2]，厘清了绿色经济发展与绿色政治生态发展的科学内涵和相互关系，全面落实了绿色发展理念[3]，逐渐将创生于农业经济发展阶段的生态经济概念拓展至整个产业经济、市场经济的全领域。

该阶段的嬗变过程中，重要的推动力是政府。首先，生态环境保护需要政府来主导落实。政府作为国家的代表，其行为主要基于国家视角、公共视域，而生态经济的重要性迫使政府转变经济发展方向，关注生态经济和环境保护，将生态资产作为国有资产予以保护，并且在宪法及其他资源法中都明确规定了属于国家所有的生态资源类型。宪法所规定的"国家所有"其实就是"国家所有权"，这为生态资源确立了产权制度，使其资产化，即成为国有资产，而国家既是其管理者，亦是其所有者，理应对其进行管理保护。其次，生态资源的资产化需要政府来推动。生态资源的数量变化会影响人们对其的需求程度，而需求引发价值，价值源于需求，因此必然会影响对其主观价值的评估。生态资源一旦拥有价值变为生态资产，"物的价值则只能在交换中实

---

① 吴卫星：《环境权理论的新展开》，北京大学出版社 2018 年版，第 204 页。
② 柳兰芳：《改革开放以来中国生态经济形成的逻辑分析》，《天津行政学院学报》2019 年第 6 期，第 28—34 页。
③ 梁斌、戴安良：《绿色发展下经济生态与政治生态的统一》，《江西社会科学》2016 年第 12 期，第 26—31 页。

现，就是说，只能在一种社会的过程中实现"。[①] 有了价值就会参与市场流通过程。"商品不能自己到市场去，不能自己去交换"[②]，因此，生态资源真正实现资产化需要借助政府的力量，仅凭市场力量的转化仅仅是名义上的转化，无法落实生态资产的规范化、制度化、确定化。最后，生态资产市场交易需要政府来保障。生态资产在市场中的交换流通过程就是人与人之间的经济往来过程，生态资产作为媒介物使交易双方之间产生市场交易关系，而经济往来过程中必定会产生冲突摩擦，影响市场正常秩序和保值增值过程，导致生态危机甚至经济危机。此时社会失调、市场失灵，最好的解决方式就是国家干预。国家干预并非为了创造政府利益，而是着眼于个体在公共、公共在个体中的利益的相互实现，既防止个体利益挤占和掠夺公共利益，也防止公共利益淹没和侵扰个体利益。[③] 因此，为解决生态资产分配不均问题，政府这只"看不见的手"会进行干预分配，从制度层面真正赋予生态资产产权和价值，构建专门且合法合规的生态资产交易市场，使生态资产的经济属性和生态属性越发凸显。

（三）第三次嬗变：从公有物到生态产品

前两次法理嬗变伴随着生态资源的自然形态逐步转化为商品形态，既实现了生态资源的资产化和产权化，也落实了生态资产的国有化，但是整体而言，生态资源的形态尚未真正转化为价值形态，未实现资本化，一个真正的法治化生态产品交易市场也尚未形成，生态产品依旧游离于市场经济和法律制度的大门之外。

"资产"和"资本"的边界并不清楚。以拉赫曼的观点，资本应当视为包

[①] 中共中央马克思恩格斯列宁斯大林著作编译局:《马克思恩格斯文集（第五卷）》，人民出版社2009年版，第102页。
[②] 中共中央马克思恩格斯列宁斯大林著作编译局:《马克思恩格斯文集（第五卷）》，人民出版社2009年版，第103页。
[③] 单飞跃、卢代富等:《需要国家干预经济法视域的解读》，法律出版社2005年版，第6—7页。

括土地、技术、货币等多种资本品的异质结构[①]，属于一个随时代发展的动态概念。根据亚当·斯密对资产和资本本质的论述，其认为，归属于个人的财物就是这个人的资产，而资本是人们保留起来以取得收入的一部分资产。资产可分为两个部分：一部分是供自我消费和使用的，如用以维持生活的食物、衣物和住房，另一部分则是可以通过它取得收入和利润的，这一部分称为资本，如为了获得利润而出售或出租的农产品、服装和房屋，也就是指除去自用资产以外并可通过流通转化为利益的剩余资产。马克思也认为资本是"能带来剩余价值的价值"[②]，是不断增大的价值。"价值成了处于过程中的价值，成了处于过程中的货币，从而也就成了资本"。[③]但马克思认为资本的本质是一种生产关系，"资本不是物，而是一种以物为中介的人和人之间的社会关系"[④]。由此可见，当资产成为人与人之间社会关系产生的重要媒介，并且被用于增值创造收入时即成为资本，实现了资产的资本化，即资本就是具有增值性、用于价值增值过程的资产。[⑤]生态资本就是能实现增值、产生未来现金流的生态资产，是生态资产资本化的结果。

需要注意的是，"资本不能从流通中产生，又不能不从流通中产生。它必须既在流通中又不在流通中产生"。[⑥]因此仅凭价值的必然、产权的赋予、市场的建构，以及供需关系的产生就判断生态资产转化为资本，只是表象阐述，关键是生态资本本身是否可以实现价值增值。根据马克思理论可知，只有可变资本才能创造出剩余价值，使资本增值。生态资本作为新时代的重要资本，

---

① ［德］路德维希·拉赫曼：《资本及其结构》，刘纽译，上海财经大学出版社 2015 年版，第 9 页。
② 中共中央马克思恩格斯列宁斯大林著作编译局：《资本论（第一卷）》，人民出版社 1997 年版，第17 页。
③ 中共中央马克思恩格斯列宁斯大林著作编译局：《马克思恩格斯文集（第五卷）》，人民出版社 2009 年版，第 1818 页。
④ 中共中央马克思恩格斯列宁斯大林著作编译局：《马克思恩格斯文集（第五卷）》，人民出版社 2009 年版，第 877—878 页。
⑤ 高吉喜、李慧敏、田美荣：《生态资产资本化概念及意义解析》，《生态与农村环境学报》2016 年第 1 期，第 41—46 页。
⑥ 中共中央马克思恩格斯列宁斯大林著作编译局：《马克思恩格斯文集（第五卷）》，人民出版社 2009 年版，第 193 页。

也是由不变资本和可变资本结合而成的，暂且不论其传统经济价值的波动性、可变性，仅就生态产品的生态价值而言，其价值就具备一定的波动性，并随着自然界中存量高低和人类需求大小等其他因素而产生升值或贬值现象。"资本是已经转化为资本的生产资料，这种生产资料本身不是资本"[1]，因此必须要将生态资产盘活，使其成为能增值的资产，方能实现生态资产的资本化[2]，生态资产资本化的产物称为生态产品。

由此可见，生态资产的资本化足以改变生态资源可被无限利用的错误认知，赋予其保值增值的功能，实现经济发展与环境保护的统一。[3]生态资本的价值性日益凸显，流动性显著增强，而生态资产的国有化保值增值的过程相较于放任市场自由交易略显保守，市场自由交易的保值增值相较于国家监管控制则容易失控。因此，合理利用生态产品、保证其保值增值，有效管理生态产品交易市场，最关键的是要协调好市场这只"看不见的手"和政府这只"看得见的手"，而国家制度在改革过程中也逐渐注重"两只手"的协调，建立健全碳排放、水权等生态产品的交易市场，循序渐进地落实生态产品的市场流动和保值增值。"两手并用"足以确保生态产品效用的正外部性与一定生态空间内的社会经济发展的内部化保持辩证统一，也促进了生态环境内经济发展的生态关系、社会关系、经济关系等领域的彼此联系。[4]

生态经济是在实体经济发展到一定阶段、资本消耗到一定程度之后发展而来的一种新型经济形态，其已经逐渐引起重视，并且成为国家的经济社会

---

[1] 中共中央马克思恩格斯列宁斯大林著作编译局：《资本论（第一卷）》，人民出版社1997年版，第922页。

[2] 高吉喜、李慧敏、田美荣：《生态资产资本化概念及意义解析》，《生态与农村环境学报》2016年第1期，第41—46页。

[3] Adam Fenech et al. "Natural Capital in Ecology and Economics: An Overview". Environmental Monitoring and Assessment, 2003, 86(1-2), pp. 3-17.

[4] 方印、李杰、刘笑笑：《生态产品价值实现法律机制：理想预期、现实困境与完善策略》，《环境保护》2021年第9期，第30—34页。

发展主力①,是"维系环境永续不衰的经济"②,是追求保值增值的经济。从"生态资源"到"生态资本"的转化过程,是资源由有值到保值向增值递进的过程,是市场交换活跃程度由低到高的螺旋式上升过程,是市场交易关系由弱到强的明显变化过程,是要素价值转化为交换价值的过程,逐步实现了"生态资产良好保护—增值—价值实现—保护生态资源"的良性循环。③

二、生态产品价值的功能

生态产品价值是一个复杂的价值体系,该价值的实现亦是一个系统性工程,不仅需要环境管理学科、经济学科等自然科学发挥作用,也需要哲学、历史学等人文科学对其进行理论奠定,同时,还需要法学进行指引保障。"生态产品价值"作为核心概念,将其融入法治领域不仅可以发挥健全生态环境法治体系的法治保障功能,还可以加速发挥将绿水青山转化为金山银山的生态经济功能。

(一)法治保障功能

生态产品价值所蕴含的生态经济利益需要依托法治手段实现权益界定与分配保障,这既是经济基础决定上层建筑的客观规律所致,也是生态产品及其价值的丰富多元性所致。

鉴于经济基础决定上层建筑的客观规律,生态产品价值实现所彰显的生态经济利益、塑造的生态经济环境对法治建设具有一定的"推动"作用。经济基础决定上层建筑是马克思主义法哲学的基石。法律并非与生俱来,而是一个历史生成的渐进性过程,主要是以社会为基础逐渐发展而来的。无论是法律还是法治,按照历史唯物主义的基本原理,均属于上层建筑的范畴体系,

---

① 肖国兴:《自然资本投资法:可持续发展的必由之路》,《中州学刊》2007年第6期,第75—77页。
② [美]莱斯特·R.布朗:《生态经济——有利于地球的经济构想》,林自新、戢守志等译,东方出版社2002年版,第2页。
③ 高吉喜、李慧敏、田美荣:《生态资产资本化概念及意义解析》,《生态与农村环境学报》2016年第1期,第41—46页。

对其产生决定性作用的就是经济基础，即物质生活条件。在传统社会中，繁荣的中国特色社会主义市场是法治建设的经济基础，是中国特色社会主义法治体系的源头活水，是良法善治得以实现的关键要素。[①] 在生态文明建设进程的推动下，传统经济逐渐向生态经济延伸发展，这具有逻辑必然性，也是可持续发展的必然选择。[②] "生态经济"是一种观照社会、自然与经济三者有机统一、实现经济飞跃与自然生态保护双向生长的可持续发展的新经济模式。在生态文明体系中，生态经济体系是解放和发展生产力的关键，是生态文明体系的物质保障和经济基础，在生态文明体系中具有基础性和决定性作用。[③] 总之，生态经济是生态文明建设的重要基石，也是增强人民幸福感、壮大生态保护力量的重要举措。生态经济所营造的经济环境、所塑造的经济基础，与传统的经济基础一样，对法律、法治等一系列上层建筑亦具有决定性作用，这就要求我们不能从表面看待法律制度体系，而是要深入经济层面，深入生产出它或者使其产生的、具有根源和基础地位的，发挥制约、规定作用的生态经济基础。[④] 而且，随着对生态经济利益重视程度的提升，在法律运行过程中要考虑的不仅仅是传统经济，还有生态经济，其成为对法律进行评估评价、实现提质增效的关键因素。

生态产品价值所构建的优良生态环境对法治建设具有一定的"维护"功能，这主要是因为生态产品的多元性及其价值的丰富性。生态产品价值实现将会有机统一经济社会发展和生态环境保护。加快推进生态文明建设进程，以建设美丽中国为美好愿景，以建设优良生态环境为直接目标。多年以前，孟德斯鸠在《论法的精神》一书中就系统探讨了法律与"国家的物质条件、

[①] 李帅：《习近平关于法治建设条件的重要论述探析》，《湖南人文科技学院学报》2023 年第 3 期，第 1—5 页。

[②] 邓琦：《论商主体在生态经济中的生态责任构建》，《商业研究》2021 年第 2 期，第 148—152 页。

[③] 杨皓然：《习近平新时代生态经济体系的理论逻辑与实践探索》，《攀登》2019 年第 6 期，第 1—7 页。

[④] 陈培永：《"法律上层建筑"与"经济基础"关系的再思考》，《社会科学家》2021 年第 2 期，第 14—20 页。

气候的寒冷、酷热或温和、土地的质量、地理位置、疆域大小"等因素之间的关联。① 随着以孟德斯鸠的"地理环境决定论"为逻辑起点而展开的法律地理学研究的深入，地理环境、生态状况与法律之间的关系越发清晰了，"生态环境对法律具有影响"成为一个经得起推敲的真命题。更为关键的是，生态环境的改善更有利于培育完善正确的生态理念，逐渐确立"生态中心伦理观"。此类生态理念向法律领域渗透，将生态文明理念和生态学的原理方法贯穿至我国相关法律制度、修改和健全的全过程，为我国法律体系的完善作出贡献。②在法律界进行一场生态化变革，可实现法律对生态化的时代回应，对法律方法、价值取向、理念与制度等各个层面都进行必要的生态环境保护拓展和生态化变迁。

生态产品价值实现所确定的生态环境法律关系对法治运行具有"护航"功能。良好生态环境的实质与核心是权利和权力的良性互动，表现为生态环境中各种关系的和谐稳定。法律作为调节社会生活最主要的规范，以社会中的各种关系为调节对象，发挥其价值意义。法律之治的最高境界，在于通过具有"强制力"的法律规则或规范调整社会成员的行为，并在实践中将其逐渐内化为人们的生活方式。③ 意识影响人们的行为，在生态产品价值实现的法治保障中，生态产品价值的实现需要法律规范来指引并内化人员行为，让生态产品保护意识深入人心，从而达到生态产品价值实现的目的。比如：实行干部自然资源资产离任考核制，采用政府主导与社会辅助相结合的生态产品补偿模式。生态产品价值目的实现了，生态环境保护法律制度在人们心中的地位自然也会"水涨船高"，从而提高了法律信任度。生态产品价值实现的过程中，由于价值实现机制不同，存在各种复杂关系。在习近平生态文明思想的引领下，这些关系逐渐得以协调，实现生态正义、生态和谐。基于生态环

---

① ［法］孟德斯鸠：《论法的精神》，张雁深译，商务印书馆 1995 年版，第 15 页。
② 蔡守秋：《论我国法律体系生态化的正当性》，《法学论坛》2013 年第 2 期，第 5—20 页。
③ 任洪涛：《生态利益有效供给的法律治理之道》，《广西社会科学》2015 年第 5 期，第 98—103 页。

境领域中各种关系的和谐稳定与法治的建构基础条件、价值取向等方面的同质化，二者之间也具有密切关系。确切而言，二者之间确实存在一种互动关系：和谐关系的构建本就是法治的目标，法治也是建构和谐关系的必然途径和方式[①]，同时，和谐稳定的社会关系必然会减少矛盾摩擦的发生，从而提升人们对法律的信任程度，促进法治的良性循环体系的构建。社会关系的和谐现状无疑实现了对法治的"护航"作用。

体系完备、内容详尽的法律制度体系是保障生态价值实现的根本要求，二者是有机统一的。一方面，法律是生态产品价值实现的制度支撑；另一方面，生态产品价值实现具有反作用，能促进法律体系的完善发展，塑造相关的法律政策文件，建设更加严密的顶层制度设计。所以，生态产品价值本身就彰显着其法律价值，生态产品价值的充分实现也体现了生态产品法治保障的作用，同时，生态产品价值实现过程中显现的难题争议、经验思路等，正是生态产品价值实现的法制制度在制定、修改、完善过程中需要关注并着重解决的问题，这些问题起到了生态产品价值的法治保障的作用。反之，实践作为检验真理的唯一标准，一项法律制度能否起到其本身的法治功能，即法律政策文件能否发挥对生态产品价值的法治功能，提供有效的法治保障，根本前提就在于法律制度体系的设立是否符合生态产品价值实现的客观需要，而这需要实践来验证。只有符合生态产品价值实现客观要求的法律才能真正发挥其法治功能，才能成为真理，这需要社会学、环境法等方面专家的共同努力。

法治是顺利保障并推进我国生态文明建设的关键因素，中国特色社会主义法治体系也是生态文明建设的重要制度保障。生态产品价值通过推动法治发展、助力法治落实、维护法治体系等，对生态环境法治体系发挥着法治保障功能，而生态产品及其价值实现在纳入法治轨道的同时，也需要各种法治

---

① 严颂：《论和谐社会与法治》，《政治与法律》2005年第3期，第9—15页。

工具为其保驾护航，以法治之力守护生态产品及其价值实现。

（二）生态经济功能

生态文明涵盖了先进的生态伦理观念、发达的生态经济、完善的生态制度、基本的生态安全、良好的生态环境五要素。[①]

生态产品价值是一种生态价值，该价值的实现和法治保障将有利于推进生态文明建设进程，充分发挥生态功能。近年来，我国经济发展势头不断上升，综合国力不断增强，人们越来越意识到保护生态环境的重要性。尤其是进入新时代后，我国的生态意识整体增强。中国当下及未来的方向不再像以前那般只关注实体经济的粗放式发展，对于生态环境受到的影响不管不问，而是更关注生态经济的可持续发展。推动生态经济、加快生态文明建设，关键在于实现生态资源的价值化，实现从"资源—资产—资本"的产品化转型，实现生态资源资本化。推动生态经济一方面可以推动市场竞争，提高资源利用效率，另一方面有利于生态环境保护，实现生态红利。生态产品与我们每个人都息息相关，是关系中华民族永续发展的长远大计。目前，生态文明建设在新时代党和国家事业发展中具有重要地位，其核心路径在于推动经济社会发展全面绿色转型。"经济理性人"也存在向"生态理性人"转化的趋势。在以人与自然和谐共生为价值理念、以系统论思维为基本思路、以最严格的制度和最严密的法治为实施保障三层面形塑的习近平生态文明思想的指引下[②]，我国不断完善生态环境保护制度体系，推动生态环境治理体系和治理能力现代化，这些政策和举措主要是为了推进生态文明建设，实现生态文明建设进程的秩序化、有序化、规范化。因此，建立完善生态产品价值实现的法治保障体系，就是立足我国生态文明建设新形势，以系统推进生态文明建设进程为生态目的，持续贯彻落实中国绿色发展方案。

[①] 周生贤：《积极建设生态文明》，《环境科学研究》2009 年第 12 期，第 3 页。
[②] 叶海涛：《习近平生态文明思想的逻辑体系研究——基于党的十八大以来生态文明建设的实践与理论》，《哲学研究》2022 年第 8 期，第 5—13 页。

生态产品价值是一种经济价值，该价值的法治实现和保障将有利于加速绿水青山转化为金山银山，充分彰显其经济功能。目前我国正处于从灰色发展到绿色发展的战略转移阶段，致力于实现"绿水青山就是金山银山"理念，并且"既要绿水青山，也要金山银山"，确保产业生态化和生态产业化"两化"协同发展。生态产业化中至关重要的一环就是将生态资源转化成可增值产品，这就是生态产品的演化进程，该环节实现了"绿水青山就是金山银山"的价值增值和"区域空间→生态资源→生态产品→生态产业→生态产业系统"的渐进式发展。① 生态产品价值实现的提出与"绿水青山就是金山银山"理念之间存在密切关系。生态产品价值实现不仅包括生态价值、经济价值，还包括实现外部经济内部化，让保护生态环境变得"有利可图"。天下熙熙，皆为利来；天下攘攘，皆为利往。人类天生具有经济利益导向，利益影响着人类的选择，其参与市场经济、社会生产等活动都具有追求经济利润的经济必然性，即便是面对当前越发复杂的现代市场经济运动，投入各种资产要素的市场主体可能兼具市场经济活动组织者、管理者、协调者等多重身份，其参与的经济活动也表现为极为复杂的、能动的、智慧的、全方位的经营管理活动，手段也越发智能化、科学化、文明化。② 然而，市场经济活动的复杂并没有改变市场主体追逐经济利益的天性，他们反而更加关注经济利益、利润追求。推动完善生态产品价值实现的法律制度体系，既是为了实现生态环境保护和经济发展的和谐统一，也是为了满足人民需要美丽的生存环境、优质的生活品质的需求，更是为了实现"既要金山银山，又要绿水青山"的经济功能。

---

① 李星林、罗胤晨、文传浩：《产业生态化和生态产业化发展：推进理路及实现路径》，《改革与战略》2020 年第 2 期，第 95—104 页。
② 梁木生：《论所有者经济目的的积极意义》，《哈尔滨学院学报（社会科学版）》2001 年第 2 期，第 21—23 页。

第三节　生态产品价值的司法意义

生态产品所具有的价值已经无须赘述，而生态产品价值的法治保障功能意味着生态产品的价值实现应当被纳入法治轨道，在实践中已得以陆续展开。司法既是法治手段之一，也是法治化建设的托底环节，是法治实现的重要一环，若没有司法的法治化，就不能实现法治之理想。司法功能具有多样性，有学者进行梳理分析，认为从司法功能要素的数量来论，可以分为"一元论""二元论""三元论""多元论"，而从司法功能要素的结构来论，大体可以分为"二层次论"和"多层次论"。[1] 本书主要从二层次论的视角出发，认为司法功能主要包括法理功能和社会功能，这也是在这种"原初—派生""基本—延伸"逻辑理路之下体现出的"法之内—法之外"的功能分野，受到了"法律效果—社会效果"的话语浸润。[2] 具体而言，司法的法理功能是司法活动本身所具有的本体功能，是固有的、基本的，司法的社会功能则是司法活动所产生的客观社会效果意义上的功能，是延伸的、派生的。[3] 就生态产品价值纳入司法轨道的意义而言，可以根据司法功能的二分法予以两方面解读。具体而言，就是分别从司法的法理功能和社会功能出发，结合生态产品及其价值实现的司法现状，对司法在其中发挥的作用进行分析，进而提炼出生态产品价值的司法意义。

一、保障生态产品的"价值实现"

生态产品价值实现的途径多种多样，即便仅从法律领域来看，亦呈现出实现工具的多样化。就司法工具而言，其最关键的作用就是发挥司法保障功

---

① 丰霏：《司法权的功能再述》，《浙江社会科学》2021 年第 9 期，第 59—66 页、第 157 页。
② 丰霏：《司法权的功能再述》，《浙江社会科学》2021 年第 9 期，第 59—66 页、第 157 页。
③ 孙笑侠、吴彦：《论司法的法理功能与社会功能》，《中国法律评论》2016 年第 4 期，第 73—88 页。

能，保障生态产品的"价值实现"，其实质是保障生态产品所蕴含的生态环境法益。对生态环境法益的保障是司法法理功能的彰显，是生态产品价值司法实现所发挥的法律效果，更是生态产品价值的司法意义之一。

（一）生态环境法益：司法意义之指向

司法保障的关键是法律利益，对生态产品价值实现的保障亦指向了生态产品所蕴含的利益。生态产品作为一种公私兼备的产品，其之所以被纳入司法领域，最直接的原因就是它具有值得保障的利益。如前所述，生态产品兼具生态性和产品性，故其蕴含着生态环境利益和实体经济利益。而在生态产品价值实现过程中，司法所发挥的作用主要指向对生态环境利益的保障，尤其是对法律所规定的生态环境利益的保障，即对生态环境法益的保障。一方面，"法益必须与法相关联"[1]。法益即受法律所保护的利益，生态环境法益就是受到生态环境法律所保护的利益。另一方面，"法益必须与人相关联"[2]。生态环境法益的拥有者是人而非自然，毕竟法律所秉持的只能是人类中心主义，其始终是为人服务的，占据主导地位的人可以自主决定哪些生态环境利益可以划归到环境法领域。人既可以对生态环境法益进行正向增加，也可以对生态环境法益进行负向减损。综上所述，生态环境法益是法律所确认的、受到法律保护和救济的、除法律权益以外的正当化、法定化生态环境利益[3]，是法律所保护的人在生态环境领域所享有的非物质性的生态环境利益，故其构建于生态系统的生态环境系统服务功能之上，其客体所指向的就是主体享有的、但是不具有直接经济价值的生态环境利益。[4]

生态环境法益不具有直接经济价值，但并不是没有价值的，相反，该法

---

① 张明楷:《法益初论》，中国政法大学出版社 2003 年版，第 162 页。
② 张明楷:《法益初论》，中国政法大学出版社 2003 年版，第 162 页。
③ 柯坚:《破解生态环境损害赔偿法律难题——以生态法益为进路的理论与实践分析》，《清华法治论衡》2012 年第 2 期，第 68—84 页。
④ 谢玲:《论环境刑法的正当性根据——基于环境伦理和传统刑法理论之考察》，《湖南师范大学社会科学学报》2021 年第 4 期，第 60—68 页。

益是有价的，这也是"生态产品价值"一词得到认可的关键。因此，司法手段对于生态产品的保障就是对其所蕴含的"价值"的保障。但司法是被动的，它并不会去主动保护生态产品，只有在因生态产品产生争端纠纷时才会介入其中，做公正中立的裁判官或者不偏不倚的调解者。围绕产品的争端纠纷无非有二：一是物权之争，二是债权之争。其中，基于生态产品的特殊性质，生态产品的债权之争主要表现为生态产品遭遇破坏、功能遭受损失等，本质就是价值未得以实现。司法在此定分止争，就是对生态产品的"价值实现"发挥保障作用，通过恢复原状、修复赔偿等手段实现价值的复原、弥补、赔偿、惩罚等。

除此之外，生态环境法益还具有一定的公共性，其隶属于整体法益。以主体是单个的社会成员还是社会政治组织为标准，可以将法益划分为个体法益和整体法益两类。其中，整体法益即公共法益、共同法益，是由社会政治组织所控制、主张的代表该社会组织全体成员或绝大多数成员的并为法所确认、保障的集合法益。[1] 就生态环境法益而言，其表现为个人生态环境法益的简单叠加，拥有共同生态环境法益的形式和外衣，这就是许多公众团体、社会组织等会以生态环境损害为由提起诉讼的原因，如北京市朝阳区自然之友环境研究所等诉谢知锦等侵权责任纠纷案[2]、中华环保联合会诉无锡市蠡湖惠山景区管理委员会环境污染责任纠纷案[3]，等等。其中，在北京市朝阳区自然之友环境研究所等诉谢知锦等侵权责任纠纷案中，从判决书可见，司法实务界亦承认生态环境法益并不属于个体，而是属于整体，是公共利益、共同利益。[4] 在编纂《中华人民共和国民法典》（以下简称为《民法典》）时，也有学

---

[1] 董兴佩：《法益：法律的中心问题》，《北方法学》2008 年第 3 期，第 27—34 页。

[2] 福建省南平市中级人民法院：（2015）南民初字第 38 号；福建省高级人民法院：（2015）闽民终字第 2060 号；最高人民法院：（2016）最高法民申 1919 号。

[3] 江苏省无锡市滨湖区人民法院：（2012）锡滨环民初字第 0002 号。

[4] 该案中，法官将对林木所有者的权利的损害排除在生态环境损害之外，认为其不属于植被生态公共服务功能的损失。探其本质，实际上认定了生态环境法益与个人所拥有的法益之间的区别，明确了生态环境法益属于共同法益、整体法益。

者表示生态环境损害指向的是公共利益，因此不应纳入《民法典》第七编"侵权责任"中。[1] 因此，生态环境法益仅仅是具有共同法益的形式，表现为每个主体生态环境法益的整合，具备形式层面的"整体性"，这与整体法益所具有的形式整体性含义相契合。

与此同时，生态环境法益可以还原为全体人类或大多数人类所享有的且应由法律保护的生态环境功能，即生态环境系统服务功能。梳理法律文本和司法案例，实务界将生态环境系统服务功能划分为生态服务功能和环境服务功能两种。在利海有限公司与威海市海洋与渔业局船舶油污污染损害赔偿纠纷中[2]，二审法院对"环境生态损害"和"环境容量损害"分开认定，前者是指环境对生态系统支持能力的损害，后者是指环境对污染物自净能力的损害。可以看出，该案区分了生态服务功能和环境服务功能。[3] 在中国生物多样性保护与绿色发展基金会诉山市荣者光电有限公司案中，也存在对生态服务功能和环境服务功能两个名称的同时使用。[4] 生态服务功能即生态环境系统服务功能，主要强调生态环境对其他生态环境和人类所发挥的功能；环境服务功能则侧重于强调生态环境中的环境要素和生物要素在物质循环、能量传递中的功能。[5] 对生态服务功能和环境服务功能，又可以进一步划分，如有学者将生态服务功能划分成十七个类型，并针对每种类型列举了多种生态服务功能。[6] 我国也有学者将其概括为供给服务、调节服务、支持服务、文化服务四个一级类型和十一个二级类型。[7] 环境服务功能又可以根据环境要素和生物要素种

---

① 孙佑海、王倩：《民法典侵权责任编的绿色规制限度研究——"公私划分"视野下对生态环境损害责任纳入民法典的异见》，《甘肃政法学院学报》2019 年第 5 期，第 62—69 页。
② 青岛海事法院：（2012）青海法海事初字第 169 号；山东省高级人民法院：（2014）鲁民四终字第 193 号。
③ 王海晶：《生态环境服务功能损失赔偿条款适用研究》，中南财经政法大学 2020 年博士学位论文。
④ 广东省珠海市中级人民法院：（2020）粤 04 民初 129 号。
⑤ 王海晶：《生态环境服务功能损失赔偿条款适用研究》，中南财经政法大学 2020 年博士学位论文。
⑥ Robert Costanza et.al. "The Value of the World's Ecosystem Services and Natural Capital", Nature, 1997, 387(1), pp. 3-15.
⑦ 谢高地、张彩霞、张昌顺、肖玉、鲁春霞：《中国生态系统服务的价值》，《资源科学》2015 年第 9 期，第 1740—1746 页。

类进行划分，鉴于要素种类的多样性，在此不予展开。由此可见，以生态环境功能为核心的生态环境法益内容十分丰富、复杂，而且生态环境的功能具有隐藏性，随着探索的逐步深入，对其功能的认识逐渐清晰，将会有更多的生态环境利益上升为生态环境法益，受到法律保护，其内容亦表现出变动性。因此，生态环境法益在内容层面的丰富性、复杂性和变动性是其内容"整体性"的具体表现，这与整体法益所具有的内容整体性含义相契合。

（二）法益保障：司法法理功能之彰显

司法的法理功能是司法的基本功能，是司法活动本身所具有的本体功能，主要包括辨别是非、释法补漏、定分止争、维护权益、控权审规、定罪量刑等。[①] 司法的根本意义就是将在立法中所规定下来的规则适用于具体现实。这是司法的法理功能当中一个最为基本的也是最为关键的法律特性。生态文明理念对社会建设产生了巨大的影响，生态产品概念的提出对于生态文明建设进程的推进产生了重要影响，因生态产品引发的纠纷争端的种类和数量与日俱增，在生态产品价值实现过程中，司法机制发挥着法理功能，这也是最为关键的司法功能，以生态产品为核心，辨是非、明事理、释法规、定纠纷、解争端、护权益。

司法对生态产品价值实现的保障本质就是对生态环境法益的保障，此乃司法法理功能的彰显，直接表现为维护权益这一法理功能。权利是受保护的利益，法益是法律所确认保护的利益，由此推之，权利与法益之间呈现出一种密切的关联关系，甚至可以说，法益是核，权利是表。生态环境法益是司法所维护的权益之本质，而其通常会披上"权利"的外套。就生态产品而言，其所指向的权利是一种财产权利，学界亦有学者提出了"生态财产权"这一新型权利概念，认为生态财产权是供给主体对所供给生态产品的财产权利，是自然资源财产权的结构延伸，以及生态补偿机制和生态产品价值实现机制

---

① 孙笑侠、吴彦：《论司法的法理功能与社会功能》，《中国法律评论》2016年第4期，第73—88页。

的补充。基于生态产品的无形性特征，其内容主要包含生态产品使用权、生态产品收益权和生态产品处分权三种。[①] 生态财产权就是司法在生态产品价值实现过程中要保障维护的权益，生态产品价值实现的司法意义就是对生态财产权的保障和维护。诚然，维护权益并非司法工具独有的功能，行政也是维护权益的重要方式之一，在生态产品价值实现的保障中亦存在司法权与行政权之争，但相较而言，司法维护权益这一法理功能发挥得更加全面体系。在生态产品价值实现中，司法机制主要通过法律判断及诉讼、非诉等方式，从民事、行政和刑事三个维度出发，保障生态产品的价值实现，保护生态环境系统服务功能，维护生态环境法益。基于此，司法机制并不着眼于特定社会和特定历史的特定处境，而是以法律为准绳，以司法本身的法理和规律为司法活动的基本原则。需要重点注意的是，这并不是要让司法活动适应具体的社会和历史事实，而是要让具体的社会和历史事实符合司法活动本身的逻辑。因此需要让法院和法官独立、负责地行使审判权，使人信任法官、信任法院、信任司法。[②] 从权利思维入手，要真正落实对生态产品价值实现的保障、对生态环境法益的维护，司法机构就应当体现出一种能动性的司法姿态，发挥法院的能动司法作用，而鉴于生态产品蕴含的生态文明价值理念，司法机构又应当体现出一种绿色司法理念，发挥法院的生态环境保护作用。

在生态产品价值实现进程中，与之相适应的司法体系不仅需要构建与生态文明时代相匹配的多元化纠纷解决机制，还需要充分发挥司法的法理功能，打造一个全面的生态产品价值实现推进与保障机制，以此形成共建共治共享的生态环境治理格局。司法体系还必须确定生态环境法益的识别与权衡机制，以利益协调平衡和利益效益最大化为核心目标，确定司法机制在生态产品价

---

① 陈宝山：《生态财产权的类型化建构与制度表达》，《华中农业大学学报（社会科学版）》2021 年第
3 期，第 152—161 页、第 191 页。
② 孙笑侠：《论司法多元功能的逻辑关系——兼论司法功能有限主义》，《清华法学》2016 年第 6 期，
第 5—21 页。

值实现中需要协调的利益类别，并以生态文明价值理念为核心，以"紧迫利益优先保护""容忍限度""风险预防""危险防止""比例原则"等为基本原则，对各种利益进行横向比较与权衡，对核心的生态环境法益进行纵向的比较与权衡，对冲突利益进行纵横交错的立体化比较，做出最优选择[①]，从而实现对利益的识别与权衡。

综上所述，司法对生态产品价值的首要意义在于其法理功能的发挥，核心意义在于通过司法手段对生态产品的"价值实现"予以保障。

二、推动生态产品的"价值实现"

生态产品价值实现的司法意义不仅包括因生态产品内涵的生态环境法益而催生的司法法理功能，还包括因生态产品蕴含的经济价值而催生的司法社会功能。早在 1995 年，就有学者探讨了司法工作在社会主义市场经济服务中发挥的整体功能作用，主要是坚持以审判为中心，通过综合治理，为发展社会主义市场经济提供超前、及时、跟踪服务。[②]生态产品蕴含着的经济价值，这种经济价值实际上就是生态经济价值，生态产品价值实现的司法意义即生态经济价值的司法意义，这一司法意义彰显了司法在经济发展与生态建设两方面发挥的重要功能，是司法的法理功能衍生出的司法社会功能，进而推动生态产品的价值实现。

（一）生态经济价值：司法意义之指向

生态产品之所以是"产品"，关键在于其具有一定的经济价值。正因为该经济价值的存在，生态产品价值实现的司法意义就是"推动"，即通过司法这一法律工具推动生态产品价值实现。

中国特色社会主义市场经济的发展仅仅依靠实体经济是不够的，在生态

---

① 盛玉华：《环境司法中的利益识别与权衡》，《广东社会科学》2023 年第 3 期，第 246—256 页。
② 王国安：《发挥审判工作为社会主义市场经济服务的整体功能作用》，《当代法学》1995 年第 3 期，第 32—34 页。

文明价值理念和可持续发展理念的推动下，生态经济逐渐走进大众视野，也成为中国特色社会主义市场经济的重要组成部分。生态经济与生态产品之间存在紧密的联系。一方面，生态产品涵盖生态经济。如前所述，生态产品具有一定的价值，该价值是经济价值和生态价值的集合，以保护与合理使用自然资源和可持续发展为核心特征，以生态为主要原则，以保护生态环境和自然资源为基本目标，[①] 实际上体现了生态与经济的紧密结合，即生态经济。生态产品产生是发展生态经济的结果，生态经济的发展可以为人民群众创造更多的优质生态产品，增强人民群众的生态幸福感，是增进民生福祉的重要途径。[②] 另一方面，生态产品价值实现的过程就是生态经济彰显的过程。生态产品是生态环境中的自然资源产品化的结果，是生态产品商品化的彰显。生态产品价值内涵的可延伸性和生态产品的消费重复性决定了生态产品可以增值[③]，生态产品价值本身不仅可以实现保值，还可以在市场中实现增值，如此才是完整的生态产品价值实现过程。生态产品价值实现就是依托自然生态要素，采取多样化的模式和路径，打通生态产品的供销渠道，加速生态产品的价值增值进度，助推生态产品资本化，促进生态产品共享，确保生态经济的实现。由此可见，生态产品价值实现是生态经济发展模式之一，也是随着生态文明价值理念逐渐深入而发展出来的一种新型生态经济发展路径。在经济学界有学者明确表示"生态产品价值实现是生态经济的最终目标"[④]。毕竟，现代化的生态经济体系的主要目标是追求发展成果的全民共享，既要创造出更多物质财富和精神财富，以满足人民日益增长的美好生活需要，也要提供更

---

① 石国亮：《政党价值观与政党其它要素的辩证关系》，《安徽师范大学学报（人文社会科学版）》2009 年第 2 期，第 139—143 页。（此处"其它"应为"其他"。）
② 白暴力、程艳敏、白瑞雪：《新时代中国特色社会主义生态经济理论及其实践指引——绿色低碳发展助力我国"碳达峰、碳中和"战略实施》，《河北经贸大学学报》2021 年第 4 期，第 26—36 页。
③ 王舒曼、王玉栋：《自然资源定价方法研究》，《生态经济》2000 年第 5 期，第 25—26 页。
④ 彭文英、滕怀凯：《市场化生态保护补偿的典型模式与机制构建》，《改革》2021 年第 7 期，第 136—145 页。

多的优质生态产品，以满足人民日益增长的优美生态环境需要。[①]

生态经济体系的建立也是生态产品商品化、货币化的过程，意味着从主流的传统市场经济体系中，通过生态环境治理与保护等活动，获得自己应有的劳动回报和资本供给。[②]生态产品价值实现的本质就是生态经济价值的实现。生态经济是生态系统与经济系统的结合，两个系统依托生产劳动的中介作用进行物质交换与能量补偿，从具体的运行模式和实现方式观察，生态经济依然是市场经济。[③]"一切劳动资料和劳动对象归根结底来源于自然界。"[④]"劳动和自然界在一起才是一切财富的源泉。"[⑤]生态经济是市场经济的重要组成部分，是实体经济发展的关键要件，此乃一种有限的、服务于自然资本的具有公共性的市场经济。[⑥]最关键的是，生态经济扬弃了以实体经济为核心的传统市场经济的弊端，是与生态文明相适应的经济形式，是最适合生态文明的经济基础，其充分回应了"人类如何更好地生存和发展"的关键问题。[⑦]因此，生态经济价值与实体经济价值的核心内涵具有高度相似性，由此推之，生态经济价值是由生产生态产品的活劳动及物化劳动，以及凝聚在这些生态经济产品中的资源投入量的价值所决定的。[⑧]

生态学界针对生态产品价值量化、估值展开了许多实践探索，主要采用

① 文传浩、李春艳：《论中国现代化生态经济体系：框架、特征、运行与学术话语》，《西部论坛》2020 年第 3 期，第 1—14 页。
② 刘世庆、邵平桢、林睿等：《科学发展观与西部大开发》，《西南金融》2005 年第 9 期，第 8—10 页。
③ 张夺、王桂敏：《中国特色社会主义生态政治经济学的思想论纲与研究展望》，《西安财经大学学报》2022 年第 4 期，第 26—34 页。
④ 中共中央马克思恩格斯列宁斯大林著作编译局：《马克思恩格斯选集（第十九卷）》，人民出版社1960 年版，第 19 页。
⑤ 中共中央马克思恩格斯列宁斯大林著作编译局：《马克思恩格斯选集（第十九卷）》，人民出版社1960 年版，第 550 页。
⑥ 张孝德、杜鹏程：《乡村生态文明建设的使命、道路与前景——基于文明形态与"现代化悖论"理论的分析》，《中国农业大学学报（社会科学版）》2022 年第 6 期，第 5—19 页。
⑦ 荣枢：《论中国特色社会主义生态文明的认识趋向》，《思想理论教育导刊》2020 年第 1 期，第45—49 页。
⑧ 柯伟、张劲松：《质量量化：生态供给侧的结构性困境与改革》，《学习论坛》2017 年第 5 期，第47—52 页。

了替代市场技术和模拟市场技术两种经济价值评估方法。前者是以"影子价格"和消费者剩余来体现生态服务功能的经济价值，评价方法主要包括费用支出法、市场价值法、机会成本法、旅行费用法和享乐价格法等；后者又可以称为"假设市场技术"，以支付意愿和净支付意愿来体现生态服务功能的经济价值，其评价方法主要包括条件价值法，也称"调查法"和"假设评价法"，是适用于缺乏实际市场和替代市场交换商品的价值评估方法，可以对各种生态产品所蕴含的生态经济价值进行更系统、更全面地评估。[①]

（二）生态产品价值实现的推动：司法社会功能之彰显

生态产品进入市场领域，必然导致其与传统的经济产品产生市场竞争关系，内含生态环境保护与实体经济发展之间的矛盾冲突。生态文明价值理念的深化使生态产品所内含的生态经济逐渐在传统的市场经济体系中占据主流地位。生态经济的发展不仅需要激励，还需要规制，而这种规制是国家干预与市场调节的结合，最重要和关键的规制工具就是法治工具，尤其是司法工具。司法工具不仅具备法理功能，还具有一定的社会功能。在生态文明理念和生态经济理念的引领下，司法在生态环境领域的社会功能将越发丰富，除基本的保护生态环境职责外，还增加了推动生态经济发展的作用。概言之，生态产品价值实现的推动正是司法社会功能的彰显。

司法的社会功能是指司法活动所产生的客观社会效果意义上的功能，此乃由法理功能衍生而来，也必然通过法理功能来实现。[②]司法的社会功能可以从审判、控权、补法、护宪四个维度展开，具体表现为缓解社会矛盾纠纷、审视观察行政行为、创制解释法律法规、展开合宪性审查活动、建构法治秩序等。[③]还有的学者从司法裁判这一视角出发，强调司法裁判所具有的社会功

---

① 欧阳志云、王如松、赵景柱：《生态系统服务功能及其生态经济价值评价》，《应用生态学报》1999年第5期，第635—640页。
② 孙笑侠、吴彦：《论司法的法理功能与社会功能》，《中国法律评论》2016年第4期，第73—88页。
③ 陈雷、李拥军：《论现代司法的社会功能》，《商业时代》2012年第2期，第108—109页。

能主要体现为以公正司法引领社会公正，通过司法裁判正确引导与激励正当的社会行为，消极评价与惩戒那些背离社会主流价值观的行为，以此正向引领社会优良风尚，培育与弘扬社会主义核心价值观的现实需求，实现社会公平正义的终极价值目标。① 由此可见，司法的社会功能的内涵丰富多样，对司法的社会功能进行概念界定，可理解为"司法通过司法权的运行，形成法院对社会的主动强化和社会对法院的理性认知，以及司法内化于社会系统所形成的以法院为主体的价值观和社会观"。之后，还有学者明确表示司法的社会功能的概念并不是固定的，其范围也不是一成不变的，而是随着时代发展而逐渐完善的。② 随着社会发展，司法的社会功能逐渐彰显并受到重视，毕竟在这个转型和变革的时代，司法活动应当尊重社会政治的整体性变迁。③ 尤其是在生态环境领域，司法成为现代国家治理体系的组成部分，其社会功能越发凸显。有学者从气候司法视角出发，发现在气候治理领域，司法社会功能表现出扩张趋势。④

司法社会功能的实现，有赖于其与社会主流价值体系及社会道义的契合和融贯，而代表着社会价值共识、"共同善"的社会主义核心价值观，乃是全国各族人民在价值观念上的"最大公约数"，也是社会主义法治建设的灵魂。⑤ 就生态产品价值实现而言，司法在此发挥着价值实现的社会功能。生态产品价值的实现具有多种途径，而司法是其实现途径之一。通过司法裁量、司法审判等方式让生态产品有价，以此保证破坏生态产品、损害生态产品功能等对生态产品进行负面利用的行为得到应有的规制，实现"环境有价、损害担

① 王智杰：《司法裁判的社会功能失灵及其应对——基于社会价值之反向重塑的思考》，《政法学刊》2021年第6期，第86—93页。
② 宋保振：《司法的社会功能及其实现》，《济南大学学报（社会科学版）》2020年第6期，第38—45页、第158页。
③ 孙笑侠：《论司法多元功能的逻辑关系——兼论司法功能有限主义》，《清华法学》2016年第6期，第5—21页。
④ 孙雪妍：《气候司法法理功能的再思考》，《清华法学》2022年第6期，第194—206页。
⑤ 王智杰：《司法裁判的社会功能失灵及其应对——基于社会价值之反向重塑的思考》，《政法学刊》2021年第6期，第86—93页。

责"的司法目的。而且，目前我国的环境法治具有技术性和法律性相统一的特点，针对生态产品价值的认定、量化、核算等方面，已出台了一系列法律规范文件。这不仅为运用司法手段实现生态产品价值提供了法律依据，还明确了相应的技术规范，从而增强了生态产品价值的权威性，提升了所评估的生态产品价值的准确性。

第二章

生态产品价值司法实现的现实优势

第一节 "绿水青山就是金山银山" 理念指引优势

2005年8月，习近平同志在浙江安吉县考察时首次提出"绿水青山就是金山银山"理念。同年，习近平同志在《浙江日报》上发表文章《绿水青山也是金山银山》，指出："如果能够把生态环境优势转化为生态农业、生态工业、生态旅游等生态经济的优势，那么绿水青山也就变成了金山银山。"之后，习近平同志多次论及"绿水青山就是金山银山"理念，并逐渐将其丰富完善，强调"既要绿水青山，也要金山银山"，剖析了"绿水青山"和"金山银山"之间的关系。

"金山银山"是我国一直致力于追求的"山"，其乃经济、金钱等物质文化的表征。从狭义上来看，"金山银山"仅指开发利用自然资源过程中产生的经济价值；从广义上看，"金山银山"不仅包括经济价值，还包括给人类带来健康福祉、增加幸福指数的社会价值和生态价值，可理解为我国现代化进程中所取得的整体的社会物质文明成果。"绿水青山"则是我国生态文明建设进程中的重点对象，如森林、湿地、湖泊、大气、海洋等，是可持续发展的"山"，可理解为健康的、体现自然本性的生态环境。我们要深刻认识人与自然之间的关系，摒弃以前对生态环境一味索取的做法，要认识到"既要绿水青山，也要金山银山"，而且"绿水青山就是金山银山"。如何在保护"绿水青山"的基础上将其转化成"金山银山"是我们目前十分关注和迫切需要研究的问题。"绿水青山"和"生态产品"的内涵一致，生态产品价值转化实质上就是绿水青山转化为金山银山的科学阐释。2019年，习近平总书记在中国北京世界园艺博览会开幕式上提出，我们要追求绿色发展繁荣，绿水青山就是金山银山，改善生态环境就是发展生产力。良好生态蕴含着无穷的经济价值，能够源源不断地创造综合效益，实现社会经济的可持续发展。

"绿水青山就是金山银山"理念是习近平生态文明思想的重要内容、核心理念，是指导中国推进生态文明建设的重要理论依据，经过十余年的提炼总结已经较为完善成熟，得到各界的高度认同和重视。该理念的核心是处理人与自然之间的关系，其本质就是要实现生态经济化和经济生态化的辩证统一。由此可见，"绿水青山就是金山银山"理念揭示了生态环境与生产力和经济发展之间的关系，明确了国家发展规划的生态底线。

一、"绿水青山就是金山银山"理念的全新阐释

整体而言，生态产品价值实现的法治保障存在法律制度文件效力较低、数量较少、全面性较弱等问题，而司法层面也在识别、量化、评估等方面存在重重困境。究其原因，从表层出发是未对生态产品价值实现的法治话语样态予以厘清，究其根本是没有夯实生态产品价值实现的法治保障理念。"绿水青山就是金山银山"理念作为生态产品价值实现的核心法治指导理念，应当进行新的诠释。随着生态产品价值实现的推进，这一理念确实得到了新的阐释。

（一）"绿水青山就是金山银山"理念全新阐释的逻辑起点

党的十八大以来，我国确立了"全面推进生态文明建设"的战略目标和时代任务，在生态文明观的指引下，逐渐重视绿色发展、可持续发展。其背后的科学理论依据是"共同富裕观精髓是可持续发展、生态化发展""共同富裕观与生态文明观相辅相成"。

生态文明观与共同富裕观构成了一体两面的关系，其本质都在于满足人民的美好生活需求。两种观念之间也存在相辅相成的协同意义，它们彼此吸纳，共同指导生态产品价值实现的法治进程。而且，生态产品价值实现的法治保障需要多种法律制度协调配合。除环境法律制度外，还应特别强调经济法律制度推动生态经济发展的作用。我们需要从其实质出发，探寻共同富裕观和生态文明观之间协同的法律意义。

1. 观念协同有利于提炼绿色可持续发展理念

随着物质生活水平的提升、生态文明价值理念的深入、生态环境保护观念的增强，人们更多地关注生态环境的美好，强调"绿水青山就是金山银山""良好生态环境是最普惠的民生福祉"。由于生态危机日益严重，人们越发重视要走可持续发展、生态化发展的绿色发展之路，明确了绿色发展才是走出生态危机、走向共同富裕的必由之路，故共同富裕观的第一要义是发展，而且最关键的就是绿色可持续发展，这也是共同富裕观的精髓。

共同富裕观应以人民为中心，坚持人民的主体地位，满足人民需要。社会主要矛盾的改变，使人民的需求不再局限于物质需要，而是对美好生活的向往，而且是日益增长、日渐扩大的对美好生活的向往。物质水平的提升促使人民对精神美好生活的需求在结构、领域上不断深化，习近平生态文明思想促使人民逐渐树立生态文明价值理念，形成绿色消费观、绿色需求观，这就要求共同富裕观与生态文明观相辅相成，既要注重当代人的共同富裕，也要注重代际、后代的共同富裕。共同富裕观的精髓就在于倡导可持续发展、生态化发展的绿色发展理念。

经济法作为助推共同富裕实现的"发展促进法"，必然随着共同富裕观的转化而发生转化。基于"新发展格局—新发展理念—新发展法治"的分析框架，应当构建与创新、协调、绿色、开放、共享的新发展理念相符的发展型经济法法治，这就要求引入绿色发展思想，确立生态价值理念，注重经济发展的可持续性与和谐性，建立健全绿色低碳循环发展的经济法律体系，运用经济法治保障绿色共富，注重代际公平正义、代际共同富裕，实现生态文明驱动共同富裕、共同富裕落实生态文明的目标。

因此，经济法的生态价值理念亦是绿色发展理念，具体而言包括两方面：一是可持续发展理念。可持续发展就是要保证发展的公平性、和谐性和协调性，其基本要求就是强调经济开发和发展的整体性、综合性和系统性。保证发展整体的公平性，秉持公平正义的发展观，既要考虑人与人之间的公平正义，也要顾及人与生态自然的公平价值，同时要秉持面向未来的绿色发展理念。既要考虑代内公平，也要考虑代际公平。确保发展过程的和谐性与协调性，既要关注发展中人与人的和谐，也要关注人与生态自然的和谐，保持生态自然各生态要素的和谐与平衡，协调生态环境的资源分配、责任分配等，使人类的发展与生态系统的发展和谐一致，维持和谐稳定的生态竞争秩序。二是生态化发展理念。处理经济法律关系时要求以生态伦理为准则从事经济活动，强调生态正义；根据生态规律和经济发展特点，平等地利用生态资源和生态要素，尊重生态平等与自由；在经济活动中关注生态环境的和谐稳定状态，关注其生态安全；促进经济资源向高效有序、生态和谐的方向发展，提高生态效益。

2. 观念协同有利于调整人与自然之间的关系

经济法是协调经济法律关系之法，按照传统经济法理论，经济法的调整对象包括市场竞争关系和宏观调控关系，这两种经济法律关系是以传统经济观、价值观为指引的，本质还是单一的人与人的"二主体"法律关系。随着生态文明理念的深入、生态产品的诞生、绿色产业的发展，经济法律主体和经济法律关系架构发生了变化，生态自然从完全客体地位转变为具备一定主体性的客体地位，传统的经济法律关系也转化为"人—自然—人"的"三主体两关系"的法律关系，确切地说，是"理性生态人—自然—理性生态人"的经济法律关系，这就决定了经济法具备一定的生态价值属性。

首先，经济市场中的"经济人"转化为"生态人"，而且是受自然生态规律和经济社会发展规律约束的、具有生态文明观和生态文化的"理性生态人"。"理性生态人"应当秉持人地和谐的自然观，追求生态安全、生态正义，力争实现生态效益最大化。其与生态应当秉持和谐共生的和解之道，在参与市场经济活动中不能仅以人的利益为标准，必须考虑生态利益，顾及生态经济。在经济利益与生态利益发生冲突的时候，应当秉持人文关怀原则，即在满足人类基本需求的基础上，选择对生态破坏最小、干扰最轻的方案。[1] 同时，在市场经济交易过程中，交易双方应当秉持可持续发展、生态化发展的长远眼光，注重生态经济市场的整体稳定性。

其次，自然具备一定的主体性。人类作为万物之灵长，人的尺度决定其他对象的尺度，故其他对象处于客体地位。人与自然之间必然是主客体关系，但是我们要秉持辩证的主客体观，要准确、全面地解释主客体关系的真实面目，而非将其绝对化和先验化。"人与自然生命共同体"理念的提出导致人与大自然之间的主客体关系发生了细微但重要的变化，即人与大自然是共生共荣、唇齿相依的关系。人与自然现实关系的改变引发了法律关系的转变，以生态环境为媒介而引发的人与人之间的关系成为法律调整的对象，这并非环境法所独有，也不应该为环境法所独有，经济法律部门也同样发生着法律关系的变化，随着自然的主体性的凸显，"三主体"的法律关系愈加明显。

最后，经济法通过调整"理性生态人—自然—理性生态人"的经济法律

---

① 李淑文:《环境伦理：对人与自然和谐发展的伦理观照》，《中国人口·资源与环境》2014年第S2期，第169—171页。

关系来保障落实生态价值理念，贯彻生态文明理念，推动共同富裕。一方面，经济法规制了理性生态人在实体经济和生态经济市场的行为活动，重点规制市场主体在碳排放权交易、水权交易、用能权交易等生态经济市场中的交易行为，避免生态经济垄断行为，形成符合实质正义的生态价值理念，树立正确的、绿色的市场交易观、消费观。另一方面，经济法维持社会实体经济市场和生态经济领域管理的规范，运用财政税收、金融调控等宏观调控手段，规制高污染、高能耗产业，加快绿色产业转型，推动市场经济生态化，培育具有生态道德的市场氛围，促进良好价值观、发展观的实现，推动人与自然的和谐发展。

总之，针对与生态经济相关的法律制度，生态文明观和共同富裕观这两种观念的协同对其革新与完善具有重要的理论意义，两者既充分强调了绿色可持续发展的核心理念，又通过重新调整人与自然之间的关系实现生态经济的高质量发展。两者协同构建的观念体系，同样是指导生态产品价值实现法律制度建立健全与实际运行的重要理念。

（二）"绿水青山就是金山银山"理念全新阐释的要素解析

随着对生态经济、生态价值的认知的逐渐深入，对"绿水青山"与"金山银山"的关系逐渐厘清，再结合当今中国的社会时代背景，可知"绿水青山就是金山银山"理念是生态文明观和共同富裕观的结合。该理念既顺应了生态文明观，强调了绿水青山的生态价值，倡导了生态文明的重要性，又体现了共同富裕观：将"绿水青山"转化为"金山银山"，以"绿水青山"实现"金山银山"，用"绿水青山"推动共同富裕。

1. "绿水青山"：生态文明观

生态文明是物质文明和精神文明的综合体，又是超越物质文明和精神文明的另一种文明状态。中华人民共和国自成立以来，经历了由"江河治理—

可持续发展—科学发展—绿色发展"的历史演进过程，[①] 逐渐形成了以"绿水青山就是金山银山"理念为根基、以人民为中心、以人与自然命运共同体为重点的生态文明观，要求人们具备"只有与自然相和谐的发展才符合人类根本利益"的正确认知，形成"自然资源—生态产品—人类生产生活"的可持续发展过程，重视生态经济、生态价值的优势地位。[②]

我国的生态文明观是历时性和现时性的一脉相承。从历时性看，生态文明观起源于中国传统文化中的"天人合一""仁民爱物""道法自然""节欲知俭"等生态思想，其主要集中于中国传统的儒道文化，儒家思想重视个体在天人关系中的主观能动性，主张"仁爱万物"，通过修己爱人、推己及物，最终实现"天人合一"的至臻境界。就环境守法价值而言，应制定环境教育法，培养公众的环境意识，因俗而治，将法律与本土资源有机融合，尊重民间习惯法的调整。结合道家"道法自然"的生态伦理及"三才相盗"的辩证思想，就环境立法价值而言，立法理念应遵循"法自然"的原则，制度安排应遵循"宗无为"的原则，即在尊重自然规律与社会规律基础之上，"有所为，有所不为"，通过保障公众环境权益，实现环境保护的共治共享。[③] 整体而言，主要表现在人与自然万物关系的处理方面，倡导人与自然万物和谐相处，告诫人类要善待自然万物、尊重自然发展、节制欲望、合理利用自然。[④]

在中国传统生态思想的基础上，经过生态文明建设实践探索，生态文明思想得到不断发展完善。在中华人民共和国成立伊始，我国大力恢复生产、发展工业，同时，以自然灾害为主的生态环境问题引发重视，以毛泽东同志

---

① 杨卫军、冯芊芊:《中国共产党生态文明思想的历史演进》,《湖北工程学院学报》2021 年第 4 期,第 38—43 页、第 48 页。

② 秦天宝:《习近平法治思想关于生态文明建设法治保障的重要论述：整体系统观的视角》,《政法论坛》2022 年第 5 期,第 3—13 页。

③ 王玲:《中国传统文化的生态思想精要及其法治价值管窥》,《山东社会科学》2019 年第 5 期,第 169—174 页。

④ 靳永茂、吕军利:《中国共产党生态思想的现实基础与理论渊源》,《中学政治教学参考》2016 年第 33 期,第 5—7 页。

为代表的中国共产党人倡导以"治山理水"为重点，开展大规模群众运动来整治环境，同时提升抵抗自然灾害的能力，为习近平生态文明思想的萌发奠定基础。[①]改革开放以来，邓小平同志明确表示："消除污染，保护环境，是进行经济建设、实现四个现代化的一个重要组成部分。"[②]自此，环境保护逐渐上升为基本国策，环境保护目标责任制度、环境污染限期整改制度、排污许可证制度等环境管理制度逐步建立健全。1979年，《中华人民共和国环境保护法（试行）》出台，为我国生态环境保护工作的开展明确了方向，推动该工作走上法治化轨道。此后，其他与生态环境相关的法律制度也陆续出台，我国环境法律体系逐渐完善。与此同时，以邓小平同志为代表的中国共产党人强调通过法治与科技推动生态环境保护，逐渐形成以"环境保护基本国策"为一体、以"科技"和"法治"为两翼的生态环境保护基本架构。在环境保护基本国策的指导下，逐渐强调可持续发展，"实施可持续发展，核心的问题是实现经济社会和人口、资源、环境协调发展"[③]，"决不能走浪费资源和先污染后治理的路子"[④]。党的十六大报告将"可持续发展能力不断增强"作为全面建成小康社会的目标之一，并且开始注重源头治理和综合治理相结合的系统治理观念，坚持以统筹发展思维审视生态文明建设，在科学发展观的思想谱系中提出人与自然和谐发展的理念，将生态文明建设融入经济、政治、社会、文化等多方面建设之中，提倡建设资源节约型和环境友好型社会、建设人与自然和谐相处的社会主义和谐社会、建设生态良好的全面小康社会。[⑤]在生态文明思想发展和实践探索中，逐渐采用市场调节与宏观调控、惩罚机制与奖励机制、末端治理和源头预防等多种协同结合方案，提出了"绿水青山就

[①] 左雪松：《新中国七十年来中国共产党生态思想历史演进的回顾和启示》，《中南大学学报（社会科学版）》2019年第6期，第1—8页。
[②] 中共中央文献研究室：《新时期环境保护重要文献选编》，中央文献出版社2001年版，第2页。
[③] 江泽民：《江泽民文选（第一卷）》，人民出版社2006年版，第53页。
[④] 江泽民：《江泽民文选（第一卷）》，人民出版社2006年版，第53页。
[⑤] 左雪松：《新中国七十年来中国共产党生态思想历史演进的回顾和启示》，《中南大学学报（社会科学版）》2019年第6期，第1—8页。

是金山银山"理念及"山水林田湖草沙系统一体化""绿色发展""源头治理、系统治理、综合治理、依法治理"等理念要求。尤其是在进入新时代之后，社会主要矛盾发展转变，生态文明建设是回应人民美好生活向往的重要制度性安排。习近平总书记以人民为中心，以历史唯物主义为核心范式，以"生命共同体"为哲学基础，注重从社会制度和生产方式角度探寻生态危机的根源与解决途径，[①] 提出要贯彻创新、协调、绿色、开放、共享的新发展理念，[②] 强调生态价值观对生态文明建设的引领，注重构建以生态经济、生态文化、生态法治、生态安全、责任目标为核心的五大生态文明体系。[③] 总而言之，习近平生态文明思想逐渐全面化、完整化、体系化，形成了与当今生态文明建设进程相匹配、与时代发展相呼应的生态文明观。

"只有实行最严格的制度、最严密的法治，才能为生态文明建设提供可靠保障。"[④] 对生态文明的研究，离不开对法治的探寻。尤其是在步入中国特色社会主义新时代之后，习近平法治思想和习近平生态文明思想的交汇共同孕育的生态文明法治理论，为我国生态文明建设的法治保障提供了直接的、全方位的理论指引，为我国生态文明建设打造了多元化、动态性的法治系统。[⑤] 习近平总书记将人对优质生态产品、优美生态环境的需要定位为人的全面发展的重要组成部分这一指导思想，更是为我国生态文明建设法治保障提供了根本遵循和目标指引。[⑥] 总而言之，将习近平法治思想和习近平生态文明思想予以结合所形成的生态文明法治思想，就是指导当前生态文明建设法治完善的核心思想，是生态产品价值实现法治保障的重要基础法治理论，更是与当今全面依法治国的法治背景相契合的生态文明观。该生态文明观的提炼应当

---

① 王雨辰:《生态文明思想源流与当代中国生态文明思想》，湖北人民出版社 2019 年版，第 210 页。
② 习近平:《习近平谈治国理政（第三卷）》，外文出版社 2020 年版，第 361 页。
③ 陈栋、饶旭鹏:《习近平生态文明思想实践新视野》，《西南交通大学学报（社会科学版）》2022 年第 4 期，第 1—8 页。
④ 习近平:《习近平谈治国理政（第一卷）》，外文出版社 2018 年版，第 210 页。
⑤ 张忠民、李鑫潼:《生态文明的中国法治与法典表达》，《法治社会》2022 年第 4 期，第 16—29 页。
⑥ 刘超:《习近平法治思想的生态文明法治理论之法理创新》，《法学论坛》2021 年第 2 期，第 25—35 页。

从整体系统观视角出发，分别从习近平法治思想和习近平生态文明思想中找寻关于生态文明建设法治保障的重要论述，其以"人与自然生命共同体"为核心命题，[①] 注重法治与生态文明建设之间的互助关系，关注生态文明建设与法治国家、法治政府、法治社会一体建设之间的同频共振。[②] 该生态文明观的创新在于进一步拓展了生态文明建设领域法治价值的内涵，完善了相关的基本原则，有利于构建生态文明法律规范体系以推进生态文明建设法治保障体系一体化目标的实现，最关键的是其具有理论引领价值，推动环境法调整对象的拓展、学科归属的界定和研究进路的整合。[③]

我国当前的生态文明观实际上是生态文明法治观，是一种以"人与自然生命共同体"为核心，强调用严格法治保障生态文明建设、用优良生态环境推动依法治国的生态文明观。

2. "金山银山"：共同富裕观

中国特色社会主义已经迈入"全国各族人民团结奋斗、不断创造美好生活、逐步实现全体人民共同富裕的时代"。在该时代下，共同富裕观不仅是社会主义的本质要求和核心原则，更是完善和发展中国特色社会主义法律制度的关键理念，是中国特色社会主义法治体系的本质追求。要充分认识我国的共同富裕观，就要从历史溯源，探索共同富裕发展的进路。

追溯中华传统历史，我国共同富裕思想源头可以追溯到春秋时期的儒家思想。《礼记·礼运》中初步构想了天下为公、人人共有、人人共建的"大同"社会，这是一个人人皆达至"所终""所用""所长""所养"的至善境界，能够实现"博施于民而能济众"的理想社会。由此可见，儒家所倡导的大同

---

① 吕忠梅：《习近平法治思想的生态文明法治理论之核心命题：人与自然生命共同体》，《中国高校社会科学》2022年第4期，第4—15页、第157页。
② 于文轩、胡泽弘：《习近平法治思想的生态文明法治理论之理念溯源与实践路径》，《法学论坛》2021年第2期，第18—24页。
③ 秦天宝：《习近平法治思想关于生态文明建设法治保障的重要论述：整体系统观的视角》，《政法论坛》2022年第5期，第3—13页。

理想追求平等的价值理念，其所希望建立的是一个乌托邦的理想社会，结合其所提倡的"不患寡而患不均"的均平思想和重民思想，三种思想共同塑造了"共同富裕"的雏形。

后人在继承这些理念思想时，除沿袭传统外，更是结合特定社会条件赋予其新的经济理念。首先，在儒家"大同社会"的基础上，太平天国农民起义领袖洪秀全追求建立一个"有田同耕，有饭同食，有衣同穿，有钱同使，无处不均匀，无人不饱暖"的"太平天国"；康有为也主张建立"无阶级、无压迫、无邦国、无帝王，人人相亲，人人平等，天下为公"的大同世界；孙中山提出三民主义，并以此为基础追求"公天下"的大同社会，致力于实现世界大同。其次，借鉴儒家的"均平"思想，李觏倡导"平土均田"、曹操提出"斟酌贫富"的主张、王安石提出"抑豪强伸贫弱"的口号，还有晏子的"均贫富"思想、董仲舒的"调均贫富"思想、王夫之的"均天下"理念，等等。

中华人民共和国成立以来，始终把追求共同富裕贯穿于革命、建设和改革的全过程。首次提及"共同富裕"是在 1953 年 10 月，由以毛泽东为代表的第一代领导集体主持起草的《中共中央关于发展农业生产合作社的决议》中，提出要"逐步实现农业的社会主义改造，使农民能够逐步完全摆脱贫困的状况而取得共同富裕和普遍繁荣的生活"。毛泽东作为对"共同富裕"概念进行凝练概括的带头人，总结出以公平促效率的共同富裕观，即平均主义视角下的共同富裕观。毛泽东认为，共同富裕与同步富裕没有一字千钧的区别，共同富裕就是在进行同步富裕，唯有团结组织起来才是"人民群众得到解放的必由之路，由穷苦变富裕的必由之路"，才可以充分落实平均主义，保证一视同仁。

邓小平以此为基础，总结前期经验教训，深知共同富裕是一个由低层到高层、从部分到整体的渐进过程，是一个螺旋式上升的漫长过程。结合当时中国正处于改革开放初期、市场经济发展初期的特殊阶段，生产力发展水平较低，通过先富人群提高人均收入水平，可以有效克服人口数量增幅过快产生的低水平陷阱问题。部分先富的理念或许并非属于社会主义原则所要求的一种最佳、最理想的实现共同富裕的方案，但却是当时最切实可行、效果显著的方案，"如果没有这种发展，那就只会有贫困的普遍化；而在极端贫困的情况下，就必须重新开始争取必需品的斗争，也就是说，全部陈腐污浊的东西又要死灰复燃"。邓小平所允许的部分先富是带动后富的先富，是以扎实推进共同富裕为最终目标的先富，其明确指出："社会主义的目的就是要全体人民共同富裕，不是两极分化"，"社会主义最大的优越性就是共同富裕"，而"社会主义的本质，是解放生产力，发展生产力，消灭剥削，消除两极分化，最终达到共同富裕"。部分先富和共同富裕是辩证统一的关系，先富是实现共同富裕的途径和手段，先富必须服从和服务于共同富裕这个目标，如果离开共同富裕而片面强调先富，那么，先富势必失去方向而导致为富不仁，造成两极分化。由此，邓小平设计了"先富带动后富，最终实现共同富裕"的实践进路。

此后，以江泽民同志和胡锦涛同志为核心的第三代、第四代中央领导集体，不断分析国际国内形势，提出"西部大开发""振兴东北老工业基地""中部崛起"等战略，引入区域协调发展、科学发展观、以人为本等思想理念，使共同富裕思想不断充实，理论和实践也不断发展与完善。

党的十八届五中全会上，习近平总书记首次提出了"共享发展"理念，认为共享发展与共同富裕之间有着密切的联系。2016年1月，习近平总书记在省部级主要领导干部学习贯彻党的十八届五中全会精神专题研讨班上的讲话指出："共享理念实质就是坚持以人民为中心的发展思想，体现的是逐步实现共同富裕的要求。"共享发展是对共同富裕内涵和实践路径的一种升华，将渐进性理念引入共同富裕，"共同"是与构建人类命运共同体相谋合的"共同"，是与社会整体利益相契合的"共同"，是从经济基础到上层建筑全方位的"共同"。"富裕"不仅局限于"金钱""生存"等物质富裕，更追求"享受""幸福""奉献"等精神富裕。落实共享发展是一门大学问,要做好从顶层设计到"最后一公里"落地的工作,在实践中不断取得新成效。落实共享发展的过程也是实践共同富裕的路径,首先要明确解放和发展生产力这一重要前提,提出通过创新驱动力的发展助推中国的经济实力向高质量、快发展的方向迈进;其次要强调共享发展的渐进性,通过渐进有序的共享发展进程推动世界历史的渐变;最后要将共享发展的实践目标与人类世界相联系,通过"人类命运共同体"推进新时代中国共产党向着共产主义理想目标迈进的步伐。

进入新时代,以习近平同志为核心的党中央在全面建成小康社会的背景下,坚持以人民为中心的发展思想,提出"在高质量发展中促进共同富裕""扎实推进共同富裕"等政治话语。尤其是2021年下半年,大量战略举措从"弱者保护""强者规制"两个角度出发,致力于共同富裕,如浙江省成为共同富裕示范区;腾讯、阿里巴巴纷纷发挥自身科技优势和财富能力,启动"共同富裕专项计划";教育"双减"政策落地,加大对校内校外教育培训的改革力度和监管力度;房地产税改革试点;对平台经济领域的反垄断严监管举措;北京证券交易所开市;等等。上至理论原则,下至战略制度,我国全面构建具有中国特色的社会主义共同富裕观,即通过高质量发展实现"逐步共富""加速共富",通过缩小区域、城乡差距实现"区域共富""全国共富",通过扩大中等收入群体实现"全民共富""实质共富",通过共建共治人居环境和推动公共服务均等化实现"全面共富""共同致富"。与此同时,出台或修订《中华人民共和国乡村振兴促进法》《中华人民共和国农业法》《中华人民共和国中小企业促进法》等法律文件回应政治话语,助推共同富裕。

我国的共同富裕观在实践中生成,在理论中升华,在历史中传承和凝练,在国际上兼容并蓄,逐渐完善成熟,形成了吸纳中西传统文化、具备中国特色、彰显大国风范、考虑代际公平、注重绿色发展、可持续发展的共同富裕观。

建立健全生态产品价值实现机制,是贯彻落实习近平生态文明思想的重要举措，是践行"绿水青山就是金山银山"理念的关键路径，是从源头上推动生态环境领域国家治理体系和治理能力现代化的必然要求，对推动经济社会发展全面绿色转型具有重要意义。理念是实践的先导，要向思想解放要动力，以制度措施、办法、氛围倒逼观念更新。生态产品价值实现机制需要践行"绿水青山就是金山银山"理念，其法治保障也理应贯彻落实该理论，并与习近平法治思想相融合，共同构成生态产品价值实现的法治保障理念。但是，该理念的逻辑、内涵、维度等尚处于探索阶段。鉴于此，生态产品价值实现机制的运行和创新有赖于立法、司法、执法等多个方面的法律保障，并为生态环境及国土空间等诸多方面的社会治理提供了法治实践思考。

二、生态产品价值实现与"绿水青山就是金山银山"理念的关系

随着对"绿水青山就是金山银山"理念理解的深入和生态产品价值实现意义的凸显，全国各地积极开展对生态产品价值实现的实践探索。自 2020 年 4 月开始，自然资源部已经先后发布了 3 批 32 个生态产品价值实现的典型案例。

2021 年 4 月，中共中央办公厅、国务院办公厅印发《意见》，这是习近平总书记提出"绿水青山就是金山银山"以来，首部对生态产品作出系统规定的纲领性文件。

生态产品是生态产业化的重要产物和价值载体，更是连接人与人之间关系的关键媒介物。生态产品价值实现是"绿水青山就是金山银山"理念重要的转化途径之一。

（一）"绿水青山就是金山银山"理念是生态产品价值实现的指导思想

"绿水青山就是金山银山"理念逐渐成熟完善的过程，既是厘清经济发展和生态环境保护之间关系的过程，也是对生态经济化和经济生态化的认识逐

渐清晰的过程。该理念属于习近平生态文明思想的核心组成部分，既是习近平治国理政的科学理论指南，也是生态产品价值实现的指导思想。

"每一个时代的理论思维，包括我们这个时代的理论思维，都是一种历史的产物，它在不同的时代具有完全不同的形式，同时具有完全不同的内容。"因此，任何理论的产生和发展都应顺应时代潮流，有其特定的历史条件。"绿水青山就是金山银山"理念的提出亦是如此。从国际视野看，其顺应世界范围内绿色发展趋势；从国内视野看，其伴随着生态文明建设进程的推进。"只有绿水青山，没有金山银山"的传统思维使中国经济实力提升和生态环境保护呈现脱节、分离样态，甚至因为过度追求"金山银山"而忽视了"绿水青山"，陷入了"只要金山银山不要绿水青山"的困境之中。曾经，我国经济的粗放式发展带来的诸多资源环境问题反作用于经济发展，对经济发展水平产生了负面影响。正是在这样的社会背景之下，经济发展速度的提升与生态环境资源的保护之间所存在的博弈关系逐渐明显，二者博弈越发激烈。"绿水青山就是金山银山"理念在明晰"既要绿水青山，也要金山银山"这一层逻辑关系的基础上，进一步在时空序列层面体现出"宁要绿水青山，不要金山银山"的层级关系，凸显了绿水青山的基础性地位。

探索生态产品价值实现机制是生态文明建设的关键方式，作为基础的"绿水青山就是金山银山"理念无疑为生态产品价值实现的落地奠定了关键基础，为价值实现的具体途径的确定提供了方向指引。

（二）生态产品价值实现是"绿水青山就是金山银山"理念实现的主要抓手

生态产品是我国的独创概念。前文提及，我国最早提及"生态产品"的国家级别的法律和行政法规文件是 2010 年国务院印发的《全国主体功能区规划》。随着生态文明价值理念的深入，"生态产品"在相关制度文件中出现的频次明显上升，其性质也从以经济属性为主的经营性产品转为以生态属性为主的公益性产品。由此可见，"生态产品"与"绿水青山"的内涵存在异曲同工之处。生态产品价值实现的过程，就是将生态产品所蕴含的内在价值转化为经济效益、社会效益和生态效益的过程。

"绿水青山就是金山银山"理念的关键是深刻认识到"绿水青山"在何时何情可以转化为"金山银山"，找准生态环境保护与经济水平提升的结合点和切入点，将生态优势转化为经济优势，推进生态经济化和经济生态化，生态产品价值实现的本质就是"绿水青山就是金山银山"理念的理论转化与实践应用。

第二节 法制度调整优势

法律是治国之利器，良法是善治之前提。建设法治中国，理应立法先行。完备的生态环境法律体系是推进生态环境法治建设、提升生态环境治理体系和治理能力现代化的基础性工程。生态产品价值司法实现的司法规范，主要依托于现行的生态环境法律体系。

中国的生态环境立法工作起步于20世纪70年代，主要是受国际环境保护运动的影响。随着社会经济的发展、科技水平的提升、生活质量的提高，人们对生态环境问题的认识也不断地向深层次发展，生态环境法律体系建立健全与国家生态文明建设进程同时推进、同步进行。1979年颁布实施的《中华人民共和国环境保护法（试行）》是我国生态环境立法的起点，影响着我国生态环境立法进程。此后，生态环境法治建设成为我国立法工作的重要组成部分，生态环境法律体系也逐渐完善健全。尤其是党的十八大以来，习近平总书记多次强调"绿水青山就是金山银山"，生态文明思想、环境保护理念根深蒂固，相关工作也引发了法律界的关注和重视，环境保护法逐渐确立了其基础性的法律地位，从"有限修改"到"全面修改"，从"为城市立法、为企业立法、为污染立法"到"为城乡立法、为政府与企业立法、为生态环境保护立法"①。上述转变的发生也彰显了我国各方已达成解决"中国问题"需要"中国方案"的共识，我国生态环境法律体系在生态环境保护、治理和管理的实践过程中得到了逐渐完善。

伴随着生态文明法治建设的持续推进，中国的生态环境立法经历了从第一代环境法到第三代环境法的发展历程，以环境保护观为指导思想、以生存权为核心权利的第一代环境法基本健全完善，以可持续发展观为指导思想的第二代环境法持续推进，目前正处于从第二代环境法向以生态文明观为指导思想的第三代环境法推进的新时期。②生态环境法律体系已成为中国特色社会主义法律体系的重要组成部分。从法益分析的角度出发，结合环境立法发展的新趋势来判断，中国环境法律体系以环境保护法为基本法，涵盖了环境污染防治法、自然资源保护法、生态保护法、资源循环利用法、能源与节能减排法、防灾减灾法、环境损害责任法七大类法律部门，由法律、行政法规、规章及地方性法规等多个层次的法律规范构成。③目前，在全国人大及其常委会立法中，生态环境立法超过立法总量的1/10，形成了由1部基础性、综合性的环境保护法，若干部涉及大气、水、固体废物、土壤、噪声、海洋、湿地、草原、森林、沙漠等专门法律，长江保护法、黄河保护法、黑土地保护法及正在审议中的青藏高原生态保护法草案等4部特殊区域法律组成的"1＋N＋4"法律制度体系。在行政立法和地方立法中，生态环境立法也是热点和重点。据统计，已经出台生态环境相关行政法规100余部、部门规章600余部、地方性法规1000余部，全国各地都制定了数量庞大的地方性环境法规，基本建立了环境法律的实施性规则体系，创制了不少环境法律制度的具体规

---

① 吕忠梅：《〈环境保护法〉的前世今生》，《政法论丛》2014年第5期，第51—61页。
② 杨朝霞：《中国环境立法50年：从环境法1.0到3.0的代际进化》，《北京理工大学学报（社会科学版）》2022年第3期，第88—107页。
③ 黄锡生、史玉成：《中国环境法律体系的架构与完善》，《当代法学》2014年第1期，第120—128页。

则。① 在庞大的生态环境法律体系中，生态产品价值实现的司法规范可以划分为生态产品相关法律规范和生态产品价值裁量规范两部分，前者为生态产品的产生及其价值的保值增值提供制度保障，后者则细化了生态产品价值的司法操作规则。

一、生态产品相关法律规范优势

审视当前的生态环境风险现状和法治现状，我国生态环境法律体系日益庞大，表现形式呈现多样化态势，立法目的也发生了细微转变。同时，其他深层次的实质性内容也发生了变化。最典型的就是生态环境法律体系的功能定位发生了变化。虽然从宏观视角出发，生态环境法律体系的功能自始至终都是以生态环境为本，致力于保护和改善生态环境，但是从微观角度予以细致分析，生态环境法律体系的功能定位或者侧重方向亦存在细微变化。

从功能发挥阶段看，生态环境法律体系最初注重的是后端的治理阶段，而由于生态环境风险的变幻莫测，事前预防逐渐引起重视，在"防治结合"的响应号召下，生态环境法律体系逐渐关注在事前的预防和事后的治理两个阶段共同发挥功效。如今，生态环境法律体系对事前预防的重视程度逐渐提升，对不确定的生态环境风险的积极预防理应成为生态环境法律体系的首要功能。② 从功能实现对象看，生态环境法律体系作为中国特色社会主义法律体系的一部分，始终坚持以人民为中心，具体而言，其中心从"个人"到"众人"，从"私人"到"社会"，从"人与人"到"人与环境"，目前的生态环境法律体系功能以社会整体利益为根本，关注公众利益，确切而言，其功能定

---

① 刘长兴：《中国环境立法年度观察报告（2021）》，《南京工业大学学报（社会科学版）》2022年第2期，第95—110页、第112页。
② 曹明德、马腾：《风险社会中生态环境法律体系的变迁》，《国外社会科学》2021年第3期，第58—70页、第159页。

位主要是致力于实现生态安全、环境公平和公益保障。[①] 从功能实现范围看，生态环境法律体系经历了"经济发展—现代化建设—可持续发展"的变化进程，尤其是习近平总书记提出"绿水青山就是金山银山"理念之后，生态环境法律体系功能实现了"生态性"与"经济性"的有机统一，成为推动生态红利、保障生态经济发展、落实可持续发展的重要法治保障。

综上可见，我国的生态环境法律体系"质"与"量"同步发展变化。在"质"上，除在立法目的、调整对象、法律关系等方面发生变化外，最值得引起重视的就是其功能定位在功能发挥阶段、功能实现对象和实现范围三个维度所发生的变化。而在"量"上，其变化涵盖了各种环境要素和生态功能，以及生态环境保护治理的前端预防、中端治理、后端奖惩等各个环节。整体而言，目前的生态环境法律体系功能在习近平生态文明思想的指引下，以社会整体利益为中心和重心，功能逐渐前移，关注事前预防，致力于实现生态红利，发展生态经济，落实可持续发展。

生态产品及其价值实现的法律规范也逐渐增多。梳理我国提及生态产品的国家级别的法律和行政法规文件，最早可以追溯到 2004 年《商务部办公厅关于印发〈国家茧丝绸发展风险基金项目实施情况总结〉的通知》中提及的"生态产品"，但是仅仅谈及真丝绿色生态产品检测鉴定技术这一项目。真正涉及"生态产品"的应该是 2010 年国务院印发的《全国主体功能区规划》，该文件颁布距今已有十余年，但并没有对"生态产品"予以精准化、类型化界定，容易让人对生态产品涵盖范围的理解产生歧义，导致与生态友好型产品、生态加工类产品、生态环境系统服务、生态资源等概念产生混淆。目前关于生态产品价值实现的阐述，大多数文件中只是倡导性条款，并未予以具体落实。2021 年 4 月，中共中央办公厅、国务院办公厅印发《意见》，主要从

---

① 吕忠梅：《发现环境法典的逻辑主线：可持续发展》，《法律科学（西北政法大学学报）》2022 年第 1 期，第 73—86 页。

生态产品的调查监测、价值评价、经营开发、保护补偿、价值实现等角度进行详细阐述，尤其是关于价值实现层面，从保障和推进两方面出发，助推生态产品价值实现机制的构建。但遗憾的是，该文件仅从生态环境保护、生态经济发展出发，即便谈及价值评价、价值实现，也局限于从行政事务、环境治理、生态经济的角度进行阐述和应用，尚未与司法相衔接，忽略了生态环境保护司法体制改革中对绿色司法理念的彰显和对生态产品价值实现机制的司法需求。虽然地方纷纷出台了有关《意见》的实施建议，但是顶层设计的薄弱对于生态产品价值实现的法治保障体系而言，仍然构成显著缺失。

以"北大法宝"为检索工具，截至 2023 年 7 月底，以"生态产品"为关键词进行全文检索，可检索到现行有效的国家级法规 422 部，以法规效力层级划分，包括 14 部法律、28 部行政法规、13 部司法解释、317 部部门规章，还有 43 部党内法规制度、2 部团体规定、5 部行业规定，且整体发布数量呈逐年递增趋势（图 2-1）。其中，2022 年增加的生态产品相关法律规范数量高达 80 部，这也是自 2004 年至今颁布生态产品相关法律规范数量最高的一年。

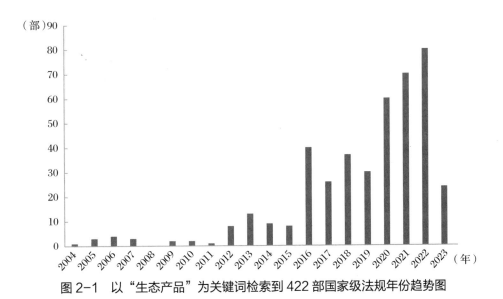

图 2-1　以"生态产品"为关键词检索到 422 部国家级法规年份趋势图

（一）法律

法律是生态产品价值实现的重要制度规范依据。虽然目前没有专门规定生态产品价值实现的中央立法，但是在我国中央层级的生态环境法律体系之中近似或者涉及生态产品价值实现的条款数量却很多。在前面所检索到的全文含有"生态产品"字样的国家级法规中，有 14 部法律，对此进行年份梳理，最早出现于 2016 年，强调"为人民提供更多优质生态产品"，虽然在 2019 年和 2020 年两年并未在国家层级的法律文件中出现"生态产品"的字样，但是自 2021 年开始又关注"生态产品"，而且通过观察可预估未来"生态产品"在法规中的出现频率会呈上升趋势，其相关内容亦是对"建立生态产品价值实现机制"的强调，这对于将生态产品价值实现纳入法治轨道具有重要意义。

《中华人民共和国环境保护法》（以下简称《环境保护法》）属于国家基本法律，是生态环境法律体系中的综合性环境基本法，更是引领生态环境法律体系健全完善的领头羊。1979 年 9 月，第五届全国人大第十一次会议通过了《中华人民共和国环境保护法（试行）》之后，中国生态环境法治化建设正式启动，有关环境要素保护、环境保护促进与程序等各方面的环境保护单行法逐渐创立和完善，整体呈现出数量逐年增加的趋势，其他部门法也逐渐引入"绿色条款"。整体而言，我国在《环境保护法》这一综合性环境基本法的指导下，关于生态环境保护、生态文明建设的相关法律逐渐涵盖大气、水、土壤、固体废物、环境噪声、放射性等污染防治内容，涉及核安全、海洋环境和海岛保护，循环经济促进、环境保护税、清洁生产促进、环境影响评价等各个领域，牵涉刑法、经济法、行政法、诉讼法等多个法律部门，其中关涉生态环境保护的法律数量繁多、内容繁杂，生态环境法律制度渐成体系，但是在生态产品价值实现方面仍缺乏专门性的立法支持。

从我国环境法学界的理论认知和国家立法定位观察，我国的综合性环境基本法和各环境保护单行法都是以行政法规范为主体，是关注公共利益但拥有行政法色彩的法律。① 而通过检索可见，我国在早期进行生态环境立法时已经开始关注生态产品价值实现问题，但更侧重于强调资源权属，除《环境保护法》这一综合性法律外，《中华人民共和国物权法》（已于 2021 年 1 月 1 日废止）及《中华人民共和国土地管理法》《中华人民共和国森林法》《中华人民共和国防沙治沙法》《中华人民共和国农村土地承包法》《中华人民共和国环境保护税法》等单行生态环境法律中也存在相关规定。尤其是在明确提出"生态产品价值实现"这一政治话语之后，在从政理到法理的转变过程中，国家层级对生态环境相关法律制度的修订和颁布起到了关键的推动作用。

2021 年，我国颁布、修订、修正了多部新的生态环境相关法律，如《中华人民共和国湿地保护法》《中华人民共和国长江保护法》《中华人民共和国草原法》等，除专门规定生态环境的法律外，在经济法律制度体系中也有关于生态产品价值实现的法律条文，如 2021 年 6 月发布实施的《中华人民共和国海洋自由贸易港法》就明确规定"建立生态产品价值实现机制"②。此外，《中华人民共和国野生动物保护法》《中华人民共和国畜牧法》《中华人民共和国海洋环境保护法》等法律制度均予以修订，《中华人民共和国黄河保护法》《中华人民共和国青藏高原生态保护法》《中华人民共和国黑土地保护法》《中华人民共和国耕地保护法》等法律的制定也逐渐提上日程。

整体而言，我国在生态产品价值实现的开发利用、经营运转、保值增值等各个方面都作出了相关法律规定，虽然并没有一般专门规定生态产品价值实现的顶层设计，但是现有法律层面的规定已经对浙江省的相关地方立法起到了指导统筹作用。

---

① 柯坚、付杰思：《环境法法典化背景下个人主体的实然与应然》，《河南师范大学学报（哲学社会科学版）》2022 年第 2 期，第 52—64 页。
② 《中华人民共和国海洋自由贸易法》第 35 条：海南自由贸易港推进建立政府主导、企业和社会参与、市场化运作、可持续的生态保护补偿机制，建立生态产品价值实现机制，鼓励利用市场机制推进生态环境保护，实现可持续发展。

（二）行政法规

行政法规中的"行政"是指国家的行政，是以宪政制度为背景的公共行政，是在法规之下为了实现民事及刑事以外的国家的一般目的而发挥的国家作用。[①] 在我国，行政机关在生态环境治理和保护中具有不可替代的重要作用，由国家行政机关及国务院制定的生态环境行政法规对我国生态环境法律体系的形成和完善也功不可没。这既是我国行政法律体系的重要组成部分，也是我国生态环境法律体系的关键组成部分。

生态环境法从内容、特性、要素等方面进行体系性的观察分析，本质上是公法，生态环境行政法规是典型的公法，是生态环境法律体系中的重要组成部分，承担着公法该有的功能和作用，但因其属于生态环境法律体系中的一分子，又难免存在公私交融的特性。生态环境行政法规是执行之规，是实现国家意志的法律文件，追根溯源，生态环境行政法规本就是对相关环境法律的细化，确切而言，是对相关生态环境法律规则的细化，生态环境法律规则是生态环境行政法规的抽象化、宏观化体现。从民事法律角度溯源，可将行政法规划分为两类：一类是间接调整民事行为、涉及民事性质、表现为"管理法"面目的行政法规；另一类主要是直接调整民事法律关系的民事性行政法规。[②] 规制我国生态环境的生态环境行政法规亦可以划分为这两部分。但是本章更倾向于从法律内容出发对生态环境行政法规进行类型化区分。从宏观视角出发，我国的生态环境行政法规涵盖内容广泛，与"生态产品价值实现"有关的行政法规散见于各法律规定之中，以内容为视角对生态环境行政法规进行细分，可以分为三类：第一类是环境要素保护类的生态环境行政法规，如《淮河流域水污染防治暂行条例》《中华人民共和国防止船舶污染海域管理条例》《地下水管理条例》等；第二类是环境保护促进类的生态环境行政法规，

---

① 张新宝：《行政法规不宜规定具体侵权责任》，《法学家》2007 年第 5 期，第 133—139 页。
② 崔卓兰、于立深：《行政规章研究》，吉林人民出版社 2002 年版，第 249—255 页。

如《风景名胜区条例》《中华人民共和国自然保护区条例》《中华人民共和国森林法实施条例》《古生物化石保护条例》等；第三类是环境保护程序类的生态环境行政法规，如《中华人民共和国环境保护税法实施条例》《建设项目环境保护管理条例》《排污许可管理条例》等。此外，其他行政法规也包含了一些生态环境内容，如《中华人民共和国土地管理法实施条例》《消耗臭氧层物质管理条例》等。还有一些非专门且直接关涉生态环境管理和保护的行政法规，也存在关涉生态产品价值实现的"行政绿色条款"，这些法律条目的数量在逐渐增多。

在行政法规这一效力等级的范围内，专门对生态产品价值实现予以规定的生态环境行政法规主要有以下五部（表2-1）。

表2-1 国家层面专门规定生态产品价值实现的五部生态环境行政法规

规范名称	发布机关	发布时间	发布目的	条文总数
《关于鼓励和支持社会资本参与生态保护修复的意见》	国务院办公厅	2021年11月10日	为进一步促进社会资本参与生态建设，加快推进山水林田湖草沙一体化保护和修复	20条
《关于加快建立健全绿色低碳循环发展经济体系的指导意见》	国务院	2021年12月30日	为贯彻落实党的十九大部署，加快建立健全绿色低碳循环发展的经济体系	30条
《关于健全生态保护补偿机制的意见》	国务院办公厅	2016年5月13日	为进一步健全生态保护补偿机制，加快推进生态文明建设	20条
《关于进一步推进排污权有偿使用和交易试点工作的指导意见》	国务院办公厅	2014年8月25日	为进一步推进试点工作，促进主要污染物排放总量持续有效减少	14条
《关于建立健全生态产品价值实现机制的意见》	中共中央办公厅、国务院办公厅	2021年4月26日	为加快推动建立健全生态产品价值实现机制，走出一条生态优先、绿色发展的新路子	23条

第一部是国务院办公厅发布的《关于鼓励和支持社会资本参与生态保护修复的意见》。该生态环境行政法规主要围绕"社会参与生态保护修复"这一中心议题，其有关山水林田湖草沙的保护和修复对于促进生态产品的生态系统调节服务功能的价值化实现具有重要意义，由此促进社会资本参与生态建设，加快推进山水林田湖草沙一体化保护和修复。

第二部是国务院发布的《关于加快建立健全绿色低碳循环发展经济体系的指导意见》。该生态环境行政法规文件主要围绕建立健全"绿色低碳发展经济体系"展开，其目的是针对各产业生产和生活，充分贯彻落实党的十九大部署，加快建立健全绿色低碳循环发展的经济体系。

第三部是国务院办公厅发布的《关于健全生态保护补偿机制的意见》，该生态环境行政法规主要针对自然资源重点领域和禁止开发领域、重点生态功能区等重点领域，重点围绕"生态保护补偿机制"这一中心议题，其颁布主要是为了进一步健全生态保护补偿机制，以此充分加快推进生态文明建设的整体进程。

第四部是国务院办公厅发布的《关于进一步推进排污权有偿使用和交易试点工作的指导意见》，该生态环境行政法规主要针对排污权展开，规制"排污权有偿使用和交易试点"，持续推进全国范围内各项资源产权流转试点工作，促进主要污染物排放总量持续有效减少，实现生态产品价值的市场化。

第五部是中共中央办公厅、国务院办公厅联合印发的《关于建立健全生态产品价值实现机制的意见》(即《意见》)，《意见》颁布的主要目的是加快推动建立健全生态产品价值实现机制，走出一条生态优先、绿色发展的新路子，实施对象为生态产品。之后，地方层面的大部分省（区、市）也陆续出台了与之相配套的建立健全生态产品价值实现机制的实施方案（表2-2）。

表 2-2 地方层面建立健全生态产品价值实现机制实施方案

序号	时间	省份（直辖市、自治区）	方案名称	发布机构
1	2021 年 7 月	江西	《关于建立健全生态产品价值实现机制的实施方案》	江西省发展和改革委员会
2	2021 年 8 月	广西	《关于建立健全生态产品价值实现机制的实施意见》	中共广西壮族自治区党委办公厅、自治区人民政府办公厅
3	2021 年 10 月	山东	《贯彻落实〈中共中央办公厅国务院办公厅关于建立健全生态产品价值实现机制的意见〉的实施方案》	山东省发展和改革委员会等
4	2021 年 11 月	浙江	《关于建立健全生态产品价值实现机制的实施意见》	中共浙江省委办公厅、浙江省人民政府办公厅
5	2021 年 12 月	海南	《海南省建立健全生态产品价值实现机制实施方案》	中共海南省委办公厅、海南省人民政府办公厅
6	2022 年 1 月	吉林	《关于建立健全生态产品价值实现机制的实施意见》	中共吉林省委办公厅、吉林省人民政府办公厅
7	2022 年 1 月	河南	《关于建立健全生态产品价值实现机制的实施意见》	中共河南省委办公厅、河南省人民政府办公厅
8	2022 年 2 月	新疆	《关于建立健全生态产品价值实现机制的实施意见》	新疆维吾尔自治区党委办公厅、自治区人民政府办公厅
9	2022 年 3 月	江苏	《江苏省建立健全生态产品价值实现机制实施方案》	中共江苏省委办公厅、江苏省人民政府办公厅
10	2022 年 3 月	福建	《关于建立健全生态产品价值实现机制的实施方案》	福建省发展和改革委员会
11	2022 年 3 月	天津	《天津市建立健全生态产品价值实现机制的实施方案》	中共天津市委办公厅、市人民政府办公厅
12	2022 年 5 月	山西	《关于建立健全生态产品价值实现机制的实施意见》	山西省发展和改革委员会等
13	2022 年 6 月	青海	《青海省推动建立健全生态产品价值实现机制的实施方案》	中共青海省委办公厅、青海省人民政府办公厅
14	2022 年 8 月	贵州	《贵州省建立健全生态产品价值实现机制行动方案》	中共贵州省委办公厅、贵州省人民政府办公厅
15	2022 年 10 月	广东	《广东省建立健全生态产品价值实现机制的实施方案》	广东省人民政府办公厅
16	2022 年 11 月	内蒙古	《关于建立健全生态产品价值实现机制的实施方案》	内蒙古自治区党委办公厅、自治区人民政府办公厅
17	2022 年 12 月	北京	《北京市建立健全生态产品价值实现机制的实施方案》	中共北京市委办公厅、北京市人民政府办公厅

（三）部门规章

部门规章的"规章"是在改革开放之后逐步发展起来的。在中国法律制度文本中，"规章"首次出现于 1982 年的《中华人民共和国宪法》中，其第 90 条第 2 款明确规定："各部、各委员会根据法律和国务院的行政法规、决定、命令，在本部门的权限内，发布命令、指示和规章。"随着中国法治建设进程的逐步推进，行政规章的数量逐渐增加。在生态文明理念深入的过程中，涉及生态环境的环境规章数量亦逐渐增多，并逐渐成为我国环境法体系的重要组成部分之一。我国现行的相关法律规定条文把规章同法律、行政法规、地方性法规、自治条例和单行条例区别开来，并未作等量齐观的规定。[①] 这主要是因为在现行法律中常用"参照"一词表示对行政规章在司法、执法中的适用，如《中华人民共和国行政诉讼法》第 63 条对人民法院审理行政案件的法律依据规定中，针对行政规章适用"参照"一词，明确在行政诉讼适用法律中，行政规章不能作为人民法院审理行政案件的依据，只是人民法院审理行政案件的参照。"参照"是一种自上而下的、具有特殊的法律拘束力的表现。因此，行政规章"既不是典型意义上或完全意义上的法，又不是与法无关，而是一种准法"[②]。基于此，行政规章实际上对人民法院的法律约束力较弱，对不符合或者不完全符合法律、法规的行政规章，人民法院有灵活处理、拒绝适用的权力，或者说具有"选择适用权"。[③]

出于对改革开放实际需要、法治建设进程及地理环境布局等因素的现实考虑，我国法律将规章划分为部门规章和地方规章两类。生态文明法治建设的持续推进，丰富了法律规范的类型和内容，部门规章也是生态环境法律体系中的重要部分。从生态环境法律制度体系的角度出发，此处的"部门规章"可以称为"部门环境规章"。部门环境规章是指国务院各部委，特别是环境保

---

① 孔祥俊：《法律方法论：法律规范的选择与适用（第一卷）》，人民法院出版社 2006 年版，第 64 页。
② 周旺生：《立法学（第 2 版）》，法律出版社 2000 年版，第 66 页。
③ 姜明安：《行政法与行政诉讼法》，北京大学出版社、高等教育出版社 2019 年版，第 512 页。

护行政主管部门根据法律和国务院的行政法规、决定、命令，在本部门的权限内按照规定程序制定的有关环境保护的规定、办法、实施细则等规范性文件的总称。截至 2020 年，现行有效的部门环境规章有 140 多部。

在部门规章层面，主要可以检索到八部涉及生态产品价值实现的规章文件（表 2-3）。

表 2-3　专门规定生态产品价值实现的八部部门规章

名称	发布机关	发布时间	发布目的	条文数量
《银行业保险业绿色金融指引》	中国银行保险监督管理委员会	2022 年 6 月 1 日	为贯彻落实党中央、国务院关于推动绿色发展的决策部署，促进银行业保险业发展绿色金融，积极服务兼具环境和社会效益的各类经济活动，更好助力污染防治攻坚，有序推进碳达峰、碳中和工作	36 条
《生态环境损害赔偿管理规定》	生态环境部、最高人民法院、最高人民检察院、科学技术部、公安部、司法部、财政部等	2022 年 4 月 26 日	为规范生态环境损害赔偿工作，推进生态文明建设，建设美丽中国	38 条
《碳排放权交易管理办法（试行）》	生态环境部	2022 年 12 月 31 日	为落实党中央、国务院关于建设全国碳排放权交易市场的决策部署，在应对气候变化和促进绿色低碳发展中充分发挥市场机制作用，推动温室气体减排，规范全国碳排放权交易及相关活动	43 条
《自然资源统一确权登记暂行办法》	自然资源部、财政部、生态环境部等	2019 年 7 月 11 日	为贯彻落实党中央、国务院关于生态文明建设决策部署，建立和实施自然资源统一确权登记制度，推进自然资源确权登记法治化，推动建立归属清晰、权责明确、保护严格、流转顺畅、监管有效的自然资源资产产权制度，实现山水林田湖草整体保护、系统修复、综合治理	34 条

名称	发布机关	发布时间	发布目的	条文数量
《关于建立健全长江经济带生态补偿与保护长效机制的指导意见》	财政部	2018 年 2 月 13 日	为全面贯彻落实党的十九大精神，积极发挥财政在国家治理中的基础和重要支柱作用，按照党中央、国务院关于长江经济带生态环境保护的决策部署，推动长江流域生态保护和治理，建立健全长江经济带生态补偿与保护长效机制	13 条
《浙江省湖州市、衢州市建设绿色金融改革创新试验区总体方案》	中国人民银行、国家发展和改革委员会等	2017 年 6 月 23 日	为深入贯彻党中央、国务院决策部署，落实《生态文明体制改革总体方案》和《政府工作报告》要求，充分发挥绿色金融在调结构、转方式、促进生态文明建设、推动经济可持续发展等方面的积极作用，探索建立区域性绿色金融服务体系，推动经济绿色转型升级	17 条
《关于构建绿色金融体系的指导意见》	中国人民银行、财政部、国家发展和改革委员会等	2016 年 8 月 31 日	为全面贯彻《中共中央 国务院关于加快推进生态文明建设的意见》和《生态文明体制改革总体方案》精神，坚持创新、协调、绿色、开放、共享的新发展理念，落实政府工作报告部署，从经济可持续发展全局出发，建立健全绿色金融体系，发挥资本市场优化资源配置、服务实体经济的功能，支持和促进生态文明建设	35 条
《关于全面推动长江经济带发展财税支持政策的方案》	财政部	2021 年 9 月 2 日	为贯彻落实全面推动长江经济带发展座谈会精神，支持推动长江经济带高质量发展	20 条

第一部是中国银行保险监督管理委员会（现国家金融监督管理总局）发布的《银行业保险业绿色金融指引》，该指引主要面向中国境内设立的银行、信用社和保险公司等，其目的是促进银行业保险业发展绿色金融，积极服务

兼具环境和社会效益的各类经济活动，更好地助力污染防治攻坚，有序推进碳达峰、碳中和工作，既推进生态产品价值实现，又有利于"双碳"目标的实现。

第二部是生态环境部、最高人民法院、最高人民检察院、科学技术部、公安部、司法部、财政部等部门联合发布的《生态环境损害赔偿管理规定》，该规定主要针对破坏生态环境的行为，主要目的是规范生态环境损害赔偿工作，明确生态产品价值损害也是其赔偿工作的重要组成部分，尤其是具有功能意义的生态产品，即生态环境系统服务功能的损害赔偿。整体而言，该规定对于推进生态文明建设、建设美丽中国具有重要意义。

第三部是生态环境部发布的《碳排放权交易管理办法（试行）》，该办法针对全国碳排放权交易及相关活动，充分落实党中央、国务院关于建设全国碳排放权交易市场的决策部署，在应对气候变化和促进绿色低碳发展中充分发挥市场机制作用，推动温室气体减排，规范全国碳排放权交易及相关活动，其效力范围覆盖全国各省域。

第四部是自然资源部、财政部、生态环境部等联合发布的《自然资源统一确权登记暂行办法》。自然资源指自然界中人类可以直接获得并用于生产和生活的物质，可分为三类：一是不可更新资源，如各种金属和非金属矿物、化石燃料等，需要经过漫长的地质年代才能形成；二是可更新资源，指生物、水、土地资源等，能在较短时间内再生产出来或循环再现；三是取之不尽的资源，如风力、太阳能等，被利用后不会导致储存量减少。该办法颁布的主要目的是推进自然资源确权登记法治化，推动建立归属清晰、权责明确、保护严格、流转顺畅、监管有效的自然资源资产产权制度，实现山水林田湖草整体保护、系统修复、综合治理。在处理自然资源确权方面的问题时，各省（区、市）相关部门应该依照该办法的条款开展工作。

第五部是财政部发布的《关于建立健全长江经济带生态补偿与保护长效机制的指导意见》，该指导意见发布的主要目的是通过建立健全长江经济带生态补偿与保护长效机制，推动长江流域的生态保护和治理，实施对象主要为长江经济带的生态补偿与保护领域。

第六部是中国人民银行、国家发展和改革委员会等联合发布的《浙江省湖州市、衢州市建设绿色金融改革创新试验区总体方案》，该方案主要针对浙江省湖州市、衢州市这两个绿色金融改革创新试验区的工作展开，其主要目的是充分发挥绿色金融在调结构、转方式、促进生态文明建设、推动经济可持续发展等方面的积极作用，探索建立区域性绿色金融服务体系，推动经济绿色转型升级，落实绿水青山转化为金山银山，协调经济和生态之间的博弈关系，持续推进生态文明建设进程，实现可持续发展、绿色发展的生态文明建设发展理念。

第七部是中国人民银行、财政部、国家发展和改革委员会等联合发布的《关于构建绿色金融体系的指导意见》，该意见的颁布主要是为了坚持创新、协调、绿色、开放、共享的新发展理念，落实政府工作报告部署，从经济可持续发展全局出发，建立健全绿色金融体系，发挥资本市场优化资源配置，服务实体经济的功能，支持和促进生态文明建设，实施对象是金融机构和企业。此部门规章从绿色金融的构建角度出发，充分彰显了生态经济价值特性，对于绿水青山转化为金山银山具有重要意义，对于推进生态产品价值实现也具有关键的法律意义。

第八部是财政部印发的《关于全面推动长江经济带发展财税支持政策的方案》，该部门规章提出，通过加大各级财政资金支持力度，完善市场化多元化投入机制，健全横向和纵向财政体制，加快建立生态产品价值实现机制，支持开展生态产品价值实现工程等项目，通过对政府和市场、中央和地方的积极性的充分调动，支持长江经济带成为我国生态优先绿色发展主战场、畅通国内国际双循环主动脉、引领经济高质量发展主力军，与前文财政部发布的《关于建立健全长江经济带生态补偿与保护长效机制的指导意见》相辅相成，共同致力于长江经济带的生态产品价值实现。

二、生态产品价值裁量规范优势

法律现实主义认为，法院裁判就是一场闹剧，法官的一顿早餐也能影响当天的裁判。[1] 此种论述虽失之极端，但现有研究与经验共同表明：几乎不存在不受法官自身心理状况影响的审判行为。[2] 理想状态下，法官的自由裁量空间越小，裁判结果越能趋近于客观正义。法院酌定亦是在此意义上展开的，若是存在某种客观标准可供援引，则应优先选用，并在此基础上再作调整。最高人民法院在裁判文书中多次反复表明，法院有权在确定生态产品价值赔偿数额时行使裁量权。在某生物多样性保护与绿色发展基金会诉某镇人民政府、某村民委员会案中，被告主张《最高人民法院关于审理环境民事公益诉讼案件适用法律若干问题的解释》（法释〔2015〕1号，以下简称《环境民事公益诉讼司法解释》）没有赋予法院在认定生态环境系统服务功能损失数额时行使自由裁量的权力。最高人民法院没有接受被告的主张，肯定了一审法院的自由裁量权。[3]

生态产品价值的自由裁量并非毫无法律规范依据、毫无边际限制的自由裁量，而是需要以事实为依据、以法律为准绳，在法律规范范围内规范行使的自由裁量。比如在最常出现生态产品价值裁量的生态环境行政执法领域，2022年7月，国务院办公厅出台了《关于进一步规范行政裁量权基准制定和管理工作的意见》，要求建立健全行政裁量权基准制度，规范行使行政裁量权，推动严格规范公正文明执法，为推进政府治理体系和治理能力现代化提供有力的法治保障。这些在行政法律领域规制生态产品价值裁量的相关法律规定，对于在司法领域进行生态产品价值裁量的规制和约束亦具有重要的借鉴参考意义。目前我国的生态环境法律体系在法律、司法解释、指导性案例等多个

① ［美］亚历克斯·科津斯基：《影响法官判决的早餐和其他神秘之事》，载［美］戴维·奥布莱恩：《法官能为法治做什么：美国著名法官演讲录》，何帆等译，北京出版社2015年版，第91页。
② 顾培东：《社会冲突与诉讼机制（第3版）》，法律出版社2016年版，第146页。
③ 最高人民法院：（2019）最高法民申5508号。

方面都存在规制生态产品价值裁量的相关法律规范，这些法律规范已成为生态产品价值裁量的基准。

（一）法律

法律是生态产品价值裁量的重要规范依据，我国的生态环境法律体系存在多部规制生态产品价值裁量的相关法律规范，引导并规制着司法机构的生态产品价值自由裁量权的法律规范依据，且在公法和私法两个方面均有所体现。

公法层面涉及生态产品价值自由裁量的法律制度主要体现在行政法方面，这主要是因为生态环境行政是治理和保护生态环境的重要手段。《中华人民共和国行政处罚法》（以下简称《行政处罚法》）中就涉及裁量问题，其第34条确立了关于行政处罚裁量权的控制和规章制度，该项规定是在2021年修订时新增的，明确了行政机关可以依法制定行政处罚裁量基准，规范行使行政处罚裁量权，而且应当向社会公布具体的行政处罚裁量基准。不仅在行政处罚方面，在行政许可、行政强制等方面也都存在裁量问题。除此之外，在刑法方面也涉及生态产品价值自由裁量的法律制度，如《中华人民共和国刑法》（以下简称《刑法》）中也涉及裁量问题，其第52条明确了罚金数额的裁量因素为犯罪情节。如果对生态产品的损害程度达到生态环境犯罪，则会涉及刑事责任，而生态产品损害程度、价值耗损程度等均属于生态环境犯罪情节的内容之一。

私法层面涉及生态产品价值自由裁量的法律制度主要体现在民法方面，以《民法典》为主，该部法律也引导并规制着司法机构的生态产品价值自由裁量权。

鉴于民法的私法属性，《民法典》中涉及的裁量问题主要侧重于对人身权益、财产权益损害赔偿的裁量。目前，在我国法律体系中，已对生态环境系统服务功能损失赔偿作出规定，但是并未规定具体的裁量要求，只能经过法律解释予以明晰。《民法典》第1235条明确了生态环境系统服务功能损失的赔偿范围，但未明确损失赔偿的裁量性和裁量标准。借助文义解释的路径，《民法典》第1231条仅适用于数人侵权中侵权者之间的责任划分，且主要限于侵害私益的侵权责任，并不适用于认定赔偿责任的总额，更与第1235条具有鲜明公益特点的生态环境系统功能损失赔偿无涉①。因此，借助文义解释无法在《民法典》中找到有关生态产品价值损失裁量性赔偿的规定。体系解释则有助于发现《民法典》对于损害赔偿所持的基本立场，论证损害赔偿的裁量性。体系解释要求将法秩序作为一个整体来思考，并区分外在体系和内在体系。外在体系是指法律形式上的构造，内在体系是指法的内在构造、价值判断体系。②在理解和适用《民法典》的相关条文时，宜充分利用法学解释，探寻篇章结构与法条表述之间蕴藏或潜含的应有之义，重视通过体系解释来梳理其"编、章、节、条、款、项前后关联位置，或相关法条之法意，阐明其规范意旨"③。通过体系解释，不难得出应当对生态产品价值损失适用裁量性赔偿的结论，且该结论自然涵盖了作为下位概念的生态环境系统功能损失赔偿。因此，本书认为可以参考《民法典》第七编"侵权责任"第二章"损害赔偿"，将其视为损害赔偿责任的一般性规定予以适用。

生态产品价值损害对应了生态环境系统服务功能的损失，鉴于生态产品商品化、货币化，其实质是对财产权益的损害，而损害程度严重的也可能会导致对人身权益的损害。《民法典》第1184条对于财产损害赔偿的规定体现了损害赔偿的裁量性。对于侵害他人财产，该条规定了财产损失按照损失发生时的市场价格和其他合理方式两种方式计算。即使按照市场价格计算，对于市场价格的采信也是一个裁量过程。采用其他方法计算则更具有裁量性。

---

① 王利明教授在分析《民法典》第七编"侵权责任"时认为，"第1229条至第1233条主要是关于侵害私益的侵权责任；第1234条至第1235条是关于侵害公益的侵权责任"，"第1229条'造成他人损害'应当限于对特定民事主体的损害"，"第1234条、第1235条都采用的是'造成生态环境损害'，其意在调整对公益的损害……是对公益诉讼作出的特别规定"。王利明：《〈民法典〉中环境污染和生态破坏责任的亮点》，《广东社会科学》2021年第1期，第216—225页、第256页。
② ［奥］恩斯特·A.克莱默：《法律方法论》，周万里译，法律出版社2019年版，第55—59页。
③ 梁慧星：《民法解释学（第4版）》，法律出版社2019年版，第209页。

这条规定可以追溯到 2010 年《中华人民共和国侵权责任法》（以下简称《侵权责任法》，已于 2021 年 1 月 1 日废止）第 19 条、第 20 条。与《侵权责任法》第 19 条、第 20 条相比，《民法典》第 1184 条除表述顺序的变化和增加"合理"两个字以外，交由法院自由裁量决定赔偿数额的精神内涵没有改变。这一精神内涵对于《民法典》的适用，具有指引作用。《民法典》第 1182 条对人身权益造成损害的赔偿数额，规定了具有先后次序的标准和方法：首选标准为被侵权人遭受的损失，次选标准为侵权人获得的利益。作为补充，可以由双方协商、法院根据实际情况确定两种方法的赔偿数额。在这些方法中，不仅法院根据实际情况确定了赔偿金额，体现了损失赔偿的裁量性，而且用其他方法确定赔偿金额也在事实认定和规范适用两方面都体现了裁量性。《民法典》对于生态环境侵权责任赔偿裁量性的规定，主要体现在第 1231 条。该条是对于数人侵权责任划分的规定。在数人生态环境侵权的情况下，法院是否可以就赔偿总额作出裁量，《民法典》没有规定。对数人侵权时是否可以裁量赔偿总额的回答，也是对一人侵权时是否可以裁量赔偿数额的回答。在此可以将《民法典》第 1182 条和第 1184 条理解为侵权责任损害赔偿裁量性的一般性规定，将其立法精神适用于生态产品价值损失赔偿。

（二）法律解释

萨维尼曾言："解释法律，系法律学的开端，并为其基础。"[1] 法律的高度抽象和规范效果的落实本身就需要司法机关的解释予以明晰。法律解释是对法律文本意思的理解和说明[2]，是赋予法律文本意义的理性活动[3]。我国现行法律解释体制基于主体一般可以分成三类：第一类是全国人大及其常委会针对现行法律所作出的法律解释，即立法解释；第二类是由国务院及其主管部门就在审判和检察工作之外，法律如何具体应用于问题的解释，还有省级政府

---

① 王泽鉴：《法律思维与民法实例》，中国政法大学出版社 2001 年版，第 212 页。
② 张志铭：《法律解释学》，中国人民大学出版社 2015 年版，第 11 页。
③ Aharon Barak. *Purposive Interpretation in Law, Peinceton. Princeton University Press*, 2005, p. 3.

及其主管部门就地方性法规如何具体应用于问题的解释，即行政解释；第三类是由最高人民法院与最高人民检察院根据审判、检察工作中具体应用的法律所发布的相关法律解释，即司法解释。此处重点关注司法解释，其不仅是一种极具"中国特色"的法律制度现状，也是一项具备"中国特色"的法律制度安排。司法解释具备的较强的社会适应性，为未来立法积累了经验、奠定了基础，弥补了中国现行法律之不足。[①] 根据通说，司法解释只是对"具有法律效力的法律在具体应用时的解释，因而其本身不具有独立的效力，其效力适用于法律的施行期间"。[②] 本书的内容主要包括最高人民法院的审判解释和最高人民检察院的检察解释两类。

早在《民法典》制定之前，最高人民法院已就生态产品价值损失发布了多项司法解释，虽然其内容不能被全部适用，但是其内容在一定程度上表明了司法机关对生态产品价值损失适用裁量性赔偿的立场。而且这些颁布于《民法典》出台之前的有关于生态产品价值损失的司法解释并不在最高人民法院公告废止的司法解释列表之内，这不仅意味着它们对目前的民事审判仍有指引价值，而且必然在最高人民法院未来出台的《民法典》相关司法解释中得到不同程度的体现。从历史沿革来看，最早规定裁量性赔偿制度的司法解释是 1988 年《最高人民法院关于贯彻执行〈中华人民共和国民法通则〉若干问题的意见（试行）》第 150 条。其后，1993 年颁布的《最高人民法院关于审理名誉权案件若干问题的解答》第 10 条规定了关于名誉权赔偿数额的考量因素。该条规定虽然没有直接使用"裁量性赔偿"或"自由裁量"的字眼，但其使用的"酌情确定"一词体现了裁量性赔偿的核心精神。随后，2001 年发布的《最高人民法院关于确定民事侵权精神损害赔偿责任若干问题的解释》第 10 条规定了 6 个考量因素，用以确定精神损害的赔偿数额，体现了裁量性的赔

---

① 洪浩：《法律解释的中国范式——造法性司法解释研究》，北京大学出版社 2017 年版，第 12 页。
② 陈兴良：《罪刑法定主义》，中国法制出版社（现中国法治出版社）2010 年版，第 55 页。

偿要求。[①]

生态产品价值损失赔偿以《环境民事公益诉讼司法解释》为例。该司法解释一方面在第15条规定鉴定评估意见可以作为生态产品价值损失赔偿数额的关键证据,另一方面也在第23条明确"生态环境修复费用难以确定或者确定具体数额所需鉴定费用明显过高的,人民法院可以结合污染环境、破坏生态的范围和程度、生态环境的稀缺性、生态环境恢复的难易程度、防治污染设备的运行成本、被告因侵害行为所获得的利益及过错程度等因素,并可以参考负有环境资源保护监督管理职责的部门的意见、专家意见等,予以合理确定"。需要注意的是,"等因素"的表述意味着该司法解释第23条列举的考量要素尚未穷举,诸如经济发展水平、环境保护与经济发展之间的平衡等能否纳入"等因素"的裁量范围,值得思考。《环境民事公益诉讼司法解释》第23条肯定了鉴定意见作为生态产品价值损失赔偿数额的关键证据的意义,同时规定了在数额难以确定、鉴定费用过高时,法院应当综合考虑相关因素,参考行政机关和专家的意见,酌定损害赔偿数额。根据该条规定,法院有权在确定生态环境赔偿数额时行使裁量权。经济发展水平、环境保护与经济发展之间的平衡,不是《环境民事公益诉讼司法解释》第23条规定的裁量因素,但是这些因素在最高人民法院2018年6月4日发布的《关于深入学习贯彻习近平生态文明思想为新时代生态环境保护提供司法服务和保障的意见》中有所体现。[②]中华环保联合会诉江西龙天勇有色金属有限公司等环境污染责任纠纷案明确援引了该意见。[③]除此之外,针对具体的生态产品的相关司法解释中也涉及裁量问题,如在《最高人民法院、最高人民检察院关于办理破坏野生动物资源刑事案件适用法律若干问题的解释》中,关于对野生动物的损害

---

① 《最高人民法院关于确定民事侵权精神损害赔偿责任若干问题的解释》(法释〔2001〕7号)。
② 该判决援引了最高人民法院于2018年6月4日发布的《关于深入学习贯彻习近平生态文明思想为新时代生态环境保护提供司法服务和保障的意见》第2条。
③ 江西省新余市中级人民法院:(2017)赣05民初23号;江西省高级人民法院:(2018)赣民终189号。

行为是否构成犯罪及裁量刑罚，在第 13 条中详细列举了涉案动物是否系人工繁殖、物种濒危程度、人工繁育情况、行为手段、损害程度、认知程度等裁量时需要予以考虑的因素。对野生动物的保护就是对野生动物所具备的某种生态环境系统服务功能的保护，即对生态产品的保护。类似的还有最高人民法院针对行政诉讼法、民事诉讼法、刑事诉讼法的适用，以及行政处罚、行政许可、刑罚的相关司法解释也谈及相关裁量问题。海洋范围内的生态产品价值损失赔偿问题则以《最高人民法院关于审理海洋自然资源与生态环境损害赔偿纠纷案件若干问题的规定》（以下简称《海洋自然资源与生态环境损害赔偿司法解释》）为例，《海洋自然资源与生态环境损害赔偿司法解释》第 8 条明确了鉴定意见在"未来修复必然发生的合理费用和恢复期间损失"裁量中的价值，第 9 条则强调了"难以确定恢复费用和恢复期间损失的，人民法院可以根据责任者因损害行为所获得的收益或者所减少支付的污染防治费用，合理确定损失赔偿数额"，且当上述"收益或者费用无法认定的，可以参照政府部门相关统计资料或者其他证据所证明的同区域同类生产经营者同期平均收入、同期平均污染防治费用，合理酌定"。

（三）环境标准

环境标准以生态环境保护为核心理念，是指国家为维护环境质量、控制污染、保护人体健康、社会财富和生态平衡，就环境质量及污染物的排放、环境检测的方法等其他需要的事项，按照国家规定的程序和标准制定的各种技术指标与规范的总称。[①]其通过客观科学的数据对相关领域的人类活动及其产生的环境负荷进行定量分析，以量化的方法来预测、判断和说明环境承载能力，约束人类的环境利用行为，间接实现对环境污染和生态破坏行为的事前控制。[②]环境标准也是生态环境领域特有的国家或地方标准。目前，法学界

---

① 曹明德:《环境与资源保护法》，中国人民大学出版社 2013 年版，第 42 页。
② 汪劲:《环保法治三十年：我们成功了嘛?》，北京大学出版社 2011 年版，第 74—75 页。

关于其法律属性存在多种讨论，如违法性判断准则说[①]、环境法肯定说[②]、实质法规范说[③]、法律事实或证据说[④]、环境法关联说[⑤]、环境法否定说[⑥]等。许多生态环境法律体系较为健全成熟的国家如美国、日本、德国等，明确规定环境标准的制定方式和管理形式与法律法规完全一致，并将其界定为一种法的形式渊源。[⑦]尤其是欧盟国家，其对于环境标准，无论是制定严格程度、标准限额高度，还是具体实施效果，在世界范围内都处于高水平；欧盟也在致力于促进环境标准的统一，其在协调欧盟各国的环境标准时采用"相称性原则"，以核心标准为统一标准[⑧]，逐渐形成了由环境噪声标准体系、核安全与放射性废物管理标准体系、大气环境标准体系、水环境标准体系、化学品管理及转基因制品标准体系、固体废物标准体系、野生动植物保护标准体系和基础标准体系等构成的环境标准体系，并且针对每一种类型的环境标准都规定了具体的检测方法和实施方案，具有很强的现实操作性。[⑨]欧盟尤为关注生态环境领域行政管制标准的制定和实施，尤其是环境标准制度，以指令或条例的形式颁布，与其他法律、法规的立法程序相同，法律位阶高，具有直接的

---

① 廖建凯、黄琼：《环境标准与环境法律责任之间的关系探析》，《环境技术》2005 年第 2 期，第 37—39 页。
② 常纪文、王宗廷：《环境法学》，中国方正出版社 2003 年版，第 74 页；韩德培：《环境保护法教程》，法律出版社 2003 年版，第 124 页。
③ 《〈关于对强制性标准实行条文强制的若干规定〉的编制说明》，《中国标准导报》1999 年第 4 期，第 6 页；彭本利、蓝威：《环境标准基础理论问题探析》，《玉林师范学院学报》2006 年第 1 期，第 82—86 页；朱芒：《论行政规定的性质——从行政规范体系角度的定位》，《中国法学》2003 年第 1 期，第 32—46 页。
④ 何鹰：《强制性标准的法律地位——司法裁判中的表达》，《政法论坛》2010 年第 2 期，第 179—185 页；施志源：《环境标准的法律属性与制度构成——对新〈环境保护法〉相关规定的解读与展开》，《重庆大学学报（社会科学版）》2016 年第 1 期，第 159—163 页。
⑤ 王灿发：《环境法教程》，中国政法大学出版社 1997 年版，第 55 页；蔡守秋：《论环境标准与环境法的关系》，《环境保护》1995 年第 4 期，第 22—23 页。
⑥ 汪劲：《环境法学》，北京大学出版社 2006 年版，第 210 页；常纪文：《环境标准的法律属性和作用机制》，《环境保护》2010 年第 9 期，第 35—37 页。
⑦ 曹金根：《环境标准法律制度的困境与出路》，《河南社会科学》2015 年第 11 期，第 15—19 页。
⑧ 赵玲琳、任荣明：《欧盟的环境贸易政策及其启示》，《探索与争鸣》2005 年第 1 期，第 37—39 页。
⑨ 陈德敏、郑泽宇：《中国企业投资"一带一路"沿线国家生态环境风险的法律规》，《新疆社会科学》2020 年第 2 期，第 83—90 页、第 147—148 页。

法律约束力。①

就我国的法治环境而言，通过对《中华人民共和国标准化法》和《生态环境标准管理办法》进行综合分析，我国各种环境标准的制定和组织实施的主体均为国家行政机关，属于公权力组织，是生态环境主管部门。虽然在制定过程中存在公众参与的情形，也有其他行政部门辅助参与，但整体而言，主导机关仍为生态环境主管部门，其主持制定各种环境标准，并未授权行业协会等多元社会团体开展自我规制。②无论是实然层面还是应然层面，无论是法律实践还是学术研讨，都已经对环境标准具有"公"的属性达成共识。综合分析，多重考虑，本书认为可以将环境标准纳入生态环境法律体系，认为其是具有规范性的行为规则。鉴于我国将各种环境标准的制定和颁布的权力授予生态环境主管部门，由其在环境科学基础上进行科学判断，明确技术要求，制定环境标准，行使委托立法权，环境标准在生态产品价值司法实现中亦可作为生态产品价值的裁量规范依据。

根据《中国环境年鉴（2020）》的相关规定，截至 2019 年底，累计发布的各类国家环保标准共 2432 项（含现行有效标准 2076 项，已废止标准 356 项），累计备案的地方标准共 266 项。据生态环境部统计分析，在"十三五"期间我国共制修订发布了国家生态环境标准 673 项，增长幅度为历次五年规划期间最大。截至目前，现行国家生态环境标准总数已达 2202 项，其中强制性标准 201 项。地方生态环境标准数量迅猛增长，截至 2020 年底，依法备案的地方标准总数就达到 298 项③。生态环境部还修订发布了《生态环境标准管理办法》《国家生态环境标准制修订工作规则》，进一步完善了标准管理制度的顶层设计。总体而言，我国的环境标准体系已经基本成形。梳理我国的相

---

① 王旭伟：《实然与应然：环境与健康标准的法律地位分析》，《江西社会科学》2019 年第 9 期，第 171—182 页。
② 张青波：《行政组织法视角下环境标准制度的反思与完善》，《交大法学》2022 年第 2 期，第 86—98 页。
③ 人民网．http://finance.people.com.cn/n1/2021/1125/c1004—32292046.html．

关法律规定，环境标准可以根据其性质分为强制性环境标准和推荐性环境标准。强制性环境标准和推荐性环境标准的功能与作用在发挥方式、呈现样态、效力程度等方面均存在不同。但是，整体而言，两种类型的环境标准都是集技术性和法律性于一体的。从自然科学角度来看，环境标准的技术性以"环境容量"与"环境基准"为基础；从社会科学的角度来看，环境标准的法律性以其自身的规范性、强制性和程序性为依据，正是这些特性为环境标准提供了合理性与合法性依据[①]，提供了一个法定的、具有强制约束力的标准值，使其可以在生态环境保护管理过程中正当、合理地发挥作用，成为判断相关企业个人在公法领域是否实施环境违法行为的重要依据，指引人类的质量监控行为、污染排放行为、污染防治行为或者环境监测行为。[②] 具体而言，在环境标准的作用下，国家能够明确生态环境风险的程度、社会的承受边界和管制目标的有效程度，使原本抽象的生态环境风险概念具化为可供义务人遵循与主管机关执行的具体行为义务[③]。与此同时，环境标准也使环境权利的主张有了具体依据，使环境义务的承担有了具体界限。总而言之，环境标准在环境管理、环境司法等致力于生态环境保护治理各个环节中都发挥着独特且关键的作用，甚至产生了法律约束力。但对于环境标准是否具备法律效力的问题，学界一直存在争议。

环境标准既是生态产品价值的裁量规范依据，也是法律责任承担依据，人们通过标准来判断生态产品是否被破坏或者生态产品价值是否贬值，以及行为人是否应当承担相应法律责任。通常认为，环境标准是衡量行政责任承担与否的法律依据。而环境标准实现的具体路径是通过划定企业和公民的环

① 廖建凯、黄琼：《环境标准与环境法律责任之间的关系探析》，《环境技术》2005 年第 2 期，第 37—39 页。

② 施志源：《环境标准的法律属性与制度构成——对新〈环境保护法〉相关规定的解读与展开》，《重庆大学学报（社会科学版）》2022 年第 1 期，第 159—163 页。

③ 杜辉：《挫折与修正：风险预防之下环境规制改革的进路选择》，《现代法学》2015 年第 1 期，第 90—101 页。

境行为界限，确定彼此的注意义务范围，以此实现保证生态环境始终保持适宜状态的核心目的。可以说，环境标准与环境义务互为表里，环境标准是环境义务的履行标尺和纠纷处理的关键依据。[①] 能够设定环境行为注意义务的环境标准，则具有民事私法上的法律效力。[②] 正因如此，逐渐有学者意识到环境标准对民事责任的影响，如张式军等认为环境标准和界定污染或损害与是否具有侵权法效力并不存在逻辑上的必然联系，能否以符合环境标准进行抗辩，视环境标准所规定的注意义务与侵权法上的注意义务的关系而定，只有能够设定环境行为注意义务的环境标准才具有侵权法效力。[③] 王春磊则认为，环境标准其实是环境义务的履行标尺和纠纷处理的关键依据，而污染物排放标准既是环境执法的依据，也是环境司法的依据，在环境侵权案件中应不区分污染物类型，以"合规抗辩"有效为常态，即一般情况下，企业达标排污可以起到阻止侵权的效力。[④] 金瑞林认为，环境质量标准才是生态环境侵权者是否需要承担民事责任的法律依据。[⑤] 刘卫先也表示，环境质量标准是阻却责任成立的关键考量因素。[⑥] 尤明青认为，环境质量标准对于认定环境污染侵权责任能够发挥有限的证明作用。[⑦] 廖建凯等则表示，环境标准只是判断是否承担法律责任的充分但非必要条件。[⑧] 陈伟认为，污染物排放标准仅仅具有公法上的

① 王春磊：《环境标准法律效力再审视——以环境义务为基点》，《甘肃社会科学》2016 年第 6 期，第 128—132 页。
② 张式军、徐欣欣：《环境质量标准侵权法效力否议——兼评环境质量标准与污染物排放标准的侵权法效力之争》，《常州大学学报（社会科学版）》2018 年第 1 期，第 20—31 页。
③ 张式军、徐欣欣：《环境质量标准侵权法效力否议——兼评环境质量标准与污染物排放标准的侵权法效力之争》，《常州大学学报（社会科学版）》2018 年第 1 期，第 20—31 页。
④ 王春磊：《环境标准法律效力再审视——以环境义务为基点》，《甘肃社会科学》2016 年第 6 期，第 128—132 页。
⑤ 金瑞林：《环境法学（第 3 版）》，北京大学出版社 2013 年版，第 77 页。
⑥ 刘卫先：《论达标排污致他人损害的责任承担》，《中国地质大学学报（社会科学版）》2018 年第 3 期，第 70—85 页。
⑦ 尤明青：《论环境质量标准与环境污染侵权责任的认定》，《中国法学》2017 年第 6 期，第 283—300 页。
⑧ 廖建凯、黄琼：《环境标准与环境法律责任之间的关系探析》，《环境技术》2005 年第 2 期，第 37—39 页。

效力，而没有私法上的效力。① 汪劲也曾表示，环境标准在司法领域只是法官进行判断的"一个线索"，未必一定可以作为判断是否承担民事责任的要件。②

整体而言，环境标准目前被法律文本赋予法律约束力，即便法律属性存疑也无法磨灭其法律效力。由于其所具有的较高权威性，使其在司法实践中作为审判依据较容易得到当事人的接受和认可③。环境标准是技术规范的法律化表现形式④，它与相关规定结合在一起，共同成为生态环境法律体系的有机组成部分⑤，"可以作为一种法律事实或证据在裁判理由中被引用和评述"⑥。

总体而言，我国已经形成了"中央＋地方"生态产品价值损失鉴定评估技术体系，中央层面主要包括由国家发展和改革委员会和国家统计局发布的《生态产品总值核算规范（试行）》、由国家市场监督管理总局等发布的《森林生态系统服务功能评估规范》、由自然资源部第一海洋研究所发布的《海洋生态资产评估技术导则（征求意见稿）》、由生态环境部环境规划院等发布的《陆地生态系统生产总值（GEP）核算技术指南》、由原国家林业局发布的《湿地生态系统服务评估规范》等，这也是适用于不同情境的、处于统领地位的生态产品价值损失鉴定评估技术标准。除此之外，还有一些环境标准也涉及生态产品价值损失数额裁量，主要是不同行政机关针对不同的环境因子、污染类型制定的更细的技术标准。比如，由司法部司法鉴定管理局发布的《农业环境污染事故司法鉴定经济损失估算实施规范》（SF/Z JD 0601001—2014）。该标准引用了《渔业污染事故经济损失计算方法》（GB/T 21678）、《农、畜、水产品污染监测技术规范》（NY/T 398），也是目前被明确列为司法鉴定技术

---

① 陈伟：《环境标准侵权法效力辨析》，《法律科学（西北政法大学学报）》2016年第1期，第134—142页。
② 汪劲：《环境法学》，北京大学出版社2014年版，第24页。
③ 王旭伟、姚建宗：《环境标准的侵权法效力观释评及其制度重塑》，《江海学刊》2021年第4期，第154—162页、第255页。
④ 曹明德：《环境与资源保护法》，中国人民大学出版社2013年版，第42页。
⑤ 蔡守秋：《论环境标准与环境法的关系》，《环境保护》1995年第4期，第22—23页。
⑥ 何鹰：《强制性标准的法律地位——司法裁判中的表达》，《政法论坛》2010年第2期，第179—185页。

规范的生态环境鉴定评估技术规范。《渔业污染事故经济损失计算方法》(GB/T 21678—2018)是国家市场监督管理总局中国国家标准化管理委员会于 2018 年 6 月发布、2019 年 1 月 1 日起实施的技术标准。《农业环境污染事故损失评价技术准则》(NY/T 1263—2007)是农业部(现农业农村部)于 2007 年 4 月发布的行业推荐标准(已于 2022 年 10 月 1 日废止),适用于计算种植业、畜禽养殖业损失。《农业野生植物调查技术规范》(NY/T 1669—2008)是农业部(现农业农村部)于 2008 年 8 月发布的行业推荐技术标准,该标准不直接用于生态环境评估,但是对于调查野生农业植物资源状况、确定生态环境本底值有重要意义。《海洋溢油生态损害评估技术导则》(HY/T 095—2007)是国家海洋局(现属自然资源部)于 2007 年 4 月发布的行业推荐标准。

除上述环境标准外,还有一些生态产品价值损失评估导则,如生态环境部环境规划院在借鉴国内外环境损害鉴定评估方法并总结国内外环境损害鉴定评估实践经验的基础上发布的《环境损害鉴定评估推荐方法(第Ⅱ版)》(以下简称《推荐方法》)。《推荐方法》主要适用于因污染环境或破坏生态行为(包括突发环境事件)导致人身、财产、生态环境损害、应急处置费用和其他事务性费用的鉴定评估,生态产品价值损失自然也包含其中。《推荐方法》明确了规范合法原则、科学合理原则、公平客观原则三大指导性工作原则,认为主要发挥规范指引作用的内容包括污染物属性鉴别、损害确认、因果关系判断和损害数额量化,主要关注生态环境损害部分,针对生态环境损害列举了替代等值分析方法和环境价值评估方法两种,其中,替代等值分析方法包括资源等值分析方法、服务等值分析方法和价值等值分析方法,而环境价值评估方法包括直接市场评价法、揭示偏好法、效益转移法和陈述偏好法等,并且格外强调了替代定值分析方法中的资源等值分析方法和服务等值分析方法,明确这两种方法在生态环境损害评估方法体系中的优先地位和适用条件。我国的部分省(区、市)也制定了相应的生态产品价值损失评估导则,如《山东省海洋生态损害赔偿和损失补偿评估方法》和《江苏省突发环境事件环境损害评估工作暂行办法》等。从广义上说，这些都是有关生态产品价值损失评估的技术规范，亦是指导生态产品价值裁量的规范依据、标准规则。以下列举了一些国内生态产品价值核算技术规范文件，供参考（表2-4）。

表2-4　国内生态产品价值核算技术规范文件列举

序号	规范名称	发布机构	发布形式	时间
1	《生态产品总值核算规范（试行）》	国家发展和改革委员会、国家统计局	发改基础〔2022〕481号	2020年
2	《森林生态系统服务功能评估规范》	国家市场监督管理总局等	GB/T 38582—2020	2020年
3	《海洋生态资产评估技术导则（征求意见稿）》	自然资源部第一海洋研究所	替代GB/T 28058—2011	2021年
4	《陆地生态系统生产总值（GEP）核算技术指南》	生态环境部环境规划院等	生态环境部转发	2020年
5	《湿地生态系统服务评估规范》	原国家林业局	LY/T 2899—2017	2017年
6	《生态系统生产总值（GEP）核算技术规范—陆域生态系统》	浙江省市场监督管理局	DB33/T 2274—2020	2020年
7	《生态系统生产总值核算技术规范》	江西省市场监督管理局	DB36/T 1402—2021	2021年
8	《生态系统生产总值（GEP）核算技术规范》	贵州省市场监督管理局	DB52/T 1608—2021	2021年
9	《福建省生态产品总值核算技术指南（试行）》	福建省生态环境厅等	闽环保综合〔2021〕7号	2021年
10	《辽宁省生态产品总值（GEP）核算技术规范》	辽宁省环境科学学会	T/LNSES 005—2022（团体标准）	2022年
11	《山东省生态产品总值（GEP）核算技术规范—陆地生态系统（试行）》	山东省生态环境厅	鲁环字〔2022〕182号	2022年
12	《生态产品总值核算技术规范》	北京市市场监督管理局	DB11/T 2059—2022	2022年
13	《海南省生态产品总值（GEP）核算技术规范（试行）》	海南省生态环境厅	琼环综字〔2023〕2号	2023年
14	《生态产品价值核算指南》	丽水市市场监督管理局	DB3311/T 139—2020	2020年

续表

序号	规范名称	发布机构	发布形式	时间
15	《深圳市生态系统生产总值核算技术规范》	深圳市市场监督管理局	DB4403/T 141—2021	2021 年
16	《生态系统生产总值（GEP）统计核算技术导则》	厦门市市场监督管理局	DB3502/T 102—2023	2023 年
17	《生态系统生产总值（GEP）核算技术规范》	南京市市场监督管理局	DB3201/T 1041—2021	2021 年
18	《生态系统生产总值（GEP）核算技术规范》	黄山市市场监督管理局	DB3410/T 12—2021	2021 年
19	《生态产品总值核算技术规程》	盐城市市场监督管理局	DB3209/T 1214—2022	2022 年
20	《大兴安岭地区生态产品总值（GEP）核算指南与技术办法》	大兴安岭地区行政公署市场监督管理局	DB2327/T 049—2022	2022 年
21	《盐田区城市生态系统生产总值（GEP）核算技术规范》	深圳市市场和质量监督管理委员会	SZDB/Z 342—2018	2018 年

（四）指导性案例

指导性案例即典型案例，在我国主要是指最高人民法院或者最高人民检察院所发布的司法案例。指导性案例是否可以作为生态产品价值司法实现的规范依据，主要取决于其所具备的法律效力问题，此问题在学界也备受关注。多数学者认为我国的类案体系中的指导性案例已经被赋予了优先于其他类案的特殊地位，具有"应当参照"级别的司法拘束力，当然也有学者分析认为指导性案例的法律效力强度主要源于论证说理，即具体法律论证中的权威性理由和正确性理由。[1]亦有学者对指导性案例的法律效力尚存疑问，认为指导性案例的法律效力定位较为低弱，尚不具备法律层次的权威性。[2]整体而言，

---

[1] 王彬：《再论指导性案例的效力——以法律论证理论为分析路径》，《内蒙古社会科学（汉文版）》2017年第2期，第107—114页。

[2] 方乐：《指导性案例司法适用的困境及其破解》，《四川大学学报（哲学社会科学版）》2020年第2期，第147—160页。

指导性案例具备法律效力属于主流观点，这也是目前我国司法实务界所认可的观点。虽然我国是以制定法为传统的国家，不存在判例法，但是早在指导性案例兴起之前，最高人民法院便在司法实践中通过典型案例发布的方式监督和指导司法审判工作。随着实践效果的彰显和实践经验的积累，指导性案例在司法审判中的地位不断提高，法律效力亦逐步增强。2014 年 10 月，党的十八届四中全会通过的《中共中央关于全面推进依法治国若干重大问题的决定》指出，要"加强和规范司法解释和案例指导，统一法律适用标准"。2021年 1 月，中共中央印发的《法治中国建设规划（2020—2025 年）》再次重申，"加强和完善指导性案例制度，确保法律适用统一"。《最高人民检察院关于案例指导工作的规定》第 15 条也明确表示，指导性案例不能代替法律或者司法解释作为案件处理决定的直接依据，法官并没有绝对遵照的法律义务，仅在一定情况下负有偏离时的论证义务。[1] 再加上能动司法理念的发展和深入，指导性案例对于案件的审判仍然具有一定程度的借鉴意义。而且，通过整理相关法律规范文件可知，与指导性案例搭配适用的动词，从典型案例发布的"借鉴"更新为指导性案例的"应当参照"，"应当"意味着适用指导性案例对于法官来说是一种强制性义务，"参照"则意味着指导性案例的效力地位低于法律、法规等高位阶法源。这也呈现出了法律效力由柔及刚、越发增强的趋势。[2]指导性案例中的裁判思路、裁判意见等在司法实践中发挥着重要的参考作用，在生态产品价值的相关司法实践中亦是如此。因此，对于生态产品价值裁量规范，还要观察目前所发布的指导性案例。

在生态环境司法实践中，亦注重发挥指导性案例规则补充和典型案例示范指引作用。在中国裁判文书网上以"指导性案例"为关键词进行检索，截至 2023 年 8 月 14 日，裁判文书援引指导性案例共有 11875 篇；而在生态环

---

① 雷磊:《重构"法的渊源"范畴》,《中国社会科学》2021 年第 6 期，第 147—167 页、第 207 页。
② 马光泽:《论指导性案例的效力类型——基于对"应当参照"误解的澄清》,《北京社会科学》2022年第 4 期，第 85—94 页。

境司法领域，运用指导性案例的裁判文书只有 5 篇，被援引的环境纠纷指导性案例只有最高人民法院指导性案例第 75 号"中国生物多样性保护与绿色发展基金会诉宁夏瑞泰科技股份有限公司环境污染公益诉讼案"、最高人民法院指导性案例第 131 号"中华环保联合会诉德州晶华集团振华有限公司大气污染责任民事公益诉讼案"，以及最高人民法院指导性案例第 138 号"陈德龙诉成都市成华区环境保护局环境行政处罚案"这三个指导性案例。这三个指导性案例均或多或少地提及生态产品价值损失问题，在中国生物多样性保护与绿色发展基金会诉宁夏瑞泰科技股份有限公司环境污染公益诉讼案中，宁夏瑞泰科技股份有限公司违规将超标废水排入蒸发池，导致腾格里沙漠被严重污染，破坏了沙漠所具备的防风固沙、水文调控、土壤保育、生态多样性保育等生态环境系统服务功能，导致生态产品价值受损。[①] 在中华环保联合会诉德州晶华集团振华有限公司大气污染责任民事公益诉讼案中，德州晶华集团振华有限公司排放了烟粉尘、二氧化硫、氮氧化物等大气污染物，造成了生态环境损害，而法院通过采用虚拟治理成本法，认为本案项目处于环境功能二类区，生态环境损害数额为虚拟治理成本的 3—5 倍，最终评估赔偿额共计 2746 万元，这实际上也考虑了生态产品价值损失问题，因为该数额是排放大气污染物致使公私财产遭受损失的数额，包括污染行为直接造成的财产损坏、减少的实际价值，以及为防止污染扩大、消除污染而采取必要合理措施所产生的费用。[②] 陈德龙诉成都市成华区环境保护局环境行政处罚案不同于前两个案例，因为该指导性案例属于在环境行政执法领域的指导性案例，之所以进行行政处罚，是德龙加工厂对生态产品造成损害，对生态产品的价值造成了耗损。该案中，成都市成华区环境保护局实施环境行政处罚的对象为德龙加工厂，其所排放的废水属于污水，即便符合排放污水的相关环境标准，但是

[①] 最高人民法院：（2016）最高法民再 47 号。
[②] 山东省德州地区（市）中级人民法院：（2015）德中环公民初字第 1 号。

仍然属于污水，破坏了生态环境系统服务功能，耗损了生态产品价值。[①]

指导性案例的生态环境污染与破坏的类型多样，对其案件内容及案由进行观察分析发现，这些指导性案例的案由核心在于生态环境系统服务功能受损，即生态产品的价值耗损贬值较为严重（表2-5）。比如，在最高人民法院指导性案例第174号"中国生物多样性保护与绿色发展基金会诉雅砻江流域水电开发有限公司生态环境保护民事公益诉讼案"中，法院认识到生态环境保护与经济发展之间的关系，认为二者相辅相成，而非完全对立，案涉牙根梯级电站建成后可能存在对案涉地五小叶槭原生存环境造成破坏、影响其生存的潜在风险，而且五小叶槭为我国四川省特有物种，按照世界自然保护联盟濒危等级标准来判断，该物种已属极危物种。这意味着法院已经认识到了其所具备的生态、遗传、社会、经济、科学、教育、文化、娱乐、美学价值，以及对保持生物圈的生命维持系统、生态环境系统的重要性，进而认为被告应该承担生态环境修复费用，以及生态环境受到损害至恢复原状期间的生态环境系统服务功能损失费用等。[②] 在最高人民法院指导性案例第147号"张永明、毛伟明、张鹭故意损毁名胜古迹案"中，法院认为巨蟒峰作为三清山珍贵的标志性景观和最核心的部分，既是不可再生的珍稀自然资源资产，也是可持续利用的自然资产，对于全人类而言具有重大科学价值、美学价值和经济价值。被告人张永明、毛伟明、张鹭违反社会管理秩序，采用破坏性方式攀爬巨蟒峰，在巨蟒峰花岗岩柱体上钻孔打入26个岩钉，对世界自然遗产的核心景观巨蟒峰造成了永久性的损害，破坏了自然遗产的基本属性即自然性、原始性、完整性，特别是在巨蟒峰柱体的脆弱段打入至少4个岩钉，使巨蟒峰柱体结构的脆弱程度加剧，即对巨蟒峰的稳定性产生了破坏，26个岩钉会直接诱发和加重物理、化学、生物风化，形成新的裂隙，加快花岗岩柱体的

---

① 四川省成都市中级人民法院:（2014）成行监字第131号。
② 四川省甘孜藏族自治州中级人民法院:（2015）甘民初字第45号。

表 2-5　2020—2023 年最高人民法院公布的指导性案例梳理

序号	案例名称	案例编号	案由	案情核心	裁判要点
1	九江市人民政府诉江西正鹏环保科技有限公司、杭州连新建材有限公司、李德等生态环境损害赔偿案	最高人民法院指导性案例第210号	生态环境损害赔偿诉讼	正鹏公司、连新公司、张永良、李德、舒正峰、黄永、夏吉萍、陈世水、马祖兴以分工合作的方式非法转运、倾倒污泥，造成生态环境污染，损害了社会公共利益，应当承担相应的生态环境损害赔偿责任	（1）生态环境损害赔偿案件中，国家规定的主体依法与部分赔偿义务人达成生态环境损害赔偿协议的，可以就磋商不成的其他赔偿义务人，国家规定的机关申请司法确认；对磋商不成的机关可以依法提起生态环境损害赔偿诉讼。 （2）侵权人因同一污染环境、破坏生态行为涉嫌刑事犯罪，但生态环境损害赔偿诉讼案件中认定侵权人承担生态环境修复结果为依据，人民法院对相关刑事案件审理结果生态环境修复责任以司法判决决定侵权人承担生态环境修复责任
2	浙江省遂昌县人民检察院诉叶继成生态破坏民事公益诉讼案	最高人民法院指导性案例第209号	环境民事公益诉讼	2018年11月初，被告叶继成请他人在浙江省遂昌县妙高街道龙潭村后属于"龙潭湾"的山场（土名"龙潭湾"）的山间滥伐活松树木，其间上清理枯死松木89株	生态恢复性司法的核心理念为及时修复受损生态环境。恢复生态功能。生态环境修复具有时效性、季节性、紧迫性，即修复生态环境损害扩大的，属于《中华人民共和国民事诉讼法》第109条第3项规定的"因情况紧急需要先予执行"情形，人民法院可以依法裁定先予执行
3	江西省上饶市人民检察院诉张永明、张鹭、毛伟明生态破坏民事公益诉讼案	最高人民法院指导性案例第208号	环境民事公益诉讼	张永明、张鹭、毛伟明三人以破坏性方式攀爬巨蟒峰，在世界自然遗产地、世界地质公园三清山风景名胜区巨蟒峰的核心景区巨蟒峰上打入26个岩钉，造成严重损毁，构成对社会公共利益的严重损害	（1）破坏自然遗迹和风景名胜造成生态环境损害，国家规定的机关或者法律规定的组织请求侵权人依法承担修复责任和赔偿责任的，人民法院应予支持。 （2）对于破坏自然遗迹和风景名胜造成的损失，人民法院可以参考专家采用价值法定的核算方法评估的科学性作出的评估意见，以及自然遗迹的珍稀性、损害的严重性等因素，综合考量评估结果及专家意见的合理性，确定生态环境损害赔偿金额

续表

序号	案例名称	案例编号	案由	案情核心	裁判要点
4	江苏省南京市人民检察院诉王玉林生态破坏民事公益诉讼案	最高人民法院指导性案例第207号	环境民事公益诉讼	2015年至2018年期间，王玉林违反国家矿产资源管理规定，在未取得采矿许可证的情况下，使用机械在南京市浦口区永宁镇老山林场原山林二矿老岩口内，北沿山大道建设施工红线外非法开采灰岩、泥页岩等合计10余万吨	（1）人民法院审理环境民事公益诉讼案件，应当坚持山水林田湖草沙一体化保护和系统治理。对非法采矿造成的损害，不仅要对造成的生态环境损害，还要对开采区域的林草、水土、生物资源及其栖息地等生态要素的受损情况进行整体认定。 （2）人民法院审理环境民事公益诉讼案件，应当无分重视提高生态环境修复的针对性、有效性，可以在判决确定侵权人承担生态环境修复基础费用时，结合生态环境修复方案，确定修复费用的具体使用方向
5	北京市人民检察院第四分院诉朱清良、朱清涛环境污染民事公益诉讼案	最高人民法院指导性案例第206号	环境民事公益诉讼	2015年10月至12月，朱清良、朱清涛在其承包土地内非法开采建筑用砂89370.8立方米，价值人民币446854元	（1）两个及以上侵权人分别实施污染环境、破坏生态，破坏生态行为都不足以同一损害、造成全部损害，部分侵权人根据修复方案确定的整体修复费用履行全部修复义务后，请求以代其他侵权人支出的生态环境服务功能损失赔偿金的，人民法院应予支持。 （2）对于侵权人实施的生态环境修复工程，应当进行修复效果评估。经评估，受损生态环境服务功能已经恢复的，可以认定侵权人已经履行生态环境修复行为责任

续表

序号	案例名称	案例编号	案由	案情核心	裁判要点
6	上海市人民检察院第三分院诉郎溪华远固体废物处置有限公司、宁波市高新区未泰贸易有限公司、黄德庭、薛强污染环境民事公益诉讼案	最高人民法院指导性案例第205号	环境民事公益诉讼	郎溪华远固体废物处置有限公司、宁波高新区未泰贸易有限公司、薛强走私固体废物	（1）侵权人走私固体废物，造成生态环境损害或者具有污染环境、破坏生态重大风险，国家依法承担生态环境规定的机关、人民法院判处刑事案件中未被判处刑事责任的侵权人以同一行为引发的刑事案件生态环境侵权责任的，人民法院应予支持。对请求其承担生态环境侵权责任的，人民法院不予支持。 （2）对非法入境后因客观原因无法退运的固体废物采取无害化处置是防止生态环境损害发生和扩大的必要措施，所支出的合理费用应由侵权人承担。侵权人以固体废物已被行政执法机关查扣没收，处置费用应纳入行政执法成本为由抗辩理由的，人民法院不予支持
7	重庆市人民检察院第五分院诉重庆瑜煌电力设备制造有限公司等环境污染民事公益诉讼案	最高人民法院指导性案例第204号	环境民事公益诉讼	2015年7月至2016年3月，鹏展公司非法排放废水，盐酸至少717.14吨，造成跳蹬河受到污染	（1）受损生态环境无法修复或者无修复必要，侵权人已经履行生态环境保护法律法规规定的强制性义务源节约集约排、减污降碳，给合环保技术改造效果的，人民法院能够实现节能减排的申请，将由此产生的生态环保技术改造费用适当抵扣其应承担的生态环境损害赔偿金。 （2）为达到环境影响评价要求，排污许可证载定的污染物排放标准或者履行其他生态环境保护法律法规定的强制性义务而实施环保技术改造发生的费用，侵权人申请抵扣其应承担的生态环境损害赔偿金的，人民法院不予支持

续表

序号	案例名称	案例编号	案由	案情核心	裁判要点
8	左勇、徐鹤污染环境刑事附带民事公益诉讼案	最高人民法院指导案例203号	环境刑事附带民事公益诉讼	自2018年6月始，被告人左勇在江苏省淮安市淮安区车桥镇租赁厂房，未经审批生产铝锭，后被告人左勇明知左勇无危险废物经营许可证，仍在左勇上述厂房中将废旧铝灰生产铝锭共计产生约100吨废铝灰。2019年4月23日，左勇、徐鹤安排人员在淮安市淮安区车桥镇大兴村开挖坑塘倾倒上述废铝灰	对于必要、合理、适度的环境污染处置费用，人民法院应当认定为属于污染公私财产的损失及生态环境损害范围的处置费用，不应当作为追究被告人刑事责任、以及附带民事公益诉讼被告承担生态环境损害赔偿责任的依据
9	武汉卓航江海贸易有限公司、向阳等12人污染环境刑事附带民事公益诉讼案	最高人民法院指导性案例202号	环境民事公益诉讼	卓航公司将未经处理的含油污水经底舱至自然水域偷排多次偷排	（1）船舶偷排含油污水案件中，人民法院可以根据船舶船舶航行轨迹、污染防治设施运行状况、结合被告人供述、证人证言、专家意见等证据对违法排放污染物的行为及其造成的损失作出认定。 （2）认定船舶偷排的含油污水是否属于有毒物质时，由于客观原因无法取样的，可以依据未来源相同、性质稳定的船舶残留污水进行污染物性质鉴定

续表

序号	案例名称	案例编号	案由	案情核心	裁判要点
10	湖南省益阳市人民检察院诉夏顺安等15人生态破坏环境民事公益诉讼案	最高人民法院指导性案例第176号	环境民事公益诉讼	2016年6月至11月，夏顺安等人为牟取非法利益，分别驾驶九江采158号、湘沅江采1168号、江苏籍999号等采砂船至洞庭湖下塞湖区域非法采砂，非法获利2243.33万元	人民法院审理环境民事公益诉讼案件时，对于破坏生态违法犯罪行为不仅要依法追究刑事责任，还要依法判令致生态环境损害范围和损害行为所导致的环境损害，应当根据水环境质量、河床结构、水源涵养、水生生物资源等方面的受损情况进行全面评估，合理认定
11	江苏省泰州市人民检察院诉王小朋等59人生态破坏环境民事公益诉讼案	最高人民法院指导性案例第175号	环境民事公益诉讼	2018年上半年，董瑞山等38人单独或其同在长江下流水域使用禁用网具非法捕捞长江鳗鱼苗并出售牟利	（1）收购者明知他人非法捕捞的鱼苗系非法捕捞所得，仍与非法捕捞者建立固定买卖关系，形成完整利益链条，共同损害生态资源的，收购者应当与捕捞者对共同实施侵权行为造成的生态资源损失承担连带赔偿责任。 （2）侵权人使用禁用网具非法捕捞，在造成其捕捞的特定鱼类资源损失的同时，也破坏了相应区域内其他水生生物资源和其他生物资源，损害了生物的多样性，严重损害了生态资源，应当承担包括特定鱼类资源和其他水生生物资源在内的生态资源赔偿责任。当生态资源损失难以确定时，人民法院应当结合生态环境损害程度、资源的稀缺性、恢复的难易程度、生态环境的区位因素，充分考量非法行为的方式、地点、时间敏感性等特性，并参考专家意见，综合作出判断

续表

序号	案例名称	案例编号	案由	案情核心	裁判要点
12	中国生物多样性保护与绿色发展基金会诉雅砻江流域水电开发有限公司生态环境保护民事公益诉讼案	最高人民法院指导性案例第174号	环境民事公益诉讼	被告雅砻江公司开发的牙根梯级水电站项目可能影响五小叶槭的生存环境	人民法院审理环境民事公益诉讼案件时，应当贯彻绿色发展理念和风险预防原则，根据现有证据和科学技术认为项目建成后可能对случ地濒危野生植物生态环境造成破坏，存在影响其生存的潜在风险，从而损害生态环境公共利益的，可以判决被告采取预防性措施，将对濒危野生植物生存和经济发展影响纳入建设项目的环境影响评价，促进环境保护和经济发展的协调
13	北京市朝阳区自然之友环境研究所诉中国水电顾问集团新平开发有限公司、中国电建集团昆明勘测设计研究院有限公司环境保护民事公益诉讼案	最高人民法院指导性案例第173号	环境民事公益诉讼	新平公司开发的戛洒江一级水电站建设项目可能会影响绿孔雀生态栖息地	人民法院审理环境民事公益诉讼案件时，应当贯彻物种保护优先、预防为主原则。原告提供证据证明建设项目建设将对濒危野生动植物栖息地及生态系统造成毁灭性、不可逆转的损害后果，损害结果有发生的可能性，人民法院应当从被保护对象的独有价值、损害后果的严重性及不可逆性等方面，综合判断被告的行为是否具有《环境民事公益诉讼司法解释》第1条规定的"损害社会公共利益重大风险"

续表

序号	案例名称	案例编号	案由	案情核心	裁判要点
14	秦家学滥伐林木刑事附带民事公益诉讼案	最高人民法院指导性案例第172号	刑事附带民事公益诉讼	被告人秦家学违反森林法规定，未经林业主管部门许可，无证滥伐白云山国家级自然保护区核心区内的公益林，数量巨大，构成滥伐林木罪	(1) 人民法院确定被告人森林生态环境修复义务时，可以参考专家意见及林业主管部门、自然保护区主管单位、规划设计单位的专业意见，明确履行修复行为的树种、树龄、地点、数量、存活率及完成时间等具体要求。(2) 被告人自愿交纳保证金作为履行生态环境修复义务担保的，人民法院可以将该情形作为从轻量刑的情节
15	张永明、毛伟明、张鹭故意损毁名胜古迹案	最高人民法院指导性案例第147号	故意损毁名胜古迹罪	被告人张永明、毛伟明、张鹭三人在巨蟒峰上打入岩钉26个，三被告人的行为对巨蟒峰地质遗迹点造成了严重损毁	(1) 风景名胜区的核心景区属于《刑法》第324条第2款规定的"国家保护的名胜古迹"。对核心景区内的世界自然遗产实施打凿等破坏活动，严重破坏悬有关悬地质遗迹的特点、原始性、完整性和稳定性的，综合考虑悬有关悬地质遗迹的自然性、原始性、损坏程度等，可以认定为故意损毁国家保护的名胜古迹"情节严重"。(2) 对刑事案件中的专门性问题需要鉴定，但没有鉴定机构的，可以指派、聘请有专门知识的人就案件中的专门性问题出具的报告，相关报告在刑事诉讼中可以作为证据使用

侵蚀进程，甚至造成崩解。[①] 这实际上是对巨蟒峰生态价值的承认，法院充分考虑了巨蟒峰所具备的生态系统服务功能，认定此乃生态产品，具备可能会转化为经济价值的生态价值。在最高人民法院指导性案例第 175 号"江苏省泰州市人民检察院诉王小朋等 59 人生态破坏民事公益诉讼案"中，法院认识到非法捕捞长江流域水产资源的行为，严重威胁了长江流域生态环境系统的稳定性和生物多样性，破坏了长江流域的生态环境系统服务功能，不仅有碍长江流域生态产品实际价值的实现，还造成价值的贬值，因此结合多种因素对生态环境损害后果予以综合衡量，通过科学计算得出生态产品损失数额，并且用劳务代偿的方式进行生态产品损失赔偿数额折抵。[②]

这些指导性案例对于完善社会功能主义司法策略中的法官说理义务和构建统一的生态产品价值裁量标准，具有十分重要的意义，也为有效解决生态产品价值裁量问题提供了一个重要方向。

第三节　典型裁判的指导优势

法学研究要为法治实践服务，法治实践也要为法学研究助力。法学研究应以现实为基础，以实践为镜鉴。法学的研究维度就不仅仅停留于静态层面的立法，还包括动态层面的司法，同时关注立法和司法的体系化解释[③]，此乃以立法为核心，兼顾司法实践，基于法律规范、司法判例、学界学说等权威观点的关于现行法之内容的知识体系。法律的生命力及其权威性的体现均在于实施。生态环境法治规范体系付诸实践、有效运行是该法治规范体系生命

---

① 江西省高级人民法院:（2020）赣刑终 44 号。
② 江苏省高级人民法院:（2019）苏民终 1734 号。
③ 凌斌:《什么是法教义学：一个法哲学追问》,《中外法学》2015 年第 1 期，第 224—244 页。

力的体现，关键是要在法治层面实现"由内及外""内外呼应"。生态环境司法是解决人与自然博弈关系的重要手段，是生态环境法治实施体系的重要组成部分。我国的生态环境司法机关充分贯彻落实生态文明理念，围绕维护和实现生态公平正义的良法善治目标，持续推进生态环境保护司法工作。目前，相关司法工作已经发生了历史性、转折性、全局性的转变，司法不公和腐败问题显著减少。[①]

在生态环境司法体制建设方面，司法专门化是我国生态文明法治建设的重要环节。各地积极探索建立生态环境专门审判机构，2015年至2021年建立的专门审判机构同比增长率分别为240.30%、22.59%、71.02%、32.95%、6.45%、47%、8%，生态环境司法专门化建设呈常态化趋势。同时，各地积极探索省域范围内的跨行政区划专门审判体系建设，如湖北省初步建成"1＋5＋10＋N"环境资源审判组织体系，甘肃逐步建立"点、线、面"相结合的环境资源保护专门化审判机构模式等，涵盖四级法院的专门化审判组织架构已经基本建成。积极探索环境审判模式，2021年，最高人民法院、全国的27家高院及新疆生产建设兵团分院实现了环境资源刑事、民事和行政的"三审合一"归口审理模式，其中，江西、浙江、四川、云南等高院实行刑事、民事、行政、执行案件的"四审合一"归口审理执行模式。此外，各地还构建了多元化跨行政区划集中管辖模式、生态环境司法协作机制、跨部门的生态环境和资源保护行政执法与司法联动机制等，都进一步予以完善、创新。

在生态环境司法纠纷解决方面，各地法院推动运用集调解、仲裁等于一体的多元化纠纷解决方式，对于传统的诉讼解决机制进一步予以优化完善，确立生态环境损害赔偿诉讼，坚持恢复性司法理念，探索创新"以技抵扣""增殖放流""补植复绿""公益林抚育""碳汇认购"等替代性裁判方式。

---

① 丁国峰:《十八大以来我国生态文明建设法治化的经验、问题与出路》,《学术界》2020年第12期,第161—171页。

关注生态环境损害价值量化问题，逐渐确立了由替代等值分析法和环境价值评估法组成的生态环境损害评估方法。为贯彻落实保护优先、预防为主、损害担责等原则，出台《关于生态环境侵权案件适用禁止令保全措施的若干规定》《关于生态环境侵权纠纷案件适用惩罚性赔偿的解释》等司法解释，发布数批指导性案例、典型案例，以强化类案指导、统一裁判尺度。根据 2021 年发布的《中国环境司法报告》《中国环境资源审判》等各种官方报告、数据统计可知，2021 年，全国法院共受理（上一年度未结＋本年度收案）生态环境的一审案件 297492 件，同比增长 8.99%。其中收案量为 277743 件，结案量为 265341 件。对其案件类型进行分析发现，环境民事案件（包括环境民事公益诉讼）数量最多，其一审收案量为 180370 件，占比约为 65%，且以私人诉讼居多，共有 175261 件，结案量约占 95.3%。

除法院以外，检察机构也积极参与生态文明建设，充分贯彻落实生态文明理念，深化体制改革，积极推进生态环境检察工作。早在 1983 年，云南西双版纳傣族自治州就设立了森林检察院，以林业检察机关专门化为起点，在各地陆续开展环境监察专门化工作，尤其是昆明市检察院于 2008 年建立环境保护检察处后，各地积极探索，主要是在 2013 年之后，尤其是 2017—2018 年，设立了大量的生态环境保护机构，整体呈现出"拉新率"不断增长的发展态势。[1] 检察机构积极完善检察公益诉讼机制，充分发挥公益诉讼检察制度在生态文明建设中的职能作用，生态环境和资源保护也一直是检察公益诉讼最大的办案领域。根据最高人民检察院 2023 年发布的工作报告，近五年来，检察机关共立案办理公益诉讼案件 75.6 万件，其中生态环境和资源保护领域案件 39.5 万件，年均上升 12.5%。[2]

对于生态产品价值实现的司法实践而言，生态环境司法体制的革新为其

---

[1] 董邦俊：《环境保护检察专门化之新时代展开》，《法学》2022 年第 11 期，第 135—153 页。

[2] 《最高人民检察院工作报告》，最后访问时间：2023-03-21，https://www.spp.gov.cn/spp/gzbg/202303/t20230317_608767.shtml。

提供了现实优势，推动着生态产品价值的司法实现，我国国内司法实践中包含了大量与生态产品有关的司法案例。目前，大量有关生态产品的案件都涉及生态产品价值评估量化，既有民事案件，如重庆市江玥红砖有限公司与黔张常铁路有限责任公司等缔约过失责任纠纷案[①]、重庆渝广梁忠高速公路有限公司与重庆市合川区大光明煤业有限责任公司等财产损害赔偿纠纷案[②]、北京市丰台区源头爱好者环境研究所诉石柱土家族自治县某港经济开发有限公司等生态破坏民事公益诉讼案[③] 等；也有行政案件，如丹东金钥匙勘探开发有限公司与丹东市人民政府地质矿产行政赔偿诉讼案[④]、上海鑫晶山建材开发有限公司诉上海市金山区环境保护局环保行政处罚案[⑤] 等；还有刑事案件，如郭某滥用职权案[⑥]、吴某红等非法采矿案[⑦] 等。尤其是在生态环境系统服务功能方面，法官在审理案件时，针对生态环境系统服务功能损失赔偿数额进行裁量，就是在彰显生态产品价值。本书主要以生态环境系统服务功能赔偿的司法案例为样本，阐释我国在生态产品价值司法实现中的司法运行优势。本章选取行政、民事、刑事等涉及生态产品价值损失的司法场域，分析生态产品价值司法实现的司法实践优势。

一、罗某城、蕉岭县文福镇长隆村丰一村民小组等林业承包合同纠纷民事案件[⑧]

（一）基本案情与理由

原告罗某城是被告长隆村丰一村民小组的村民，蕉岭县文福镇长隆村村

---

① 重庆市第四中级人民法院：（2021）渝 04 民终 209 号。
② 重庆市高级人民法院：（2018）渝民终 609 号。
③ 重庆市第四中级人民法院：（2018）渝 04 民初 523 号。
④ 辽宁省高级人民法院：（2021）辽行终 182 号。
⑤ 上海市金山区人民法院：（2017）沪 0116 行初 3 号。
⑥ 黑龙江省伊春市汤旺河区人民法院：（2018）汤刑初字第 3 号。
⑦ 浙江省青田县人民法院：（2022）浙 1121 刑初 116 号。
⑧ 广东省梅州市中级人民法院：（2021）粤 14 民终 1738 号。

民委员会和平经济社或长隆和平分社是被告七个村民小组组成的管理机构。2000年1月1日，七被告组成的管理机构作为甲方，与作为乙方的原告罗某城签订了《山林承包合同》。合同订立后，原告于2000年1月8日缴交了承包款65888元。2000年11月23日，蕉岭县文福镇农村承包合同办理处出具（2000）文鉴字第006号鉴证书。2003年，原告承包林地中的3555亩（1亩≈666.67平方米）林地被纳入生态公益林。2003年至2019年，原告共计领取了生态公益林补偿款792409.5元，其中2019年领取了93852元。2019年12月30日，武平县森林资源资产评估中心根据原告及被告七个村民小组的共同委托，进行蕉林证字（2010）第4400160035号林权证记载林地范围内的山林森林蓄积量调查。原告为此花费了调查费77000元。2020年1月16日，调查机构出具了《广东省蕉岭县文福镇长隆村灵草寮一带山场〔蕉林证字（2010）第4400160035号〕森林调查报告》。《山林承包合同》履行期限已届满，但是双方无法就结算条款达成一致，由此引发林业承包合同纠纷。原告罗某城向一审法院起诉，请求被告按《山林承包合同》约定向原告支付林木折款4728901元及评估费77000元，合计4805901元。

法院作出一审判决后，原告不服，提出上诉，请求撤销原审判决，改判七位被上诉人支付林木折价款4805901元给上诉人，主要的理由是：（1）一审法院判非所请。上诉人诉请按合同约定支付林木折价款，一审判决七位被上诉人支付三年生态林补偿款，无事实和法律依据，判非所请。（2）上诉人与七位被上诉人签订的《山林承包合同》合法有效，合同结算约定亦合法有效。①《山林承包合同》约定上诉人承包七位被上诉人共4230亩山林，承包期20年，自2000年1月1日起至2020年1月1日止，承包款65888元。②《山林承包合同》第9条约定："承包期满，乙方应保存在承包时林业部门测算的蓄积量5380立方米，承包期满再请林业部门实际测算，如蓄积量少于5380立方米，相抵后不足部分，按当时的木材实际价款除去砍、制、集、运工资及国家应收规费外的纯收入，由乙方赔偿给甲方，多出的蓄积量，同意按木材的实际价（即除去砍、制、集、运及国家应收的二金一款一费外）折算由甲方补偿给乙方，如甲方确无办法支付此款，则乙方可继续承包，承包期限及承包款到时另定"，该约定明确了承包期满后的结算方式。承包期限届满后，双方于 2019 年 12 月 30 日委托福建省武平县森林资源资产评估中心对山林森林蓄积量进行评估，该评估中心于 2020 年 1 月 16 日作出《广东省蕉岭县文福镇长隆村灵草寮一带山场〔蕉林证字（2010）第 4400160035 号〕森林资源调查报告》。在结算方式确定的情况下，评估得出的山林蓄积量是双方的结算依据。③涉案山林中的 3555 亩被划为生态公益林后，上诉人对该部分还是按照原合同约定履行合同，如不是上诉人聘请多名护林员尽心管护，山上的林木早被偷光，何来增长蓄积量 12347 立方米？森林生态效益补偿补助指管护补助支出和公共管护支出，并非林木损失费用。被上诉人的山林收益已通过收取承包款取得，增长的蓄积量是上诉人的辛勤劳动所得，合同期限届满后，如不按约定结算违反合同约定，必然造成上诉人极大的损失，对上诉人不公平。生态公益林实行动态管理，通过审批后可调整为商品林；生态公益林也并非不能砍伐，根据其生态状况可以开展抚育和更新采伐等经营活动。④根据广东省梅州市中级人民法院（2019）粤 14 民终 920 号、（2016）粤 14 民终 299 号、（2017）粤 14 民终 137 号民事判决，明确了承包过程中的山林被划为生态公益林后林木价值可以通过评估鉴定、参考征地价格等方式确认。另外，合同约定承包山林 4230 亩，现 3555 亩被划为生态公益林，非生态公益林还有 655 亩，非生态公益林部分的林木市场价格应确认。⑤按照《广东省林木林地权属争议调解处理条例》，在合同履行过程中，林地使用权、林木所有权、林木使用权都归上诉人所有，一审判决认定上诉人丧失林木的处分权错误。（3）一审判决法律适用错误。①一审判决认定合同有效，而不论是显失公平还是基于情势变更原则造成的不公平，均不是合同无效的情形。故一审判决适用合同无效的规定裁判，明显是适用法律错误。②根据《最高人民法院关于适用〈中华人民共和国合同法〉若干问题的解释（二）》第 26 条的规定，如本案适用情势变更原则，被上诉人应请求人民法院变更或者解除合同。但被上诉人未提出变更或解除合同的诉求，一审判决主动适用情势变更，违反"不诉不理"原则。（4）结合本案事实和法律规定，建议二审法院类案同判保障上诉人合法权益。综上，请求二审法院查明事实并改判支持上诉人的上诉请求。补充上诉理由：（1）生态公益林补偿款与合同到期后，林木价值属两个不同概念，一审判决混为一谈，明显偏袒被上诉人。（2）合同到期后，山林归还给被上诉人，但改变不了山林价值转移给被上诉人的结果，应根据类案不低于500元/立方米计算林木增值折价补偿上诉人。但最终二审法院维持原判。

（二）法院判决及启示

一审法院认为，双方签订合同及办理鉴证过程中存在瑕疵，但双方已按合同履行了多年，且合同不存在无效的情形，故双方签订的合同是合法有效的。合同期满后，双方没有重新达成新的承包协议，双方签订承包合同约定的权利义务于合同期满终止。本案中，关于双方当事人争议的结算问题，首先，原告承包林地后不久，大部分林地被纳入生态公益林，导致双方签订合同时以商品林为基础的结算条款在合同期满时无法正常履行，出现了新的法律事实。其次，被纳入生态公益林后，原告承包的林地通过财政资金补偿的方式实现了其承包林地的部分收益。最后，林地纳入生态公益林管理后，林地新增了树木蓄积量的收益问题。原告持有的林权证登记的林地使用权、林木所有权和林木使用权属于原告，但在民法理论上一般认为，林木作为林地之附属物，二者的权利应同时变动，互相关联，林木所有权并没有真正独立的权属地位，而是依附于林地使用权。林地承包到期后，原告有义务将林地使用权、林木所有权和林木使用权返还给被告七个村民小组。被告君山村民小组通过决议放弃林地的相关权利，一审法院予以准许。由于生态公益林肩负着重要的生态功能，故林木权利人私益和相关权能受到严重抑制。原告返还的生态公益林，由于林木的处分权受限，林木的价格将受到一定的影响。梅州地区生态公益林的经营收益主要以政府通过财政资金向经营者支付生态公益林补偿金的形式实现，并没有其他市场化的交易措施。因此，生态公益林的价值，目前不能按林木的市场价格进行确定。原告主张按市场价格确定生态公益林价值的意见，一审法院不予采纳。原告作为林木经营者与林地所有人，如何公平、合理地分配承包期内蓄积量增加的价值，应该更多地从林木来源、公益林的政策等方面进行综合考虑。调查报告显示，案涉林地的林木来源、天然林占了大部分，人工林大部分也是由政府投资的方式进行种植的，故被纳入生态公益林管理造成的林木蓄积量价值大部分由林地所有人受益比较公平，但考虑到原告罗某城承包初期三年时间并没有领取生态公益林的补偿金，且在合同满期后生态公益林中的林木蓄积量远远超出约定蓄积量的情况下，被告七个村民小组应按现有公益林补偿政策补偿原告经营初期三年的损失。参照 2019 年度政府对生态公益林经营者的补偿标准（93852元 / 年），被告七个村民小组应补偿原告 281556 元。另外，用材林 60 立方米的蓄积量，参照原告提出林木蓄积量折算的方式及收购价，一审法院酌情认定 30 立方米林木，按每立方米 500 元的利润计算为 15000 元。以上林木的结算款共计 296556 元。原告支付的调查费用 77000 元，这属于双方结算蓄积量产生的合理费用，故上述费用应由原告、被告七个村民小组各负担 38500 元。综上所述，原告应履行返还林地、林木及协助办理变更林权证的义务，被告七个村民小组应向原告给付林木结算款 296556 元及鉴定费 38500 元，共计335056 元。关于 2021 年 1 月 3 日在长江段发生火灾的问题，该案现仍在公安调查处理中，这次火灾烧毁的山林包括原告承包的山林和以外的山林，暂未确定烧毁的林木面积和损失金额。此次火灾是由案外人造成的，原告本身没有过错，况且原告承包山林到期后，因为诉讼的原因没有办理山林交接手续，也未领取生态公益林补偿金，因此，原告不承担发生火灾造成损失的责任。

一审法院最终判决如下：（1）被告七个村民小组（蕉岭县文福镇长隆村丰一村民小组、蕉岭县文福镇长隆村丰二村民小组、蕉岭县文福镇长隆村上园村民小组、蕉岭县文福镇长隆村下园村民小组、蕉岭县文福镇长隆村荷树村民小组、蕉岭县文福镇长隆村岌山村民小组、蕉岭县文福镇长隆村岩背村民小组）应于判决生效之日起15日内支付335056元给原告罗某城；（2）原告罗某城应于判决生效之日起15日内将蕉林证字（2010）第4400160035号记载的位于蕉岭县文福镇长隆村和平分社灵草寮一带的林地及地上林木按现状交还给被告七个村民小组；（3）原告罗某城应于判决生效之日起15日内协助被告七个村民小组办理蕉林证字（2010）第4400160035号林权证中有关林地使用权、森林或林木所有权和森林或林木使用权的转移登记手续；（4）驳回原告罗某城的其他诉讼请求。如果未按判决指定的期间履行给付金钱的义务，应当依照《中华人民共和国民事诉讼法》第253条之规定，加倍支付迟延履行期间的债务利息。本诉案件受理费45247.21元，反诉案件受理费100元，合计45347.21元，由原告负担30000元，被告七个村民小组负担15347.21元。原告预交的诉讼费45247.21元，判决生效后予以退回15247.21元，被告七个村民小组应于判决生效之日起向一审法院缴纳案件受理费15247.21元。

在本案中，法院关注到生态产品价值实现路径问题，以生态公益林这一生态产品为例展开分析，认为其价值实现的路径主要有三种：一是市场路径，主要表现为通过市场配置和市场交易，实现可直接交易类生态产品的价值；二是政府路径，即依靠财政转移支付、政府购买服务等方式实现生态产品价值；三是政府与市场混合型路径，即通过法律或政府行政管控、给予政策支持等方式，培育交易主体，促进市场交易，进而实现生态产品的价值。近年来，我国各地积极探索生态产品价值实现，建立政府主导、企业和社会各界参与、市场化运作、可持续的生态产品价值实现机制。同时，结合案件具体情节和案发地区的实际情况，法院认为梅州地区生态公益林的经营收益主要是以政府通过财政资金向经营者支付生态公益林补偿金的形式实现的，并没有其他市场化的交易措施。因此，生态公益林的价值目前不能按林木的市场价格进行确定。本案将生态产品价值实现路径与生态产品价值损失赔偿金相结合进行考查，结合案件具体情节，进行价值裁量。

二、丽水市人民检察院诉黄某龙生态环境民事公益诉讼案

（一）基本案情与理由

2021 年 2 月 15 日凌晨，黄某龙醉酒后驾车与位于浙江省庆元县的咏归桥发生碰撞，造成西端桥亭受损。经交警部门认定，黄某龙对事故负全责。同年 3 月 5 日，庆元县人民法院以危险驾驶罪判处黄某龙拘役一个月、罚金 2000 元。咏归桥始建于元大德十年（1306 年），2012 年被列入《中国世界文化遗产预备名单》，是国家重点文物保护单位、浙江省文物保护单位和革命遗址。经评估，咏归桥修复设计费用为 38731.7 元。中国（丽水）两山学院专家出具意见并出庭，说明咏归桥生态产品损害价值为 30385 元。

（二）法院判决及启示

丽水市中级人民法院审理认为，咏归桥作为全国重点文物保护单位、浙江省革命遗址，是不可再生的重要环境、文化资源。黄某龙违反交通法规，醉酒驾车造成咏归桥受损，应承担民事侵权责任。判决黄某龙赔偿咏归桥修复设计费用 38731.7 元、生态产品价值损失费用 30385 元，并在省级媒体上赔礼道歉。

人文遗迹是人与自然沟通的桥梁，集中展现了人与自然和谐共生的景观魅力。保护人文遗迹不仅是在履行我国文物和环境保护法规定的法律义务，也是在履行《保护世界文化和自然遗产公约》确定的国际义务，展现了中国担当。木拱廊桥不用一钉一铆的榫卯相接技艺于 2009 年被列入联合国教科文组织《急需保护的非物质文化遗产名录》。咏归桥作为木拱廊桥的代表性建筑，不仅是传承中华优秀传统文化的物质载体，也是生态环境的重要组成部分，具有旅游休憩、景观、文化艺术等价值，咏归桥还是 1938 年中共庆元县特别支部的诞生地，是承载浙西南革命精神的"红桥"和开展爱国主义红色教育

的重要革命遗址。人民法院依法认定咏归桥的生态物质产品、生态调节和生态文化服务价值，不但实现了对咏归桥一般意义上"物"的保护，更体现了其生态产品价值。本案的审理是人民法院全面深入贯彻近平"绿水青山就是金山银山"理念、司法护航生态产品价值实现的有益探索。

三、吴某红等非法采矿案 [①]

（一）基本案情与理由

2018年10月，被告人吴某红、吴某标分别时任浙江省青田县某村两委干部，在没有得到水利局等行政职能部门审批许可的情况下，以整治河道为名，将该村河道内的砂石原料承包给被告人伍某利、陈某高等人非法开采。经评估，河道非法采砂的量为21655.28立方米，砂石价值为748840元；生态产品损害价值为284900元，其中调节服务损害价值为218300元，文化服务损害价值为47700元，物质产品损害价值（渔业资源损失，不含非法采砂的市场价值）为18900元。审理中，四被告人主动退赃748840元，并出资284900元用于生态保护修复。

（二）法院判决及启示

青田县人民法院审理后认为，河沙在保持河床稳定和水流动态平衡方面发挥着不可忽视的作用，也为水生生物资源的繁衍生存提供了栖息场所，滥采滥挖河砂不仅会导致国家矿产资源的流失，也会严重破坏河道生态环境。四被告人按照生态产品价值损失的数额，出资履行生态修复义务，予以从轻处罚。综合考虑四被告人具有自首、退赃等情节，对被告人伍某利判处有期徒刑一年七个月，缓刑二年一个月，并处罚金；对被告人陈某高、吴某红、吴某标均判处有期徒刑一年六个月，缓刑二年，并处罚金。该判决已生效。

本案涉及生态产品价值的评估核算，将生态系统提供的物质产品、调节

---

① 浙江省青田县人民法院：（2022）浙1121刑初116号。

服务和文化服务三方面价值纳入核算体系，从功能量和价值量两个维度测量生态产品与结构等状况，更有助于真实、全面、客观地反映生态环境实际损害情况。最关键的是，在考察被告人履行生态修复时，将生态产品价值的评估核算结果列为主要依据，这无疑是生态产品价值司法实现的典型案例。

四、重庆市綦江区成远煤业有限公司与重庆市綦江区人民政府行政诉讼案 ①

（一）基本案情与理由

原告重庆市綦江区成远煤业有限公司（以下简称"成远公司"）经营的黄矸塘煤矿、紫龙煤矿，是原告依法设立的煤矿，两煤矿生产经营手续齐全。綦江县（现重庆市綦江区）林业局于 2000 年 3 月 9 日向重庆市綦江县人民政府提出关于建立"綦江县万隆县级自然保护区"的请示。重庆市綦江县人民政府经研究后，同意建立"綦江县万隆县级自然保护区"。2012 年 3 月，重庆市綦江区政府组织相关部门对綦江范围内的自然保护区界线及功能区开展核查和基础调查工作。2012 年 6 月，綦江区政府将相关资料报送给重庆市环保局。2013 年 11 月，重庆市环保局向各区县通知了重庆市人民政府批准同意的各个自然保护区范围、界线及功能区划的结果，其中包括綦江区万隆县级自然保护区。2018 年 10 月 18 日，被告綦江区人民政府作出《重庆市綦江区人民政府关于强制密闭綦江区万隆自然保护区内煤矿的决定》，认为綦江万隆县级自然保护区的设立合法，成远公司下属黄矸塘煤矿、紫龙煤矿矿区面积与自然保护区高度重叠，应退出自然保护区，依法实施关闭，永久密闭煤矿井筒。原告认为，被告作出的强制密闭两煤矿矿井的行政决定，无事实依据，无证据依据，无职权依据，无法律依据，程序亦严重违法。原告依据《行政诉讼法》的有关规定依法提起行政诉讼，请求人民法院依法判决。一审法

---

① 重庆市高级人民法院：（2020）渝行终 421 号。

院判决驳回原告诉讼请求后，原告又提起上诉，认为綦江区政府是以两煤矿建立在自然保护区内为由作出强制密闭煤矿决定的，事实上綦江区政府作出决定时没有确实充分的证据证明两煤矿就在自然保护区内。綦江区政府作出强制密闭煤矿的决定没有法律依据，程序严重违法，也没有职权依据。一审判决存在严重问题，采信了綦江区政府逾期举证的证据，一审判决应当依法撤销。

（二）法院判决及启示

一审法院认为，本案中，綦江区万隆县级自然保护区经綦江区政府报送重庆市环保局，经重庆市人民政府批准同意后设立，系依法设立的地方级自然保护区。原告成远公司所属黄矸塘煤矿、紫龙煤矿在万隆县级自然保护区内进行开矿作业，违反该条例的上述禁止规定，其被注销采矿许可证后的采矿行为明显具有违法性，应退出自然保护区，依法实施关闭，永久密闭煤矿井筒。密闭矿井是关闭煤矿的后续保障措施，当地县级以上人民政府及有关行政主管部门有权通过采取关闭煤矿、密闭矿井等行政强制措施，责令其停止违法采矿行为，从根本上消除违法开矿可能对自然保护区的破坏或影响，以保护自然保护区的生态环境，符合法律规定。总之，被告綦江区政府作出的涉案《重庆市綦江区人民政府关于强制密闭綦江区万隆自然保护区内煤矿的决定》，系依法履职的行为，且证据确凿，适用法律、法规正确，符合法定程序。原告成远公司的诉讼请求没有事实和法律依据，依法不予支持，故驳回原告成远公司的诉讼请求。

二审法院认为，本案争议焦点是綦江区政府作出《重庆市綦江区人民政府关于强制密闭綦江区万隆自然保护区内煤矿的决定》是否应当撤销的问题。二审法院认为，自然保护区是由各级政府依法划定或确认，对重要的自然生态系统、自然遗迹、自然景观及其所承载的自然资源、生态功能和文化价值实施长期保护的区域，强调设立自然保护区的目的是守护自然生态，保育自然资源，保护生物多样性与地质地貌景观多样性，维护自然生态系统健康稳定，提高生态系统服务功能，以及服务社会，为人民提供优质生态产品，为全社会提供科研、教育、游憩等公共服务。綦江区政府于 2018 年 5 月启动涉案煤矿关闭程序，于 2018 年 9 月发布关闭公告。原綦江区国土房管局于 2018 年 9 月 30 日作出催告通知，要求成远公司所属黄矸塘煤矿、紫龙煤矿在 2018 年 10 月 10 日前完成井口密闭工作。但成远公司所属黄矸塘煤矿、紫龙煤矿在前述规定的期限内仍未完成井口密闭工作，綦江区政府在 2018 年 10 月 18 日才作出《重庆市綦江区人民政府关于强制密闭綦江区万隆自然保护区内煤矿的决定》。原重庆市国土房管局经过核实发现，黄矸塘煤矿部分矿区在綦江区万隆县级自然保护区内、紫龙煤矿全部矿区在綦江区万隆县级自然保护区内，决定不予办理黄矸塘煤矿、紫龙煤矿采矿许可证延续登记。该证据足以证实成远公司所属黄矸塘煤矿、紫龙煤矿在自然保护区范围内。再结合职权合法性、合理性等方面的问题，认定一审判决认定事实清楚，适用法律正确，故驳回上诉，维持原判。本案充分考虑到了自然保护区所承载的丰富的生态环境系统服务功能，尤其是自然保护区内涵大量生态产品，正是这些生态产品的供给和价值实现才丰富了自然保护区的价值。

五、北京市丰台区源头爱好者环境研究所诉石柱土家族自治县临港经济开发有限公司等环境公益诉讼纠纷案 [①]

（一）基本案情与理由

石柱县政府于 2009 年 4 月批复设立水磨溪湿地自然保护区。2011 年 6 月起，被告作为当地移民生态工业园业主，擅自占用大量水磨溪湿地自然保护区区域，兴建移民生态工业园基础设施，将工业园基础设施建设在水磨溪湿地自然保护区内，将水磨溪以东所占土地全部整平，违规侵占保护区共计 5045 亩土地，占保护区总面积的 20.9%，导致该保护区区域原有地形、地貌

---

① 重庆市第四中级人民法院：（2018）渝 04 民初 523 号。

大幅改变，地表植被全部破坏，使区内的部分河段河道变窄，自然生态环境遭到明显破坏。2016 年 11 月，中央环保督察和"绿盾 2017"专项行动发现该问题，要求认真整改水磨溪湿地自然保护区存在的环境问题。重庆市环保局于 2018 年 1 月 29 日专门致函要求切实加强该自然保护区的管理工作，加大督查整改力度，对生态破坏行为严肃查处，对监管不力的单位和个人予以问责。但是被告并未落实整改，违法建设也没有停止。相反，被告还计划重新规划水磨溪湿地自然保护区的范围，企图给保护区"瘦身"，把违法占用的部分划出保护区范围。原告北京市丰台区源头爱好者环境研究所向本院提出诉讼请求：（1）判令被告停止侵权，停止违法侵占水磨溪湿地自然保护区、损害环境公共利益等违法行为；（2）判令被告消除危险，采取有效措施消除对自然保护区产生的环境风险；（3）判令被告恢复原状，尽快修复违法破坏的水磨溪湿地自然保护区的自然生态原貌；（4）判令被告共同赔偿环境受到损害至恢复原状期间服务功能损失共计 1000 万元（最终以评估确定的数额为准）；（5）判令被告共同承担评估鉴定费用、合理的律师费及原告为诉讼支出的差旅费等费用共计 15 万元（最终以确定的数额为准）；（6）判令被告承担本案的全部诉讼费用。

该保护区位于长江一级支流水磨溪两岸 2 千米范围内，主要保护湿地生态系统和以荷叶铁线蕨为代表的野生动植物资源。由于荷叶铁线蕨属于极危物种，所以具有重要的生态环境意义。

（二）法院判决及启示

法院总结本案的争议焦点主要包括四点：一是丰台区源头爱好者环境研究所是否具备原告主体资格；二是丰台区源头爱好者环境研究所诉请停止侵权、消除危险、恢复原状的诉讼请求能否成立，即诉请拆除水磨溪湿地自然保护区内的公路及四栋量筋厂房的诉讼请求能否成立；三是丰台区源头爱好者环境研究所诉请被告共同赔偿环境受到损害至恢复原状期间服务功能损失共计 1000 万元（最终以评估确定的数额为准）的诉讼请求能否成立；四是判令被告共同承担评估鉴定费用、合理的律师费及为诉讼支出的差旅费等费用能否成立。涉及生态产品价值实现问题的争议焦点主要是第三点，法院认为鉴于原告放弃申请对生态环境系统服务功能的司法鉴定，所以本案所涉期间生态环境系统服务功能损失的数额无法通过司法鉴定确定。但是，侵权人在水磨溪湿地自然保护区内修建工业园区，给该保护区生态环境造成的损害是客观存在的，生态环境受到损害至恢复原状期间生态环境系统服务功能损失亦客观存在，原告依据《环境民事公益诉讼司法解释》第 21 条请求相关侵权人赔偿期间服务功能损失，对此应予支持。参照《环境民事公益诉讼司法解释》第 23 条关于生态环境修复费用所需考量因素的相关规定，对本案生态环境受到损害至恢复原状期间生态环境系统服务功能损失予以合理确定。最终认定以《重庆石柱水磨溪湿地县级自然保护区生态修复方案》为基础，结合案涉破坏生态的范围和程度、生态环境的稀缺性、生态环境恢复的难易程度等因素，法院确定被告临港公司、鸿盛公司应赔偿生态环境受到损害至恢复原状期间生态环境系统服务功能损失为 300 万元。

相关的典型案例还有若干。除此之外，我国生态产品价值的司法实现受到了域外影响。因此，追溯我国生态产品价值司法实现的司法运行优势，就不能忽视供我国借鉴的国外生态环境司法案例，由此进行比较分析、借鉴参考，更能凸显中国优势。

整理分析近十年国外与生态产品相关的典型司法案例，可以发现国外司法实务界对于生态产品的重视程度由低到高，生态产品价值实现在司法裁判中的地位从无到有，生态产品价值实现的司法统一化、规则化逐渐引起司法部门高度重视。在子午能源有限公司诉中奥塔戈区议会案中，新西兰高等法院明确指出《资源管理法》第 7（b）节所提到的自然资产和有形资产，侧重于有形资产而非自然资源，环境法院对自然资源价值的强调是对该条的重点误解，对自然资产的产品性予以否定。在卡特·霍尔特·哈维有限公司诉怀卡托地区委员会一案中，新西兰环境法院认为对生态产品价值进行经济量化可以解决宏观和微观经济问题，但这只是有助于实现可持续管理的各种线索之一，而且法院指出该种价值衡量的变量太多，适用范围狭窄，表现出对生态产品价值实现机制的消极态度。在地热集团有限公司诉怀卡托地区委员会案、北坎特伯雷山卡斯山脊建设风力发电厂诉胡润瑞区议会案等案件中，审判法院在裁判中均认可了关于自然资源的成本效益分析，对生态价值进行金钱衡量，但是明确其属于综合考虑、全面评估之后的结果。在下怀塔基河管理协会诉坎特伯雷地区委员会案中，法院对生态产品价值实现提出了成本效益分析技术策略，强调了正向净效益下的资源替代用途及非市场技术和社会价值的适用，该判例成了之后的子午能源公司诉中奥塔戈区议会案的参考案例。但是该案上诉后，高等法院认为法院适用法律存在错误，认为其对量化和客观性的过度追求影响了对相关法条效率标准的正确把握，导致此种评估量化存在缺陷。在西海岸环境网络公司诉西海岸地区议会和布勒区议会一案中，法院以未对煤矿生态产品价值予以评估量化而判原告败诉，但原告方表示对于该生态产品价值评估属于非市场技术，该技术成本较大，最关键的是在此方面并无一套可行可靠的指示性数值，凸显了司法审判中的制度空白。

第三章

生态产品价值司法实现的不足检视

第一节　基础理论理解分歧

从实践出发可发现，生态产品价值实现的理论与实践存在脱节，导致理论根基不稳，实践进程较慢。针对生态产品及其价值实现的理论研究对其现实实践的价值意义重大，但是在理论研究层面，该理论认识仍然较为薄弱，存在对基础理论的理解存在分歧等问题，这是探讨生态产品价值司法实践的重要理论障碍。

一、生态产品价值司法实现的指导理念亟待革新

"绿水青山就是金山银山"理念于 2005 年被提出，自此之后，我国陆续发表了相关论文，关于该理念的理论研究、对策研究等已经取得了不少研究成果。以"绿水青山就是金山银山"为关键词在中国知网学术期刊库中进行主题检索，足见其成果之显著。尤其是自 2014 年以来，伴随着生态文明建设进程的深入和对"绿水青山就是金山银山"理念的认识的深化，学界在这方面的相关研究也逐年增多，尤其是在 2020 年，研究成果达到了顶峰。与此同

时，许多地方还建立了"两山"理念研究所。生态产品价值实现是对"绿水青山就是金山银山"理念的实践探索，不过，在对"绿水青山就是金山银山"理念进行传统认知的基础上，由该理念所指导的生态产品价值实现并未完全迎合"绿水青山就是金山银山"理念中"既要绿水青山，也要金山银山""宁要绿水青山不要金山银山"的价值理念，仍然存在传统的对"绿水青山就是金山银山"的歧义理解，仍然存在"绿水青山"与"金山银山"的博弈选择。总而言之，存在重经济效益、轻公平正义的理解偏差。正因如此，生态产品价值实现在路径选择、理论夯定等方面并未完全统一化、全面化和体系化。

（一）关于"绿水青山就是金山银山"理念的理念内涵争议

学者关于"绿水青山就是金山银山"的理念内涵研究既有从整个理念出发，以思想渊源和理论基础为根基探析其丰富内涵的，也有从对"绿水青山就是金山银山"理念的解析出发，分析"绿水青山"与"金山银山"之间的逻辑关系的。

杨莉等认为，"绿水青山就是金山银山"理念有着丰富的科学内涵，在人与自然和谐统一的理论基础之上，寻求经济发展与生态保护的协同并进，最终实现以人民为中心的生态价值追求。该理论蕴含着丰富的战略、创新、辩证、历史、底线思维，对我国生态文明建设具有重大的启示意义。陈倩倩认为，"绿水青山就是金山银山"理念内含着自然主义和人道主义的双重维度，深刻揭示了经济社会发展与生态环境保护的本质关系，是对马克思主义自然观和人道主义辩证统一思想的时代回应与升华。卢风认为，当经济增长达到某临界值时，为实现经济可持续增长的目标，就必须促进产业和经济的生态化发展，以实现非物质经济的持续增长，这就是"既要绿水青山，又要金山银山"的"绿水青山就是金山银山"理念。周光迅等认为，"绿水青山就是金山银山"理念的提出源于习近平同志为解决浙江省环境治理与保护问题进行的思考，如今已延伸至中国经济的发展与对生态环境的保护问题。杨文竹等认为，"绿水青山就是金山银山"理念坚持历史的观点，深刻总结了我国生态文明建设的历史经验与教训，准确把握了绿水青山与金山银山的辩证关系。它还坚持辩证的观点，主张在实践基础上人的价值与自然价值的有机统一。它在理论上是一种历史唯物主义的生态价值观，在实践上又是一种科学方法论。在生态实践中，我国生态文明建设应当以"绿水青山就是金山银山"理念为指南，要求通过培育新型主体，变"经济人"为"生态人"，着力发展绿色生产力，走生态根治之路，打破民族、国家、文化、宗教之间的藩篱，在全国范围内甚至在全球范围内构建完整系统的生态命运共同体。刘伟杰、戴钰、陈文斌认为，"绿水青山就是金山银山"理念的内涵可分为三层含义：第一层含义强调了人类尊重自然、保护自然的重要性；第二层含义论述了经济增长与环境保护的哲学关系；第三层含义阐述了经济与生态环境转换的相关逻辑。尹怀斌、刘剑虹认为，该理念具有一定的伦理内涵。这是人类在理性思考下得出的实践思考，是在综合了社会发展实际情况的同时，从自身现状出发得出的具有实践意义的新理念。所以，该理念囊括了自然界与人类社会发展、人民美好生活与生态文明建设等重大伦理道德命题。

"绿水青山就是金山银山"理念有狭义和广义之分。从狭义上说，"绿水青山"指良好的生态环境，"金山银山"指经济收入。沈满洪认为，"绿水青山"就是优质的生态环境，"金山银山"是指经济增长。卢宁认为，绿水青山是良好的生态环境，金山银山代表物质财富。从广义上说，绿水青山不仅指良好的生态环境，还指非货币化的生态服务价值；金山银山不仅指经济收入，还指良好的社会效益和生态效益，代表民众对于良好生态环境的获得感、幸福感。王金南、苏洁琼等学者认为，"绿水青山"指人类赖以生存的自然生态环境的集合。王会、陈建成等指出，"绿水青山"通常对应着更多的非货币化的生态服务价值，"金山银山"是生态环境提供的各类生态系统服务的价值。曹家宁、刘吉发指出，"金山银山"与"绿水青山"是马克思"劳动价值"与"自然价值"的现实表达。

胡鞍钢认为，"绿水青山就是金山银山"理念中，"绿水青山"代表了生态环境，"金山银山"代表了经济发展。马中等认为，"绿水青山就是金山银山"理念是生态文明建设认识论与实践论的统一，主要有两层含义：第一层含义是绿水青山是最公平的公共服务，也是最普惠的民生福祉；第二层含义是绿水青山所提供的生态产品满足了人民对美好生活的需要。"绿水青山"与"金山银山"之间存在的辩证关系是：破坏生态环境就是破坏生产力，保护生态环境就是保护生产力，改善生态环境就是发展生产力。王会、姜雪梅等学者指出，"绿水青山"与"金山银山"之间的辩证关系，即当消耗性利用方式带来更多经济收入时，二者呈对立关系，当非消耗性利用方式带来更多经济收入时，二者呈现统一关系。张军认为，生态环境也是生产力，而且生态环境不能免费使用。潘家华、庄贵阳认为，该理念具有高度的理性和实践性。从最初的用"绿水青山"去换"金山银山"，到如今的"绿水青山就是金山银山"，其中的相互转化实现了认知的创新。

（二）关于"绿水青山就是金山银山"理念的意义价值争论

"绿水青山就是金山银山"理念是习近平生态文明思想的重要组成部分，是指导我国生态文明建设的基础性理念，在理论实践层面具有重大的意义和价值。

张雪溪等认为，"绿水青山就是金山银山"理念实践是指在一定时间、空间范围内，依托自然资源存量，经过生态系统内部作用，产生能够发挥生态效用的优质资源要素。林坚等认为，"绿水青山就是金山银山"理念深刻揭示了生态环境保护和经济发展之间的辩证统一关系。从哲学角度来看，这种辩证统一关系可进一步分为六对关系和五种思维。这六对关系是绿水青山包含金山银山、绿水青山可以转化为金山银山、绿水青山保障支撑着金山银山、绿水青山超越金山银山、人与自然是生命共同体、人类必须保护绿水青山。五种思维体现为辩证思维、系统思维、底线思维、战略思维、绿色思维。将"绿水青山就是金山银山"理念通过具体路径变为现实，使生态资源通过一定的体制机制转变成资产和资本，实现生态资源的保值增值，并制定了相应的法律制度和组织保障。汪金英认为，践行"绿水青山就是金山银山"理念是坚持和完善生态文明制度体系的重要途径，是将生态环境优势转化为经济社会优势的途径和方式。余德华等认为，"绿水青山就是金山银山"理念促进了生态文明建设理论的大众化。宣传"绿水青山就是金山银山"理念时所提出的一些形象化口号在弘扬生态环境保护、强调生态文明建设重要性的同时影响着人们转变生态观念。周光迅、郑玥认为，"绿水青山就是金山银山"理念是经济发展与生态保护理念的辩证扬弃，蕴含着经济生态化与生态经济化的辩证统一。

张子玉等认为，"绿水青山就是金山银山"理念具有理论与实践两方面的意义，在理论方面，该理念深化了生产力与环境发展关系的内涵，丰富了我党关于生产力发展的相关理论，继承并拓展了马克思主义生产力学说；在实践方面，该理念促进了现实生产力的可持续发展，并为"新常态"下的新发展提供了新思路。曾贤刚、秦颖认为，该理念的提出，从根本上打破了经济发展与生态环境保护的对立局面，二者实际内在是统一的、相互促进的、协调共生的。尹怀斌、刘剑虹认为，该理念的价值包括三个方面：一是促进了社会经济发展方式的绿色转型；二是发挥了中国特色社会主义制度优势；三是培育出了人民群众在生态德行方面的文化自信。高姗认为，该理念具有丰富的理论价值与实践价值。就理论价值而言，其发展和创新了马克思生态文明思想；就实践价值而言，它为实现全球绿色发展提供了中国方案，为正确处理经济发展与环境保护关系指明了方向。

2020年4月，习近平总书记在陕西调研时指出，绿水青山既是自然财富、生态财富，又是社会财富、经济财富。"绿水青山就是金山银山"理念为生态产品所具备的经济、生态和社会三重价值的实现的逻辑自洽提供了理论支撑，是生态产品价值实现的基础理论。学界对"绿水青山就是金山银山"理念的解读是多方面、多维度、多视角的。虽然不同的学者在思想渊源、内涵理解、意义价值等方面存在一些理解的偏差、侧重点的不同，但是对于生态经济的核心内容已经基本达成共识。在对生态产品价值实现问题的探讨如火如荼之时，结合时代社会背景，对"绿水青山就是金山银山"理念予以新的解读探索，并在此基础上探索确立生态产品价值司法实现的理论基础，是本书的理论创新重点。

二、生态产品价值司法实现的基础理论尚未厘清

（一）生态产品价值司法实现之客体不清

生态产品价值司法实现之客体即生态产品，但是理论界和实务界针对生态产品的概念、特点及分类等尚未达成共识，导致生态产品价值司法实现之客体不清问题。

就生态产品的概念而言，在生态产品价值实现的典型案例中，仍然普遍使用"资源""自然资源""生态资源"等类似词汇，鲜少直接使用"生态产品"一词。在山东博斯腾醇业有限公司与盈德投资（上海）有限公司供用气合同纠纷案中，因上位法缺位，山东省不属于排污权使用、交易的试点城市，二氧化硫排放无法予以货币估价，不具有交换价值；[①]在子午能源有限公司诉中奥塔戈区议会案中，新西兰高等法院对生态资源的产品性予以否认。在下怀塔基河管理协会诉坎特伯雷地区委员会案中，高等法院为生态资源赋予价值性，认为法院对生态资源进行价值量化和可视化的过度追求影响了对相关法条效率标准的正确把握等。由此可见，国内外司法实务界对于"生态产品"一词表现出消极态度，更倾向于传统的资源，而非将其界定为产品、资产。内涵模糊性的影响不仅会阻碍生态产品价值实现，在一定程度上也影响了生态环境的保护和修复，如在中国生物多样性保护与绿色发展基金会、云南泽昌钛业有限公司环境污染责任纠纷案中，一审法院认为土壤、水流等资源中的污染物质仅是小幅度超标，仅凭某项指标的超标不能直接证明民事公益诉讼中的生态环境公共利益受损，最终作出不利于原告的判决。如若将这类空

---

① 最高人民法院:（2020）最高法民终 237 号。

间资源界定为生态产品，考虑其生态价值损失，则原告胜诉的可能性会增大。在生态实践中，其模糊性还导致了生态产品与生态资产、自然资产、生态系统服务、环境产品等类似概念产生混淆，这也使得司法界对于生态产品价值实现的关注程度较低。整体而言，国内学界尚未厘清"生态资源—生态资产—生态产品"这一生态资源产品化转化路径，进而导致生态产品的内涵与外延界定模糊。在使用"生态产品"时，与"生态资源""生态农产品""生态服务功能"等近似词汇存在混淆，有些冠之以"生态产品价值实现典型案例"之名的案例，其本质可能并不归属于生态产品价值实现，仅仅是一种价值体现或者功能表现。总而言之，生态产品的内涵、外延所存在的模糊不清问题属于致命性、根源性的理论问题，该问题能否突破关乎价值实现机制构建的根基稳固性。

（二）生态产品价值司法实现之权属不明

产权是一切市场经济的基础保障，没有明晰的产权就没有持续的创新，市场经济就难以存在和发展。毋庸置疑，产权权属明晰对于产权所有者的权益保障、资源的开发使用、市场的有序运行等，都具有推动作用。在自然资源产权归属尚不清楚的时候，生态资源资产化、产品化进程必然存在断层现象，生态产品的管理和价值实现进程都会呈现出零散化、碎片化特征，价值实现的成本也会上升，此时，"绿水青山"便无法效益最大化地转化为"金山银山"。所有权与经营权两分是资源产权改革市场化的关键，自然资源产权同时包含了与之相对应的对自然资源开发、利用、保护、监管的义务。自然资源的丰富性、跨区域性、生态性决定了自然资源产权难以明晰，我国目前尚未出现一部统一的自然资源法，只有几部关于自然资源的单行法，如《中华人民共和国草原法》《中华人民共和国森林法》《中华人民共和国水法》《中华人民共和国土地管理法》等。这些立法目的更偏向于对自然资源的保护，有些自然资源产权不够完备，对于使用权、承包经营权能否流转规定不明，产权归属不清晰给生态产品市场化带来了阻力；另外，一些自然资源产权在我国一般归国家和集体所有，国家或者集体所有的自然资源一般会委托政府行使相关权力，从而易引发权力寻租问题，反而不利于资源的有效利用，也容易出现产权虚置的情况。生态产品产权问题是一个动态的问题，在原有的生态资源所有权下，在保护和开发过程中，会出现新的生态权益，如林业碳汇新型生态权益。碳汇权所依附的权利是林地、林木所有权与经营权，林地所有权归国家或集体所有，经营权的主体有所扩大，林木的经营权和所有权是多样的，因此依附林地、林木的林业碳汇存在多种可能的归属主体，法律若对此没有明确的规定，不利于新型生态权益的流转。除此之外，产权是价值衡量的产物，然而其在价值量化评估方面也存在争议和矛盾。

第二节　规范依据层级较低

　　生态产品价值的司法实现需要法律规范作为依据，以实现其有序化、规范化。法律规范是由国家制定或认可并由国家强制力保障实施的具有一般约束力的行为规范（或规则）。[1] 目前，我国在推动生态环境法律法规体系建立健全、生态环境制度改革、生态环境标准体系构建等方面成果丰硕、成效显著，生态文明法治建设前景光明。根据生态环境部的统计，自"十三五"时期以来，我国在生态环境法律体系内修订法律和行政法规近30部，生态环境保护的各领域已基本实现有法可依。早在2014年，就有学者统计分析，在中国特色社会主义法律体系中，仅环境法律就占全部法律的10%左右[2]。经过八年的发展，环境法律制度由少到多，内容由粗略到详细，生态环境法律体系

---

[1]　胡建淼：《法律适用学》，浙江大学出版社2010年版，第136页。
[2]　黄锡生、史玉成：《中国生态环境法律体系的架构与完善》，《当代法学》2018年第1期，第120—128页；彭峰：《中国环境法法典化的困境与出路》，《清华法学》2021年第6期，第174—187页。

逐渐完善壮大，目前已经初步形成了多门类、多层次、体系化、结构较为完整的生态环境法律体系。虽然有学者认为该法律体系存在肥大化、技术化、不统一和不确定四种特性[①]，或者呈现出矛盾性、繁复性、动态性三种法律复杂化表征[②]，但这些复杂特性存在的原因也反向证明了现有生态环境法律体系条款庞杂、架构冗余的客观现实，这不仅凸显了进行系统化整合的紧迫性，这也为生态环境法典的构建提供了动力。环境法学界的学者正在致力于细化整理我国的生态环境法律体系，推进生态环境法典化进程。比较常见的细化方式就是进行横向划分，以要素保护为重心和主线的法律规范对生态环境保护任务进行分解，然后匹配相关法律制度[③]，鲜少注重以法律效力层次为重心和主线进行纵向划分。一个完备的、适用于司法实践的法律体系与关注立法的法律体系并不相同，其应当是关注于同一法律部门不同层级及不同法律部门同一层级或不同层级之间的协调一致、有效衔接、价值融贯、调控严密的法律体系。[④] 目前，学界对生态环境法律体系纵向划分的层次架构已基本达成共识：以宪法性规定为统领，以综合性环境基本法和环境保护单行法为主体，其中，环境保护单行法在法律层次上可细分为法律、行政法规、部门规章、地方性法规[⑤]，同时兼顾其他部门法中涉及生态环境、绿色发展的相关法律条文及国际法中的环境保护规范。

整理分析我国目前有关生态产品价值实现的法律文件可发现，这些法律文件整体呈现出分散化、零碎化的特征，多散见于资源和环境保护的单行法律法规文件之中，尤其是在地方性立法层面，制度文件缺乏系统性、整体性和协调性，有关利用开发、价值核算、产权确权等方面的法律规定较少，有

① 何江:《为什么环境法需要法典化——基于法律复杂化理论的证成》,《法制与社会发展》2019 年第 5 期，第 54—72 页。
② 张梓太、程飞鸿:《论环境法法典化的深层功能和实现路径》,《中国人口·资源与环境》2021 年第 6 期，第 10—18 页。
③ 徐以祥:《论我国环境法律的体系化》,《现代法学》2019 年第 3 期，第 83—95 页。
④ 彭峰:《中国环境法法典化的困境与出路》,《清华法学》2021 年第 6 期，第 174—187 页。
⑤ 周珂、谭柏平、欧阳彬:《环境法（第 5 版）》, 中国人民大学出版社 2016 年版，第 114 页。

的甚至处于空白状态。最关键的是，生态产品价值实现的规定以政策性、宣示性文件为主，强制性较强的法律规范文件较少，法律体系整体位阶较低，缺乏法律的权威性和约束力，相关规定也比较笼统抽象，不够全面具体，可操作性不强。正如耶林所说："没有强制力的法律规则是一把不燃烧的火、一缕不发亮的光。"[①] 这必然导致生态产品价值司法实现的稳定性和透明度不足，不利于生态产品价值实现机制的建立健全和相关制度的推行。比如，浙江省作为生态产品价值实现机制探索经验较为丰富的省份之一，仍然在法治保障方面暴露出了上述问题。而对生态产品价值实现方面相关的配套制度文件进行更精细地梳理总结，结合生态产品价值实现的法治现状，可以提炼出生态产品价值实现法治保障中存在的问题，这些问题的纾解对于生态产品价值法治保障路径构建及生态产品价值实现的探索具有重要意义。整体而言，目前生态产品价值实现法治保障中存在三大问题：一是从制度文件出发，零碎化、分散化的现象十分明显，目前浙江省有关生态产品价值实现的法律文件还未形成体系，缺乏整体性和系统性。二是从法治实践出发，生态产品价值实现的法律责任分配较为零散，各个主体之间的协同联动较差，未与价值实现路径的多元性特征相匹配。三是从法治效能层面考察，生态产品价值实现的法治效能较低，制度落实的绩效存疑，并未发挥地方性法治的"小快灵"优势。

体系化是判断法律制度是否健全完备的因素之一，更是确保法律效力发挥的关键因素。尤其是对于生态产品价值实现的法律制度而言，随着对生态产品价值实现机制的探索的逐渐深入，可以发现生态产品价值实现机制越来越关注多元性，重视政府、市场、社会多方力量的发挥，强调财税、金融、补贴等多种工具方式的运用，对其法治保障的相关制度文件也从各个角度出发，多元性、多样化十分明显。然而，通过对生态产品价值实现法律制度的梳理可知，现行制度设计呈现出明显的零碎化特征，而这一特征可能会对生

[①] Rudolf von Jhering. "The Struggle for Law, trans", Chicago University Press, 1915, pp. 8-9.

态产品价值实现的推进产生一系列不利影响。

一方面，涉及生态产品价值实现的相关条文规定零碎分散。统合浙江省有关生态产品价值实现的法律文本，其大多是从生态产品价值实现的某一阶段、某一点、某一方式出发，或是强调生态补偿，或是强调自然保护区，或是强调绿色金融，等等，鲜少有关注整个生态产品价值实现过程的整体化法律制度。最关键的是，即便是关注某一处的法律文本，也并非全篇均关注生态产品价值实现问题，而只是在其中的某一章甚至是某几条法律条文中提及与生态产品及其价值实现有关的内容。概言之，大多数与生态产品价值实现相关的法律规定以法律条文的方式散见于各个法律制度之中。这些零碎分散的规定，导致很多法律条文之间有冗杂重复之嫌，抑或存在矛盾冲突问题。

另一方面，央地之间、地方之间的法律制度存在协同缺乏问题。区域协调发展战略的实现需要区域协同立法构建差异化的制度保障，区域协同立法为解决区域公共事务提供了区域规则、衔接规则，是全面依法治国背景下区域制度规范的一种制度创新。[1] 区域协同立法不仅要关注省际之间的协作，也要关注省内的市际之间的联动。基于生态环境的系统性、无边界性，许多生态产品都存在跨市现象抑或是市际之间的联动情形。许多对生态产品价值实现机制的探索存在市际之间合作的情况，如浙江省内20个县市所签署的跨流域横向生态补偿协议等。但是，现行生态产品价值实现的相关法律规定对区域协同性机制的制度供给明显不足，在跨流域、跨区域合作时多由相关部门出台地方规章作出相关规定，这些规定具有高度的针对性，但是示范性较弱。

比如生态补偿机制，其健全完善是一个系统性的长效工程。浙江省作为我国生态产品价值补偿机制构建的"先行者"，从2005年开始就展开"自上而下"的生态产品补偿制度的探索，各试点市县陆续出台了各类生态补偿地方性政策，在重点生态功能区补偿、森林生态补偿、跨省流域及省内流域横

---

① 朱最新：《区域协同立法的运行模式与制度保障》，《政法论丛》2022年第4期，第141—150页。

向生态补偿等方面都进行了深入探索，逐渐形成了小补偿与大补偿相结合的"德清模式"、生态受益区对生态功能区补偿的"杭州模式"、市场化补偿与多元化补偿结合的"青山村模式"、上下游横向生态补偿的"新安江流域模式"等。尤其是金华市流域生态服务"双向补偿"机制，已经成为生态产品价值补偿机制的典型模式，并推广至全国各地。整体而言，浙江省的生态产品价值补偿机制效果显著，令省内的生态效益、经济效益和社会效益都有所提升，但是目前浙江的生态补偿模式多是转移支付、财政补贴等以政府为主导的资金补偿，补偿方式相对单一，"输血型"补偿过多，"造血型"补偿偏少。多元化补偿模式和渠道也有待继续探索。[1]整体而言，浙江省尚未形成一个具有实质性的生态补偿机制，在配套制度层面仍然不健全，而且生态产品的补偿方式也较为单一，生态补偿标准相对偏低，资金筹集方面也存在一定的困难，同时还存在生态补偿参与主体积极性不高、长效机制匮乏等问题。在后期完善推广该典型案例时，还要关注金华市这一典型模式在实践中暴露出来的问题，尤其是关注生态环境系统服务功能补偿时的配套制度设计、技术支撑、资金储备方面。只有正视这些不足并努力探索解决以上问题，才能为进一步推动生态产品价值实现提供一个更加完善的实现模式。

最初意义上的生态产品价值实现法律机制的边界在于自然要素保护，如土壤保持、水源涵养、洪水调蓄、防风固沙等。随着生态文明建设和"绿水青山就是金山银山"理念的强化，生态产品价值实现法律机制的边界逐步扩展为国家公园、国家湿地、风景名胜区、国家地质公园等[2]，生态产品价值实现的内涵和外延正伴随着社会经济发展与生态文明建设的推进逐步升华。与之相应的是，生态产品价值实现法律机制的边界不应局限于自然生态系统，而应有更为广泛且准确的界定，使生态产品价值实现具有更大的辐射力。但

---

① 马家龙：《市场化多元化生态保护补偿的浙江实践及启示》，《中国国土资源经济》2020 年第 1 期，第 4—10 页。

② 陈佩佩、张晓玲：《生态产品价值实现机制探析》，《中国土地》2020 年第 2 期，第 12—14 页。

目前生态产品价值实现机制的边界局限于自然生态系统，明显缺乏更广泛的统筹，导致该法律机制发挥的实际效果不够理想。确切地说，单纯以自然生态系统划定的法律机制边界，不足以包含现实状态下生态产品价值实现方式的多元性和体系性，也不能对生态产品价值实现起到应有的保障作用，缺乏系统性。[①] 从法律效力层级来看，生态产品价值实现缺少法律级别的制度保障，大多集中在效力层次更低的规范性文件这一级别，存在法律文件碎片化现象，并未形成一个系统完整的法律体系。[②]

第三节　司法实现路径单一

检视我国生态产品价值司法实现的现实情况可以发现，司法实现的路径呈现出单一样态，主要集中于诉讼手段，然而司法实现不只包括诉讼手段，还有调解、和解、仲裁等多种非诉纠纷解决机制，学界也冠之以"替代性纠纷解决机制"之名，指一个社会已经存在的或将要实现的化解生态产品及其价值相关纠纷的各种诉讼外解决方法的有机组合及运行，包括传统的协商、调解、仲裁、行政裁决及谈判、微型审理、早期中立评估及法院附设 ADR（替代争议解决方式）等。[③] 随着司法进程的推进，非诉纠纷解决机制逐渐得到完善发展，甚至创设出来一些将多种非诉纠纷解决机制融合运用的情形，而在生态环境司法领域的非诉纠纷解决机制也与诉讼纠纷解决机制相融合，

---

① 方印、李杰、孙笑笑：《生态产品价值实现法律机制：理想预期、现实困境与完善策略》，《环境保护》2021 年第 9 期，第 32 页。
② 方印、李杰、孙笑笑：《生态产品价值实现法律机制：理想预期、现实困境与完善策略》，《环境保护》2021 年第 9 期，第 32 页。
③ 周伯煌、付景新：《我国林权纠纷非诉解决机制的困境及其突破》，《世界林业研究》2010 年第 4 期，第 56—60 页。

诉前调解、诉前磋商、环境仲裁等非诉纠纷解决机制发挥着推动生态环境纠纷解决的关键作用。但是在生态产品价值实现层面，却尚未体现出良好的现状和发展前景，不仅诉讼手段亟须进一步优化完善，非诉手段也尚未真正地发挥实际效果，暴露出了生态产品价值的司法实现路径单一问题。

生态产品价值的司法实现路径单一导致司法的功能未能充分发挥。司法功能包含了法理功能和社会功能，这两种功能都未发挥出最大功效。从司法最基本的法理功能出发，纠纷解决是司法的主要功能。多元纠纷解决机制是目前法律界的关注重点。党的十九届四中全会提出，要完善社会矛盾纠纷多元预防调处化解综合机制。[①] 2021 年 2 月，中央全面深化改革委员会第十八次会议审议通过《关于加强诉源治理推动矛盾纠纷源头化解的意见》，提出要加强矛盾纠纷源头预防、前端化解、关口把控，完善预防性法律制度，从源头上减少诉讼增量。学界多数学者认为，多元纠纷解决机制是指社会中多种类型解纷方式以其独特功能所建构的一种相互协调和有机衔接的体系，是能够满足多元社会主体解纷需求的程序规范总和。多元纠纷解决机制的优势之一在于能够在诉前通过调解、和解、仲裁和行政裁决等非诉纠纷解决方式将纠纷分流出去，并在诉调转化阶段化解纠纷，缓解诉讼压力。通过对纠纷实施快速的繁简分流，实现诉讼纠纷解决机制与非诉纠纷解决机制二者间的有机协调与高效转换。这些解纷类型具体包括和解、调解、仲裁、行政裁决、行政复议和诉讼。司法机关是社会纠纷解决机制中的核心主体，也是全社会多元纠纷解决机制的引导者和推动者，司法能力亦应体现为司法在引导多元纠纷解决机制方面的能力。

司法的法理功能和社会功能之间存在密切联系，社会功能是法理功能的延伸和衍生，司法在法理功能层面的多元化机制构建对其社会功能的发挥必然产生影响。基于此，司法的社会功能也应该是多元的。诉讼解决机制和非

---

① 年颖：《借助人民调解实质性化解矛盾纠纷》，《检察日报》，2023 年 8 月 7 日。

诉解决机制都发挥了社会功能,那么在生态产品价值的司法实现中,司法实现作为社会功能发挥的表现形式之一,其路径也应该是多元化的。学术界和实务界越来越重视对生态环境纠纷多元化解机制的研究,并主要集中于生态环境纠纷多元化解机制建设的意义、思想、主体、程序、组织与保障等方面,呈现从制度分析到过程分析、从宏大叙事到微观实证、从"西方中心主义"到"本土资源论"等法社会学研究的转向,但同时也存在缺乏对生态环境纠纷多元化解机制建设及其实效评价的研究的问题。而从法社会学角度观察,关于生态环境纠纷多元化解机制的社会学研究仍很欠缺,缺乏理论的连续性和系统性。① 在司法实践中,生态环境纠纷多元化解机制的落实不够全面和完美。梳理相关司法实践,主要采用诉讼机制发挥其社会功能,大量关乎生态产品价值实现的司法案例都集中于司法诉讼,通过诉讼的方式予以解决,仲裁、调解、和解等非诉纠纷解决机制尚未充分发挥功效。这也与生态环境纠纷解决机制的发展现状密切相关。整体而言,生态环境纠纷解决机制发展比较完善,私益诉讼、公益诉讼的建构逐渐完善,但这仅仅体现出生态环境纠纷中的诉讼解决机制的发展情况,而非诉纠纷解决机制正面临着缺少规范支撑及实践运用较少的局面。② 在当前生态破坏、环境污染问题日趋严重、生态环境司法案件类型日趋多元的背景下,使非诉纠纷解决机制适用于生态环境司法领域是必行之路。③

另外,在人与自然和谐共生理念的指导下,生态环境司法逐渐强调兼顾预防和治理两种作用,生态产品价值在司法领域的实现也需要从预防和治理两个角度落实。预防角度主要强调对生态产品价值的保值甚至增值,治理角

---

① 张西恒:《近年来国内环境纠纷多元化解机制研究述评》,《郑州大学学报(哲学社会科学版)》2018年第2期,第30—34页、第158页。

② 吴昂:《论生态环境法典编纂中纠纷解决机制的构建》,《中国法律评论》2022年第2期,第50—59页。

③ 秦传熙、丁鑫:《环境民事公益诉讼诉前调解机制之制度价值和体系架构》,《人民司法》2020年第22期,第46—51页。

度则更侧重于强调恢复生态产品的价值。但是，目前在生态产品价值的司法
实现中并没有充分实现这两种作用的兼顾，而是更侧重于强调治理角度，通
过司法方式予以恢复性救济，并未重视预防性作用的发挥。比如，生态环境
司法禁令制度作为"停止侵害、排除妨碍、消除危险等责任形式背后的实体
制度"，发挥着生态环境司法的预防功能，是重要且关键的生态环境司法预防
手段之一，但是在现行制度设计下，我国尚未对生态环境司法禁令作出具体
规定，这导致生态环境司法禁令的法律性质不明确、功能定位不清晰，无法
与行政救济路径下的行政命令协调、互动，并引发了司法适用的诸多难题。
在生态环境价值司法实现领域，生态环境司法禁令制度也存在实践上的困境，
甚至在具体运用中，常与行政法规制下的、以预防与修复生态环境损害为目
的的行政命令出现混淆、重叠的情形。

第四节　司法实现的技术障碍

　　生态产品价值的司法实现也需要价值评估量化等相关技术的支持，主要
表现为计算方式。计算方式的准确性不仅影响当事人的权益，也影响法官行
使裁量权的结果。前文已提及，目前我国已经形成了"中央＋地方"生态产
品价值损失鉴定评估技术体系。不同行政机关针对不同的环境因子、污染类
型，也制定了更加细化的技术标准。此外，还有一些生态产品价值损失评估
导则，比如根据《生态环境损害鉴定评估技术指南 总纲和关键环节 第1部
分：总纲》（GB/T 39791.1—2020）的规定：当受损区域生态环境及其服务功
能可恢复或部分恢复时，应选择等值分析方法量化可恢复部分的生态环境损
害价值；当受损区域生态环境及其服务功能不可恢复或只能部分恢复时，应
选择适合的环境价值评估方法量化不可恢复部分的生态环境损害价值。通过

实践考察发现，如果受损的环境以提供资源为主，则采用资源等值分析方法，选择资源数量、密度等指标量化计算；如果受损的环境以提供生态环境系统服务为主，或兼具提供资源与生态环境系统服务功能，则采用服务等值分析方法，选择森林面积等指标量化计算。对于生态环境系统服务功能的损害，应明确受损生态环境系统服务功能类型，并根据功能或服务类型选择适合的量化指标。[①] 生态环境系统服务功能损失期间的损失，应当按照其与生态环境修复之间的关系确定。对生态环境系统服务功能损失期间进行计算的常见类型包括单独计算、类比计算、虚拟计算三种。整理分析近五年国内与生态产品相关的典型司法案例，可发现国内关于生态产品的纠纷数量逐年上升，涉及生态产品价值评估量化的案件数量越来越多，生态产品价值实现具体规则的司法缺位所暴露的司法困境逐渐凸显。

第一，生态产品识别判断困境重重。比如，在赵成春等六人非法采矿案件中，江砂是否是生态产品是本案的争议焦点之一。最终，法院根据江砂的主要成分为石英，按《中华人民共和国矿产资源法实施细则》规定的非金属矿产中的天然石英砂（建筑用砂），将其归属矿产资源，赋予其财产价值，判定其属于生态产品，并以《最高人民法院最高人民检察院关于办理非法采矿、破坏性采矿刑事案件适用法律若干问题的解释》为法律依据对其进行价值评估，从采砂工作原理、盗采运作模式入手，合理确定价格认定节点。对于采运双方未事前通谋，在采砂现场予以销售的，应以出水价格认定；对于采运一体实施犯罪，非法采砂后运至市场被砂商收购的，应以抵岸价格认定；销售地点难以确定的，一般应以较近的抵岸地为价格认定节点。[②]

第二，生态产品价值量化评估矛盾凸显。目前大量有关生态产品的案件都涉及生态产品价值评估量化，既有民事案件，如重庆市江瑚红砖有限公司

---

① 郭超、王伟、古清月、吕俊岗：《非法采矿类公益诉讼案生态环境损害鉴定评估的审查要点探析》，《环境保护》2022 年第 18 期，第 54—58 页。
② 江苏省镇江市中级人民法院：（2017）苏 11 刑终 85 号。

与黔张常铁路有限责任公司等缔约过失责任纠纷案，重庆渝广梁忠高速公路有限公司与重庆市合川区大光明煤业有限责任公司等财产损害赔偿纠纷案，遵化鑫隆矿业有限公司与国网山东省电力公司、国网冀北电力有限公司财产损害赔偿纠纷案；也有行政案件，如丹东金钥匙勘探开发有限公司与丹东市人民政府行政诉讼案，广州市增城绿创宝农业种植场与广州市增城区林业和园林局资源行政管理、林业行政管理（林业）行政诉讼案，游某松与兰溪市人民政府土地行政强制及行政赔偿纠纷案等；也不乏刑事案件，如郭某滥用职权案、黄某振盗伐林木案等。这些案件大多在评估机构的资质性、评估报告的合理性、评估依据的充足性等方面存在争议，法院除了对机构资质、报告条件等基础性条件进行审查外，还会考虑评估机构、评估依据、评估报告法的公平性、公正性。

第三，生态产品价值量化方法博弈激烈。生态产品价值的评估量化方法形形色色，本书分析的案件中采用的价值评估量化方法大多沿用传统资源评估量化方法，如丰宁长阁矿业有限公司与北京铁路局物权保护纠纷案中采用现金流量法，贵州省黔西县（现黔西市）恒康源饮品开发有限公司、贵州省水利投资（集团）有限责任公司财产损害赔偿纠纷案中采用收入权益法、替代市场技术法，深圳翔峰容器有限公司与深圳市发展和改革委员会行政案中采用市场价值评估法，张永明与张鹭等生态破坏民事公益诉讼案中采用意愿价值法等。方法的多样性和差异性引发的矛盾争议越发尖锐。

由于生态产品价值量化关涉价值来源、方法确定、价格体系、价值模型等，目前，关于生态产品价值的量化制度的建构和司法审查尚处于探索阶段，这是一个复杂的系统工程，并且局部问题争议较大。加上生态产品个体消费具有不可计量性、价值多维性等，致使国内司法界尚未形成一套成熟规范、具有普遍推广性的生态产品量化方法体系，司法审判中，生态产品价值评估多依赖于双方当事人约定或单方自行选定第三方评估机构进行评估，具体的法律规范亟待优化完善。

第四章

生态产品价值司法实现的地方经验考察

2017 年 8 月，中共中央、国务院发布《关于完善主体功能区战略和制度的若干意见》，明确提出对生态功能区县地方政府考核生态产品价值，并将贵州、江西等地的一些城市列为国家生态产品价值实现机制试点地区。之后，全国各地纷纷在法治层面对生态产品价值实现机制展开探索，运用法治手段保障生态产品价值实现机制的落实，推动价值实现，助推"绿水青山转化为金山银山"。

河南省、福建省、山东省、海南省、江西省、吉林省等地为贯彻落实中央发布的《意见》，也为了保障推动生态产品价值实现机制的全面建立，根据法律、国务院颁布的行政法规及部门规章，纷纷结合本地区的生态环境发展情况、经济发展水平、生态环境法治现状等，制定了一系列有关生态产品价值实现的实施意见，或者就生态产品价值实现的某一机制出台专门指导意见，抑或是使其以法律条文的形式出现在某些生态环境法律文件之中。这些法律制度或者法律条文在一定程度上促进了对地方生态产品价值实现机制的探索，使生态产品价值司法实现的机制探索及过程更加规范化和有序化。为保证制度文件样本的全面性和数据的准确度，以"生态产品"为关键词对各地现行有效的地方性法规、地方政府规章、地方规范性文件和地方工作文件进行全文检索，截至 2022 年 10 月 1 日，符合条件的地方性法规共有 2618 部，其中包括地方性法规 27 部、地方政府规章 4 部、地方规范性文件 867 部和地方工作文件 1720 部。对这些文件进行整理可发现，其整体布局是以生态产品价值实现路径的阶段为视角，从生态产品调查监测开始，经过价值评价、经营开发、保护补偿，最终实现价值，总共分为四个阶段，对每一阶段的实践现状、特点、困境等各种因素，匹配相应的法治保障方案和规划目标。

本书共选取山东省、河北省、江西省、海南省、吉林省等 11 个省份（直辖市），分布在中国东北、华北、华中、华东、华南五个区域。这 11 个省份（直辖市）均包含了经济发展情况良好、生态环境状态优良的典型生态文明建设城市，最关键的是，其探索生态产品价值实现机制的时间较长，且均具有典型性、代表性的生态产品价值实现案例。对其生态产品价值实现的相关制度文件内容进行梳理分析，可提炼出全国生态产品价值司法实现的地方经验。这 11 个省份（直辖市）对推进生态产品价值实现进行了深入的探索和实践，尤其是在法治保障方面，这为生态产品价值的司法制度实现提供了很多值得参考的经验。

第一节　地方经验之宏观观察

聚焦本书所选取的 11 个省份（直辖市），涉及"生态产品"的地方性立法样本共 993 部，包括地方性法规 13 部、地方政府规章 2 部、地方规范性文件 349 部和地方工作文件 629 部，"生态产品"字样出现总次数达 3331 次（表4-1）。

通过检索将符合要求的地方性法规按数量分为两类：第一类是颁布地方性立法样本数量小于100部的省份（直辖市），包括吉林省、河北省、山西省、海南省、天津市5个。第二类是颁布地方性立法样本数量大于100部的省份（直辖市），包括江苏省、河南省、贵州省、江西省、福建省、山东省6个。在第一类的5个省份（直辖市）中，海南省的地方性立法样本数量虽然在30部以下，但是其"生态产品"的出现次数却高达174次。尤其是2016年之后，在地方性立法样本不断增加的同时，"生态产品"的出现频次也逐渐增加。

表4-1　对11个省份（直辖市）的地方性立法样本数量统计

类型	省份（直辖市）	数量	"生态产品"出现次数
数量＜100	吉林省	69	185
	河北省	66	156
	山西省	40	71
	海南省	29	174
	天津市	17	46
数量＞100	江苏省	129	328
	河南省	108	342
	贵州省	109	417
	江西省	162	677
	福建省	149	528
	山东省	115	407

一、地方立法样本总览

第一，在地方性法规层面，主要有12部省级地方性法规、1部设区的市地方性法规。在本书选取的11个省份（直辖市）中，只有吉林省和河南省没有符合检索条件的地方性法规，但是河南省有一部于2022年7月30日发布、尚未生效的《河南省气象信息服务条例》，里面提到要针对气候生态产品建立健全相应的生态产品价值实现机制。[①] 除此之外，福建省的地方性法规数量最多，共有 3 部，分别聚焦于乡村振兴领域、生态公益林和生态文明建设，河北省、山东省和江西省各有 2 部地方性法规。天津市、江苏省、贵州省和海南省各有 1 部省级地方性法规（表 4-2）。

表 4-2　涉及"生态产品"的地方性法规统计

省份（直辖市）	地方性法规	"生态产品"出现次数
天津市	《天津市碳达峰碳中和促进条例》	1
河北省	《白洋淀生态环境治理和保护条例》	1
	《河北省农村扶贫开发条例》	1
山东省	《东营市黄河三角洲生态保护与修复条例》	3
	《山东省长岛海洋生态保护条例》	4
江苏省	《苏州市太湖生态岛条例》	1
贵州省	《贵州省国有林场条例》	1
江西省	《江西省候鸟保护条例》	3
	《江西省生态文明建设促进条例》	1
福建省	《福建省乡村振兴促进条例》	1
	《福建省生态公益林条例（2021 修正）》	1
	《福建省生态文明建设促进条例》	3
海南省	《海南省生态保护补偿条例》	1

这 11 个省份（直辖市）的地方性法规共出现"生态产品"字样 22 次，其中在省级地方性法规中出现 18 次，在设区的市地方性法规中出现 4 次。尤

[①] 《河南省气象信息服务条例》第 22 条：县级以上人民政府及有关部门应当组织开展农产品气候品质认证，建立绿色 GDP 气象评价指标体系，创建气象公园、天然氧吧、避暑旅游地、气候宜居地、特色气候小镇等，建立健全气候生态产品价值实现机制。推进气象信息在粮食生产、特色农业、农业保险等领域中的应用。

其是在 2016 年之后，该字样出现频次逐渐增多，呈现出上升趋势，这也与我国提高对绿水青山转化为金山银山和生态产品价值实现的重视程度有着密切关系（表 4-3、图 4-1）。地方性法规所涉及的事项比较广泛，既包括乡村、城镇、景区生态环境保护问题，也包括生态保护补偿、生态环境治理、生态保护修复等问题。

表 4-3 地方性法规中"生态产品"出现次数统计

省份（直辖市）	省级地方性法规	设区的市地方性法规	"生态产品"出现次数
吉林省	0	0	0
天津市	1	0	1
河北省	2	0	2
山西省	0	0	0
山东省	4	3	7
江苏省	0	1	1
河南省	0	0	0
贵州省	1	0	1
江西省	4	0	4
福建省	5	0	5
海南省	1	0	1
总计	18	4	22

2015 年修订的《中华人民共和国立法法》赋予了设区的市、自治州政府在有关城乡建设与管理、环境保护、历史文化保护等事项范围内的行政立法权，但是就本书所选取的 11 个省份（直辖市）而言，"生态产品"字样在设区的市出现的频次并不高，仅有《东营市黄河三角洲生态保护与修复条例》和《苏州市太湖生态岛条例》2 部设区的市地方性法规含有"生态产品"字样，约占地方性法规总数的 8%，其涉及"生态产品"字样的条文内容亦是建

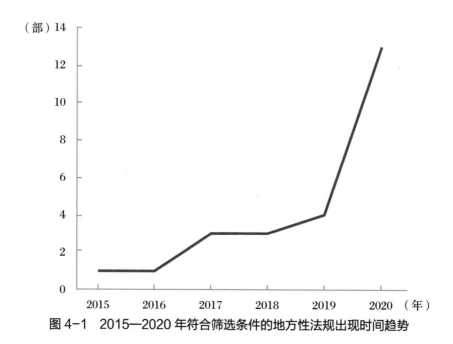

图 4-1　2015—2020 年符合筛选条件的地方性法规出现时间趋势

立生态产品价值实现机制。其中，《东营市黄河三角洲生态保护与修复条例》强调培育形成多元化生态产品价值实现路径[①]，而《苏州市太湖生态岛条例》则围绕太湖生态岛探索建立生态产品价值实现路径[②]。

　　第二，在地方政府规章层面，只有南京市人民政府于 2021 年 9 月 12 日发布的《南京市生态保护补偿办法》和抚州市人民政府于 2019 年 7 月 16 日公布的《抚州市生态文明建设促进办法》这 2 部地方政府规章。其中，《南京市生态保护补偿办法》出现两次"生态产品"字样，主要是关注生态产品的

---

① 《东营市黄河三角洲生态保护与修复条例》第 47 条：市、县（区）人民政府应当建立生态产品价值实现机制，完善财政、产业、金融、投资、资源环境等多种政策措施，培育形成多元化的生态产品价值实现路径。
② 《苏州市太湖生态岛条例》第 18 条：市、吴中区人民政府应当结合太湖生态岛的功能定位、自然禀赋和资源环境承载能力，发展生态经济、循环经济和智慧经济，研究制定农文体旅融合发展的扶持引导政策，探索有利于生态优先、绿色发展、惠民富民的太湖生态岛生态产品价值实现路径。

提供①,《抚州市生态文明建设促进办法》则强调通过部门合作建立健全生态产品价值实现机制②。

第三,在地方规范性文件方面,最早出现"生态产品"字样的是江西省鹰潭市人民政府办公室于 2006 年 10 月 18 日发布的《关于印发今冬明春植树造林工作实施意见的通知》,明确强调林业肩负着为社会生产物质产品、文化产品责任的同时,还肩负着提供生态产品的重任,着重强调生态产品的生态效益价值。自此之后,所发布的地方规范性文件数量增加,2016 年之后,书中所选的 11 个省(直辖市)每年颁布的地方规范性文件数量均超过 10 部(表4-4)。聚焦于地级行政区,由各省地级行政区所发布的有关生态产品的相关地方规范性文件可见,各省地级行政区对生态产品的关注程度日益提高,尤其是在 2014 年之后,江苏省和河北省发布与"生态产品"相关的地方规范性文件的地级行政区数量分别增至 5 个和 2 个。2016 年后,越来越多的地级行政区开始发布与"生态产品"相关的地方规范性文件(表 4-5)。

第四,在地方工作文件方面,最早出现"生态产品"字样的是吉林省人民政府办公厅于 2004 年 9 月 14 日发布的《振兴吉林老工业基地 2004—2005 年实施要点》,但是该文件对"生态产品"的理解近似于"生产农产品",与现今的"生态产品"含义并不相同。最早出现"生态产品"且内涵与现今的"生态产品"近似的地方工作文件是山东省人民政府于 2011 年 4 月 6 日发布的《山东省国民经济和社会发展第十二个五年规划纲要》,该文件表示生态产品的本质就是生态建设与生态产业的结合。在地方工作文件方面,至 2012 年,

---

① 《南京市生态保护补偿办法》第 9 条:本市建立健全政府主导的生态保护补偿机制,对重要生态保护区域予以财政补助。重要生态保护区域是指根据国家、省、市国土空间规划、环境保护规划,对维护生态安全、改善生态环境、提供优质生态产品具有重要意义的生态空间。
《南京市生态保护补偿办法》第 11 条:本市按照应保尽保的原则,根据生态保护和生态产品产出能力的实际需求,逐步扩大实施重要生态保护区域的范围。
② 《抚州市生态文明建设促进办法》第 26 条(第 1 款):市、县(区)人民政府发展和改革、国有资产、自然资源、生态环境、林业、水利等主管部门应当逐步建立健全生态产品价值实现机制、环境治理和生态保护市场化机制,积极推进全民所有自然资源资产有偿使用试点工作,培育市场化交易主体和产品。探索推进排污权交易、碳排放权交易、水权交易、用能权交易机制建设。

表4-4 涉及"生态产品"的地方规范性文件年度新增数量分布统计

省份（直辖市）	2004年	2005年	2006年	2007年	2008年	2009年	2010年	2011年	2012年	2013年	2014年	2015年	2016年	2017年	2018年	2019年	2020年	2021年	2022年
吉林省									1		1	2	5	2	9	9	5	6	1
天津市														2			1	2	1
河北省									1	1	3		9	1	2	1	7	1	4
山西省						1		1					4		3			4	2
山东省									1		1	1	1	3	4		10	5	3
江苏省								1		2	5		2	5	6	3	14	10	4
河南省							1			1	1	1	2	4	5	1	4	4	3
贵州省											2		1	7	7	2	5	3	6
江西省			1			1					1		4	3	9	6	17	12	10
福建省						1				1			3	7	8	4	4	9	
海南省									1				3	1	1		2	4	3

表4-5 发布涉及"生态产品"的地方规范性文件的地级行政区统计

发布年份	吉林省	天津市	河北省	山西省	山东省	江苏省	河南省	贵州省	江西省	福建省	海南省
											地级行政区
2006									鹰潭		
2007											
2008											
2009									吉安		
2010				太原				遵义			
2011						南京					
2012			邢台			扬州					白沙黎族自治县
2013			保定		潍坊	镇江	濮阳				
2014			石家庄、承德		泰安	南通、苏州、宿迁、盐城、连云港		黔南布依族苗族自治州	上饶		
2015	松原										
2016	四平、白山		石家庄、邯郸、邢台、衡水	太原、忻州		徐州		黔东南州苗族自治州	鹰潭、宜春	龙岩	

续表

地级行政区

发布年份	吉林省	天津市	河北省	山西省	山东省	江苏省	河南省	贵州省	江西省	福建省	海南省
2017	延边朝鲜族自治州、白山、吉林（市）		邢台	大同、晋城、晋中	济南、德州	南京、常州	商丘、信阳	黔东南州自治州、安顺、六盘水	上饶	厦门、漳州、福州、南平	三亚
2018	四平、通化、白山、吉林（市）		承德	忻州	青岛、潍坊	南京、无锡	信阳、驻马店	黔东南州自治州、安顺、六盘水	萍乡	厦门	文昌、琼海
2019			沧州	阳泉		南京、南通、扬州		安顺、六盘水			文昌
2020	延边朝鲜族自治州、白山		唐山、邯郸、邢台、衡水、承德	太原、晋城、朔州、运城	济南、青岛、烟台、淄博、东营、临沂、滨州	南京、南通、无锡、苏州、镇江、常州、泰州	商丘、驻马店	遵义	鹰潭、上饶、抚州	福州、厦门	
2021	长春、四平		唐山、保定、廊坊、衡水	太原、忻州	济南、青岛、德州	扬州、苏州	鹤壁	毕节	赣州、抚州、吉安	三明	
2022			唐山、张家口、沧州	太原	济南、威海	南京、常州	郑州、洛阳				

涉及"生态产品"的地方工作文件数量就超过了 20 部，至 2016 年已超过 140 部，而 2021 年一整年，新增的涉及"生态产品"的地方工作文件数量就超过了 130 部（表 4-6）。就地级行政区而言，在 2013 年，河南省有 9 个地级行政区发布了关于生态产品的地方工作文件，占据了河南省一半以上的地级行政区，着重强调"增强提升生态产品的生产能力"（表 4-7）。

第五，对生态产品价值实现的各类地方制度文件进行整理分析时，既要从宏观层面出发，把握规律，分析其发布机关、发布时间和关注的领域，也要从微观层面出发，对制度文件进行细致剖析，并对比分析浙江省在生态产品价值实现机制的法治保障层面存在的缺陷。为提升制度分析的准确度和分析结果适用的可行性，本书仅选取省级的且对生态产品及其价值实现具有直接法治保障作用的地方性制度文件展开分析（表 4-8）。

二、地方立法样本的经验

（一）地方立法样本的发布机关的分析与经验

对 11 个省份（直辖市）的相关政策文件发布机关进行统计分析可发现，与生态产品价值实现有关的政策文件的发布机关均以省委办公厅、省政府办公厅为主（天津市的相关政策文件发布机关为市委办公厅、市政府办公厅）（图 4-2），其中，吉林省、河北省、江苏省、河南省、海南省及天津市均由这两个机关发布相关政策文件。其次较为常见的发布机关就是政府各部门，就本书所选取的 11 个省份（直辖市）而言，呈现出政府多部门参与立法的样态，既有与生态产品价值实现关联紧密的政府部门参与立法活动，如环境保护、自然资源、林业、水利、财政、旅游等相关部门及发展和改革委员会，还有一些联系并不紧密的政府部门，如商务厅、统计局等。尤其是山东省和山西省这两个处于华北地区的省份，生态产品价值实现相关政策文件的发布机关主要集中于政府各部门。除此之外，河北省第十三届人大常委会于 2020 年 3 月发布的《河北省生态环境保护条例》中，也涉及生态产品价值实现的相关内容。

表4-6 涉及"生态产品"的地方工作文件年度新增数量分布统计

省份（直辖市）	2004年	2005年	2006年	2007年	2008年	2009年	2010年	2011年	2012年	2013年	2014年	2015年	2016年	2017年	2018年	2019年	2020年	2021年	2022年
吉林省	2			2				1	2		2	4	4	5	4		2	5	4
天津市									1					1				4	4
河北省												1	5	6	2	1		2	11
山西省										1				2	3		3	4	6
山东省								1		2	1	1	3	6	17	7	5	26	17
江苏省			1							4	5	3	8	8	7	9	6	19	4
河南省				3	1			1	1	12	4	2	9	9	7	7	3	15	10
贵州省									1				8	5	16	6	7	11	20
江西省										1	1	5	10	1	5	6	11	22	33
福建省	1		1			1		3	3	2	2	2	19	8	8	11	10	25	13
海南省									1					2	2	1		3	4

表4-7 发布涉及"生态产品"的地方工作文件的地级行政区统计

发布年份	地级行政区										
	吉林省	天津市	河北省	山西省	山东省	江苏省	河南省	贵州省	江西省	福建省	海南省
2006										泉州	
2007	长春、吉林市					扬州	三门峡、南阳				
2008							鹤壁				
2009											
2010											
2011				太原						三明	
2012					潍坊	南京、苏州	洛阳、平顶山、焦作、鹤壁、新乡、濮阳、南阳、商丘、周口			三明、龙岩	白沙黎族自治县
2013					青岛	南京、无锡、泰州	新乡、许昌、三门峡			三明	
2014											

续表

发布年份	吉林省	天津市	河北省	山西省	山东省	江苏省	河南省	贵州省	江西省	福建省	海南省
2015	通化		邯郸		潍坊	南京	鹤壁		九江、上饶、新余、吉安		
2016	延边朝鲜族自治州、白山		承德	临汾	东营、滨州	徐州、无锡、镇江、常州、淮安、泰州	鹤壁、开封、濮阳、许昌、信阳	黔东南州、黔西南布依族苗族自治州、铜仁	南昌、九江、抚州、吉安	福州、三明、莆田、泉州、漳州、南平、龙岩、宁德	
2017	长春、延边朝鲜族自治州、四平		保定、承德、廊坊	太原、晋中	德州	南京、苏州、镇江、常州、淮安	平顶山、焦作、新乡、安阳、南阳	贵阳、六盘水	赣州	漳州、南平、龙岩	三亚
2018	辽源、吉林市		承德	长治	济南、青岛、淄博、烟台、威海、东营、日照、德州	南京、南通、徐州、无锡、淮安	郑州、安阳、南阳、商丘、信阳	贵阳、黔东南州自治州、六盘水	南昌、九江、萍乡	福州、莆田、南平、龙岩	文昌、琼海
2019			廊坊		淄博、威海、菏泽、潍坊、德州、聊城	南京、徐州、常州、淮安	郑州、平顶山、安阳、南阳、驻马店	贵阳、毕节	南昌、九江、萍乡	南平	文昌

续表

发布年份	吉林省	天津市	河北省	山西省	山东省	江苏省	河南省	贵州省	江西省	福建省	海南省
								地级行政区			
2020	吉林市			大同、临汾	青岛、烟台、淄博	扬州、常州	洛阳、许昌	黔东南州自治州	鹰潭、上饶、新余、吉安	三明、南平	
2021	辽源、松原、吉林市			吕梁	济南、青岛、烟台、淄博、威海、东营、济宁、菏泽、枣庄、德州	南京、无锡、常州、宿迁	洛阳、焦作、新乡、安阳、许昌、南阳、驻马店	贵阳、六盘水	南昌、上饶、新余	福州、厦门、三明、南平、龙岩、宁德	
2022			秦皇岛、承德	太原、长治、吕梁、忻州	济南、青岛、烟台、淄博、东营	苏州	郑州、洛阳、安阳、驻马店	黔东南州自治州、黔南苗族侗族自治遵义、安顺、铜仁	南昌、九江、景德镇、赣州、上饶、新余	福州、厦门、三明、漳州	

表4-8　11个省份（直辖市）生态产品价值实现地方制度文件分析样本

发布省份（直辖市）	制度名称	发布时间	发布机关
吉林省	《关于建立健全生态产品价值实现机制的实施意见》	2021年12月31日	中共吉林省委办公厅、吉林省人民政府办公厅
	《关于推进绿色金融发展的若干意见》	2019年11月8日	吉林省人民政府办公厅
天津市	《天津市建立健全生态产品价值实现机制的实施方案》	2022年2月16日	天津市市委办公厅、市政府办公厅
	《天津市湿地生态补偿办法》	2021年2月25日	天津市人民政府办公厅
河北省	《河北省生态环境保护条例》	2020年3月27日	河北省人民政府办公厅
	《关于建立降碳产品价值实现机制的实施方案（试行）》	2021年9月20日	河北省人民政府办公厅
	《关于银行业保险业发展绿色金融 助力碳达峰碳中和目标实现的指导意见》	2020年3月27日	河北银保监局
山西省	《关于建立健全生态产品价值实现机制的实施意见》	2022年5月16日	山西省发展和改革委员会、山西省财政厅、山西省自然资源厅、山西省生态环境厅、山西省水利局、山西省农业农村厅、山西省商务厅、山西省文化和旅游厅、山西省统计局、山西省林业和草原局、中国人民银行太原中心支行
山东省	《贯彻落实〈中共中央办公厅 国务院办公厅关于建立健全生态产品价值实现机制的意见〉的实施方案》	2021年9月29日	山东省发展和改革委员会、山东省自然资源厅、山东省生态环境厅、山东省统计局、山东省地方金融监督管理局
	《山东省海洋环境质量生态补偿办法》	2020年12月22日	山东省财政厅、山东省生态环境厅、山东省自然资源厅、山东省海洋局
	《山东省森林生态补偿办法（试行）》	2021年11月11日	山东省财政厅、山东省自然资源厅
江苏省	《江苏省建立健全生态产品价值实现机制实施方案》	2022年3月15日	中共江苏省委办公厅

续表

发布省份（直辖市）	制度名称	发布时间	发布机关
河南省	《关于建立健全生态产品价值实现机制的实施意见》	2022 年 1 月 6 日	中共河南省委办公厅、河南省人民政府办公厅
	《河南省城市环境空气质量生态补偿暂行办法》	2017 年 6 月 25 日	河南省人民政府办公厅
	《河南省水环境质量生态补偿暂行办法》	2017 年 6 月 25 日	河南省人民政府办公厅
贵州省	《贵州省建立健全生态产品价值实现机制行动方案》	2022 年 7 月 29 日	中共贵州省委办公厅、贵州省人民政府办公厅
	《关于加快绿色金融发展的实施意见》	2016 年 11 月 22 日	贵州省人民政府办公厅
	《贵州省 2022 年度绿色金融创新发展工作方案》	2022 年 5 月 17 日	贵州省绿色金融创新发展工作领导小组办公室
江西省	《关于建立健全生态产品价值实现机制的实施方案》	2021 年 6 月 23 日	中共江西省委、江西省人民政府
	《关于印发〈江西省流域生态补偿办法〉的通知》	2018 年 1 月 29 日	江西省人民政府
	《赣江新区建设绿色金融 改革创新试验区实施细则》	2018 年 1 月 2 日	江西省人民政府
	《江西省绿色金融发展规划（2022—2025 年）》	2022 年 7 月 12 日	江西省绿色金融改革创新工作领导小组办公厅
	《关于推动银行业保险业发展绿色金融 支持全面建设美丽江西的指导意见》	2022 年 5 月 9 日	江西银保监局
福建省	《关于建立健全生态产品价值实现机制的实施方案》	2022 年 3 月 24 日	福建省发展和改革委员会
	《关于加快推进全域生态旅游的实施方案》	2018 年 6 月 1 日	福建省旅发委
	《福建银保监局关于银行业保险业推进绿色金融发展的指导意见》	2021 年 5 月 7 日	福建银保监局
	《关于加强绿色金融和环境信用评价联动助推高质量发展的实施意见》	2018 年 8 月 24 日	福建省环境保护厅、中国人民银行福州中心支行、中国银行业监督管理委员会福建监管局、中国证券监督管理委员会福建监管局、中国保险监督管理委员会福建监管局

发布省份（直辖市）	制度名称	发布时间	发布机关
海南省	《海南省建立健全生态产品价值实现机制实施方案》	2022 年 1 月 5 日	中共海南省委办公厅、海南省人民政府办公厅

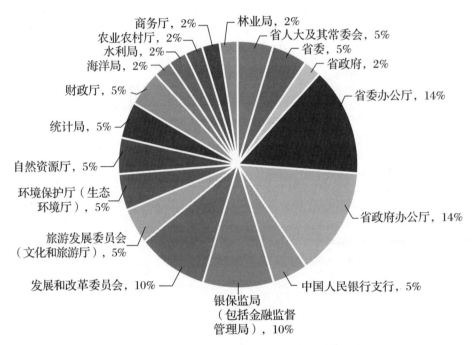

图 4-2 生态产品价值实现法律文件的发布机关统计

（二）地方立法样本之颁布时间的分析与经验

法律文件的增长和颁布主要集中在 2021 年之后。为贯彻落实中共中央办公厅、国务院办公厅发布的《意见》、推动生态产品价值实现机制的探索与实践，全国各地纷纷出台相关配套的意见。以本书选取的 11 个省份（直辖市）的相关政策文件为例，从时间角度进行分析，可发现颁布时间最早的是 2016年由贵州省人民政府办公厅发布的《关于加快绿色金融发展的实施意见》，该意见的主要目的是构建具有贵州特色的绿色金融体系，加快绿色金融发展，侧重强调可持续发展。法律文件颁布频次和数量大体呈现上升趋势，且颁布时间点主要集中在 2021 年之后（图 4-3）。

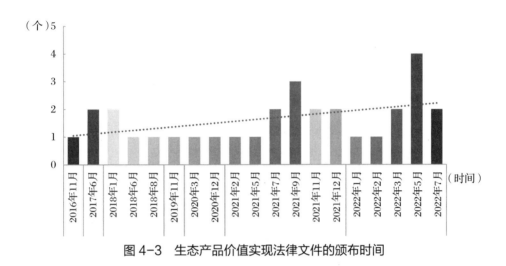

图 4-3　生态产品价值实现法律文件的颁布时间

（三）地方立法样本之内容事项的分析与经验

法律文件的具体事项集中在生态产品开发经营阶段。生态产品价值实现法治保障与生态产品价值实现一样，都是一个系统工程，从程序化视角剖析生态产品价值实现，可将其划分为四个阶段，即生态产品调查监测阶段、生态产品价值评价阶段、生态产品经营开发阶段、生态产品保护补偿阶段。每一个阶段又可以细化出多个环节或者重要机制构建。通过对这 11 个省份（直辖市）所发布的有关生态产品价值实现的政策文件的具体内容的整合分析，可发现在生态产品开发经营阶段的相关规定最多，尤其是在生态产品开发探索环节，相关规定占整个生态产品开发经营阶段的半数。其他三个阶段的相关规定数量较为平均，大致是生态产品开发经营阶段的 2/5，且每一阶段的每一环节的相关规定数量也大抵相同，分布较为均匀（图 4-4）。

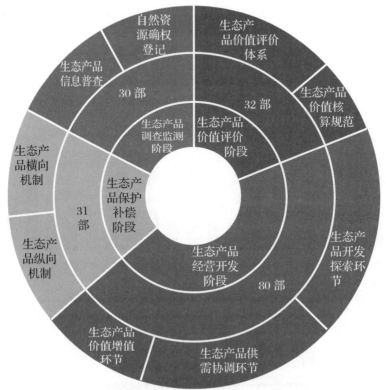

图 4-4　生态产品价值实现法律文件阶段分类分布

第二节　地方经验之微观剖析

　　生态产品价值实现过程包括生态产品调查监测、生态产品价值评价、生态产品经营开发和生态产品保护补偿四个阶段，这四个阶段之间存在密切的联系，也是司法手段发挥作用的四个切入点。各地在发挥法律制度的作用推动生态产品价值实现的过程中，都是以这四个阶段的某一阶段甚至是某一阶段中的某一具体环节为落脚点制定相关法律文件的，以实现对生态产品价值司法实现的制度保障。

一、生态产品调查监测阶段

中共中央办公厅、国务院办公厅印发的《意见》强调要建立生态产品调查监测机制。该机制的建立有利于明确自然资源产权和生态产品权益归属，建立生态产品基础信息和产品目录，实施动态监测，在生态产品价值实现的整个流程中起到了支撑性的基础作用。[①] 经过生态产品产权的确权登记、信息普查，可以厘清地方乃至全国生态产品数量、种类、权属等基础信息，进而制定、完善生态产品目录清单，为后续价值评价、经营开发、保护补偿等阶段的展开奠定基础。

（一）自然资源确权登记

自然资源确权登记为生态产品价值的实现奠定了产权基础，为构建生态文明体系提供了数据支撑。

自然资源确权登记制度在我国的发展可以以《中华人民共和国物权法》（已于 2021 年 1 月 1 日废止）的颁布为分界线划分为两个阶段，前一阶段的行政管理色彩更为浓厚，等级制度混沌庞杂，关系混乱，冲突矛盾较多，不成体系，到后一阶段制度才逐渐健全完善。[②] 在生态产品价值实现机制得到重视之后，自然资源确权登记制度的重要程度不断提高。2015 年，中共中央、国务院印发的《生态文明体制改革总体方案》就明确，要建立统一的自然资源确权登记制度和系统；2019 年，自然资源部、水利部等部门联合印发了《自然资源统一确权登记暂行办法》；紧接着，2020 年，自然资源部办公厅又发布了《自然资源确权登记操作指南（试行）》，规定了自然资源确权登记的三部分工作，具体工作流程包括 13 个工作环节。从技术角度来看，自然资源确权登记是一个需要技术、数据、信息等支撑的复杂工作。相关法律制度对

---

① 高世楫：《建立生态产品调查监测机制 支撑生态产品价值实现》，《中国经贸导刊》2021 年第 11 期，第 48—50 页。

② 张琪静：《国家公园自然资源统一确权登记的功能及其实现》，《环境保护》2021 年第 23 期，第 46—50 页。

其事权分配、工作规范、机制目标等都作出了法定化、明确化的规定。

在本书所选择的 11 个省份（直辖市）与生态产品价值实现相关的制度文件中，每一个省份（直辖市）都对自然资源确权登记予以规定①，主要从自然资源确权登记的权责机构、权利类型、规划目标等方面出发，明确该制度"明主体""划边界"的改革任务，发挥保护义务功能，进而将保护义务形成的生态利益转化为社会性权益，推动生态产品价值的实现。

自然资源确权登记制度的核心关键在于对权利的划分，但是从检索到的地方有关法律制度规定来看，多是"划清所有权和使用权边界""丰富自然资源资产使用权类型，合理界定出让、转让、出租、抵押、入股等权责归属"等一系列倡导性宣言。至于如何划清、怎样界定、类型有多少，各省份（直辖市）都没有根据国家的相关规定和地方生态产品特色予以明确与特殊规定，这就导致产权主体之间存在利益冲突、各类自然资源之间的用途出现重叠或缺失，进而影响自然资源利用的效率和生态产品价值的实现。②

《意见》中明确，要清晰界定自然资源资产产权主体，划清所有权和使用权边界；加快自然资源统一确权登记信息化建设，完善自然资源产权制度。对比江西省、海南省、吉林省、天津市、山东省关于自然资源确权登记的相关法律文件可以发现，浙江省在自然资源确权登记制度方面仍存在不完善的地方，主要有两方面。一方面，没有明确的规划目标，应当制定自然资源统一确权登记完成目标，尤其是在时间方面。相较之下，天津市、山东省等省

---

① 如《福建省发展和改革委员会关于印发〈建立健全生态产品价值实现机制的实施方案〉的通知》第 1 条、《河北省生态环境保护条例》第 14 条第 1 款、《海南省建立健全生态产品价值实现机制实施方案》第 1 条等。
② 黄宇驰、姚明秀、王卿、苏敬华、王敏：《生态产品价值实现的理论研究与实践进展》，《中国环境管理》2022 年第 3 期，第 52 页。

份（直辖市）对自然资源确权登记作出了规划性规定①，从重点区域出发到非重点区域，逐渐实现全域全覆盖的自然资源确权登记。最关键的是界定了时间节点，这为任务的推进和完成确立了更加明确、清晰的目标。吉林省规定要分阶段、分重点地持续推进重要自然生态空间和单项自然资源统一确权登记。②另一方面，对于自然资源确权登记的具体内容应当再予以详细规定。检视 11 个省份（直辖市）的相关法律制度规定，尤其是吉林省，其对于自然资源确权登记的具体内容作了详细规定，如自然资源的坐落、空间范围、面积、类型、数量、质量等自然状况，以及自然资源所有权主体、所有权代表行使主体、所有权代理行使主体、行使方式及权利内容等权属状况。③

（二）生态产品信息普查

生态产品信息普查是生态产品调查监测阶段的核心任务。对生态产品的基础信息进行调查，可以保证充分摸清生态产品的构成、数量、质量等要素，这也有助于编制生态产品目录清单。在此基础上，引入信息化科技，构建地方乃至全国的生态产品信息云平台。

生态产品信息普查是一项数据采集工作，目前我国逐渐利用大数据技术、3S 技术、区块链、可视化技术等数字技术进行网格化的调查监测，主要分为

---

① 如《天津市建立健全生态产品价值实现机制的实施方案》第 1 条：开展自然资源统一确权登记。选取一批自然生态空间和单项自然资源开展确权登记，2022 年年底前基本完成重点区域自然资源确权登记，适时启动非重点区域自然资源确权登记，逐步实现全市自然资源确权登记全覆盖。清晰界定自然资源资产产权主体，划清所有权和使用权边界。丰富自然资源资产使用权类型，合理界定出让、转让、出租、抵押、入股等权责归属，依托自然资源统一确权登记明确生态产品权责归属。引导农村承包地经营权流转，探索宅基地"三权分置"实现形式，建立同权同价、流转顺畅、收益共享的集体经营性建设用地市场。开展海洋资源所有权委托代理机制试点。
② 吉林省《关于建立健全生态产品价值实现机制的实施意见》第 5 条：推进自然资源确权登记。分阶段推进重要自然生态空间和单项自然资源统一确权登记，基本完成全省重点区域自然资源统一确权登记工作。明确记载自然资源的坐落、空间范围、面积、类型以及数量、质量等自然状况，自然资源所有权主体、所有权代表行使主体、所有权代理行使主体、行使方式及权利内容等权属状况。
③ 吉林省《关于建立健全生态产品价值实现机制的实施意见》第 5 条：推进自然资源确权登记。分阶段推进重要自然生态空间和单项自然资源统一确权登记，基本完成全省重点区域自然资源统一确权登记工作。明确记载自然资源的坐落、空间范围、面积、类型以及数量、质量等自然状况，自然资源所有权主体、所有权代表行使主体、所有权代理行使主体、行使方式及权利内容等权属状况。

生态要素、自然要素和综合要素三类，配置相应的采集对象和采集指标，如森林、湿地、草地这些保护类交易生态产品属于生态要素类别，其采集指标主要是考察面积与分布、生物、设施、可再生资源等的种类、数量、分布等。[①]同时，生态产品信息普查还包括一项管理相关信息的工作，而基于生态环境的多变性，通常都是进行动态管理，通过智能感知与监测手段，进行数字化、图像化的动态监测管理，及时掌握、跟踪生态产品的数量分布、质量等级、功能特征、权益归属等信息。

　　生态产品信息普查工作是完成自然资源确权登记的基础。在生态产品信息普查高效全面的情况下，推进自然资源确权登记法治化、制度化也简而易举。横向对比分析江西省、海南省、吉林省、天津市、山东省关于生态产品信息普查的配套制度[②]，它们各有值得参考的地方，而浙江省在这方面仍存在不完善的地方，主要包括这四个方面：第一，对气候资源普查的相关规定暂且欠缺。气候资源是一项重要的自然资源，随着"双碳"目标的推进，以及全国碳排放交易市场的建立健全，气候资源逐渐实现资产化，成为可以实现价值增值、升值的生态产品。江西省早已明确表示要开展精细化气候资源普

① 王颖:《数字技术在生态产品价值实现中的应用研究》,《现代工业经济和信息化》2022年第5期,第9—11页、第16页。
② 如《河北省人民政府办公厅印发〈关于建立降碳产品价值实现机制的实施方案〉(试行)》第二部分、《福建省发展和改革委员会关于印发〈建立健全生态产品价值实现机制的实施方案〉的通知》第2条、《江苏省建立健全生态产品价值实现机制实施方案》第4条,等等。

查,编制全省气候资源区划[①],还有一些碳排放权交易试点城市也有相关规定。[②]在气候变化问题越发严峻的社会背景下,明确气候资源普查的相关规定,提升气候资源的价值属性,显得尤为重要。第二,生态产品信息普查工作的渐次性缺失。浙江省在生态产品信息普查工作方面的相关规定主要侧重于行政管理方面,并没有进行规划性考虑。相比之下,海南省强调了生态产品调查监测、信息普查工作的渐次性,充分考虑到技术成熟程度和工作困难程度,陆续选取昌江黎族自治县、万宁市、海口市等开展试点工作,摸清当地生态产品的数量分布、质量等级、功能特点、权益归属、保护和开发利用情况等,及时跟踪掌握生态产品的信息变化情况,形成生态产品目录清单,建立覆盖陆海的生物多样性基础数据库和监管制度。[③] 第三,自然资源资产平衡表等一系列配套制度缺乏。福建省不仅规定了要编制生态产品目录清单,还规定要编制自然资源资产平衡表,该平衡表属于生态产品目录清单编制工作中的基础性文件,通过编制平衡表,可明确自然资源的储量,以此对其资产化的可

---

① 中共江西省委、江西省人民政府印发的《关于建立健全生态产品价值实现机制的实施方案》第2条:建立生态产品信息监测系统。充分利用第三次全国国土调查成果,建立全省国土空间基础信息平台,完善全省自然资源资产负债表。全面开展生态环境质量监测,完善生态环境质量基础信息。开展精细化气候资源普查,编制全省气候资源区划。建立全省农业资源环境生态监测预警体系、湿地资源监测网络体系,实现实时监测和数据共享。开展生态产品基础信息调查,建立全省生态产品目录清单。探索建立全省生态产品动态监测制度,搭建生态产品信息数据共享平台。
② 如《天津市人民政府关于加快推进气象高质量发展的意见》第17条:提升生态气象服务能力。实施生态文明气象保障服务系统工程,持续加强"871"重大生态建设工程气象保障服务,提升生态系统保护、修复气象监测评估和生态安全气象风险预警能力。推进天然氧吧、避暑旅游地等地方特色气候生态产品价值实现。开展风能、太阳能等气候资源普查和精细化评估。建立风能、太阳能监测和预报业务,为风电场、太阳能电站的规划、建设、运行、调度提供高质量气象服务(市气象局牵头,市规划资源局、市生态环境局、市文化和旅游局按职责分工负责)。
③ 《海南省建立健全生态产品价值实现机制实施方案》第2条:开展生态资源调查监测。精准识别海南供给服务类、调节服务类和文化服务类特色生态产品,依托海南自然资源和生态环境调查监测体系,在查清全省自然资源的现状及其变化情况的基础上,开展全生态产品调查监测。2022年在昌江率先开展生态产品调查监测试点,摸清当地生态产品数量分布、质量等级、功能特点、权益归属、保护和开发利用情况等,形成生态产品目录清单。开展海南岛及近岸海域生物多样性本底调查,建立覆盖陆海的生物多样性基础数据库和监管制度,2022年在万宁、海口开展试点示范。建立生态产品动态监测制度,及时跟踪掌握生态产品信息变化情况。

能性和可行性予以评估。^①第四，强调对生态功能区、敏感区等地区的保护。生态产品信息普查工作的开展难免对生态环境产生负面影响，尤其是对那些生态环境承载能力和自愈能力本就较弱的一些生态敏感区、重点生态功能区而言。因此在制定信息普查制度时也要明确生态环境保护的底线。江苏省就明确规定，对重要生态功能区、生态敏感区及各类生态空间管控区域进行生态产品监测的时候，要严格落实生态保护红线、永久基本农田、城镇开发边界三条控制线，严禁借生态产品价值实现之名行破坏开发之实，而且要定期开展生态状况评估。^②

二、生态产品价值评价阶段

生态产品价值评价所关注的是生态产品生产总值（GEP），是指生态系统为人类福祉和经济社会可持续发展提供的最终产品与服务价值的总和。^②生态产品价值评价是建立对生态产品进行科学评判的制度措施^④，贯穿于生态产品价值实现过程，是生态产品价值实现的关键。由于生态产品的典型外部性、

---

① 《福建省发展和改革委员会关于印发〈建立健全生态产品价值实现机制的实施方案〉的通知》第2条：开展生态产品信息普查。衔接第三次全国国土调查成果，全面开展全省生态产品基础信息调查，摸清各类生态产品分布、质量、等级、权属，建立完善全省生态产品目录清单。建立自然资源资产调查、评价和核算制度，编制省级自然资源资产平衡表，完善市县级自然资源资产平衡表制度。依托国土空间基础信息平台，围绕生态产品数量分布、质量等级、功能特点、权益归属、保护和开发情况，探索建立生态产品动态监测制度和信息系统，及时跟踪掌握各类自然资源的动态变化情况，实现信息数据在线实时监测和共享。
② 《江苏省建立健全生态产品价值实现机制实施方案》第4条：开展生态产品信息普查监测。基于现有自然资源和生态环境调查监测体系，发挥江苏自然资源、生态环境等大数据平台综合效用，创新运用"网格化""星地一体化""三维化"等手段，开展生态产品基础信息调查监测，摸清省域全境各类生态产品数量、质量等底数。制定生态产品基础信息调查监测标准，开展规范化建设，确保调查监测结果的真实性、准确性、科学性。共享自然资源、生态环境、水利、农业农村、气象等部门相关调查监测数据，形成生态产品目录清单。建立生态产品动态监测制度，及时跟踪掌握生态产品数量分布、质量等级、功能特点、权益归属、保护和开发利用情况等信息，建立开放共享的生态产品信息云平台。强化重要生态功能区、生态敏感区及各类生态空间管控区域的生态产品监测，严格落实生态保护红线、永久基本农田、城镇开发边界三条控制线，严禁借生态产品价值实现之名行破坏开发之实。
② 张厚美：《生态产品价值实现，尚需破解几道题？》，《中国生态文明》2021年第5期，第29—31页。
④ 秦国伟、董玮、宋马林：《生态产品价值实现的理论意蕴、机制构成与路径选择》，《中国环境管理》2022年第2期，第70—75页、第69页。

区域异质性及价值维度的多样复杂性，生态产品价值评价的展开存在困难[①]，从法律制度层面来看，推动生态产品价值评价的法定化、规范化、制度化迫在眉睫。

党的十八大以来，我国积极推动资源环境价格机制改革，但尚未系统建立能全面反映市场供求状况、资源稀缺程度、生态成本的生态产品价格评价制度。该制度主要包含生态产品价值评价体系和生态产品价值核算规范两个方面。从这两方面出发构建完善生态产品价值评价机制，保证生态产品价值实现在第二阶段顺利有序地进行，对于整个生态产品价值实现法治保障具有关键意义。

（一）生态产品价值评价体系

生态产品价值评价需要构建科学合理的评价体系，也就是指标体系。目前，单项指标体系和多维支柱框架是构建生态产品价值评价指标体系最典型的两种方法。[②] 从生态产品价值实现实践的现状来看，生态产品价值评价体系多采用多维支柱框架，该框架可用来评价生态产品若干个属性的价值，适用于分项价值比较的情形。具体是从生态产品所处的地理位置、生态环境、气候状况等实际出发，围绕产品供给、文化服务价值、调节服务价值及支持服务价值等方面进行构建。[③] 构建生态产品价值评价体系的目标就是使生态产品的开发、保护、利用和管理等走上正确的发展道路，既要关注生态环境的保护，也要注意实体经济的发展，调整价值配比，使生态价值成为人类生存和发展的基础，使经济价值服务甚至服从于生态价值，确保社会经济活动在生态环境的承载力范围内进行，如此方可真正实现生态产品价值，保持生态经济的良性循环，促进生态系统的健康发展。

---

① 陈清、张文明：《生态产品价值实现路径与对策研究》，《宏观经济研究》2020年第12期，第133—141页。
② 黄如良：《生态产品价值评估问题探讨》，《中国人口·资源与环境》2015年第3期，第26—33页。
③ 李凡、颜晗冰、吕果、李卓娜、朱晓东：《生态产品价值实现机制的前提研究——以南京市高淳区生态系统生产总值（GEP）核算为例》，《环境保护》2021年第12期，第51—58页。

生态产品价值评价体系需要考虑的因素是多样的，这就决定了其具有地方性、区域性，而我国在构建该评价体系时也采用了地方先行先试的方案，由地方进行具体的探索实践，总结提炼经验，进而形成地方模板、地方样本。地方在具体探索实践时，也都会对其行政区域单位进行充分考虑，采取"构建行政区域单元生态产品总值和特定地域单元的生态产品价值评价体系"的方式，充分考虑"不同类型生态产品的功能属性、数量、质量等"。同时，生态产品价值评价体系的构建不仅包括生态产品的内部评价，还包括评价数值的外部运用，"探索将生态产品价值核算纳入国民经济核算体系基础数据"。经过探索实践，逐渐健全完善，建立"覆盖全省的生态产品价值评价体系"和"体现市场供需关系的生态产品价格形成机制"。生态产品价值评价体系是变动不居且掺杂一定的主观性的，制度规范的作用就是在建设价值核算指标体系的过程中需要基于大方向明确该体系的基本结构。①

横向比较分析江西省、海南省、吉林省、天津市、山东省关于生态产品价值评价体系的配套制度②，各省份（直辖市）针对生态产品价值评价体系的相关制度规定大致相同，但是也有自己的特色和探索。浙江省在这方面尚存在些许不完善的地方，有两方面需要改进：一方面，浙江省生态产品价值评价的试点工作应当明确。试点机制对于一个完善的生态产品价值评价体系而言成本效益较高，鉴于此，吉林省已经明确以延边朝鲜族自治州为试点，研究建立生态产品价值统计制度，探索将生态产品价值核算基础数据纳入当地

---

① 王广涛、王英超：《生态系统价值核算指标体系探析》，《皮革制作与环保科技》2022年第4期，第171—173页。
② 如《河北省生态环境保护条例》第14条第1款、《福建省发展和改革委员会关于印发〈建立健全生态产品价值实现机制的实施方案〉的通知》第3条、《江苏省建立健全生态产品价值实现机制实施方案》第5条等。

国民经济核算体系①；天津市也选取部分行政区域和特定地域单元设立生态产品价值核算试点，探索构建湿地、海洋等特定地域单元的生态产品价值评价体系。②浙江省生态产品种类丰富、数量较多，而且浙江省的地形主要呈南北走向，地理面积适中，进行试点尤为关键，除当前以丽水为试点城市外，可逐渐扩大范围，继而渐次性地推广至全省。另一方面，生态产品价值评价的外部体系应当结合企业环保信用评价制度。目前多个地区都在进行企业信用建设，并规定了企业环保信用评价制度，如河北省等。③生态产品价值评价核算结果也可以作为企业环保信用评价制度的核心要素，将两种评价制度相结合，在进行生态产品价值评价时，对于已经开发利用的，可以考虑其开发利用或者产权归属的企业的环保信用。除此之外，海南省还将生态产品价值核算结果作为领导干部自然资源资产离任审计的重要参考④，浙江省在构建外部评价体系时也可进行参考。

---

① 吉林省《关于建立健全生态产品价值实现机制的实施意见》第 7 条：建立生态产品价值评价体系。按照国家统一部署，研究落实生态产品价值评价体系和价值核算规范，适时评估各地生态保护成效和生态产品价值。以延边州为试点，研究建立生态产品价值统计制度，探索将生态产品价值核算基础数据纳入当地国民经济核算体系。考虑不同类型生态产品商品属性，建立反映生态产品保护和开发成本的价值核算办法，探索建立体现市场供需关系的生态产品价格形成机制。
② 《天津市建立健全生态产品价值实现机制的实施方案》第 3 条：建立生态产品价值评价体系。选取部分行政区域和特定地域单元开展生态产品价值核算试点，探索构建湿地、海洋等特定地域单元生态产品价值评价体系。考虑不同类型生态系统功能属性，体现生态产品数量和质量，建立覆盖各级行政区域的生态产品总值统计制度，探索将生态产品价值核算基础数据纳入国民经济核算体系。考虑不同类型生态产品商品属性，建立反映生态产品保护和开发成本的价值核算方法，探索建立体现市场供需关系的生态产品价格形成机制。2023 年年底前，基本建成全市生态产品价值核算制度体系；2025年年底前，完成全市基准年行政区域生态产品总值核算。
③ 《河北省生态环境保护条例》第 14 条第 1 款：本省建立健全生态环境信用管理制度，健全企业信用建设，完善企业环保信用评价制度，依据评价结果实施分级分类监管，建立排污企业黑名单制度。生态环境主管部门和其他负有生态环境保护监督管理职责的部门，应当按照规定将企业事业单位及其他生产经营者、环境服务机构的环境违法信息记入信用档案，纳入公共信用信息平台，实施联合惩戒。
④ 《海南省建立健全生态产品价值实现机制实施方案》第 4 条：推动生态产品价值核算结果应用。推进生态产品价值核算结果进决策、进规划、进项目、进考核。强化生态产品价值核算在政府决策中的作用。在编制规划、开展项目建设时，探索评估生态产品价值影响，确保生态产品保值增值。探索将生态产品价值核算结果应用于生态保护补偿和生态环境损害赔偿。在具备条件的前提下，适时将生态产品总值指标纳入市县高质量发展综合考核指标。将生态产品价值核算结果作为领导干部自然资源资产离任审计的重要参考。

（二）生态产品价值核算规范

生态产品价值核算，即 GEP 核算，这也是对生态文明建设成果进行量化、对生态价值予以衡量的重要方法，更是建立健全生态产品价值实现机制的基础工作。[①]确立生态产品核算规范，建立规范、科学的生态产品价值核算机制，是生态产品价值实现相关机制的基础和保障，可以保证准确摸清生态产品经济价值、助力生态产品价值实现和转化。生态产品价值的核算涉及多学科理论与方法，不同指标体系、核算方法和具体参数会导致同一层面的核算结果不具备对比性、复制性和推广性。[②]为确保生态产品价值核算结果的准确性和核算方案具有全国统一性，可以通过地方试点，在全国各地制定 GEP 核算规范。如 2020 年 10 月浙江省发布了《生态系统生产总值（GEP）核算技术规范 陆域生态系统》（DB33/T 2274—2020），这是全国首个省级 GEP 核算标准。同时，作为全国首个生态产品实现机制试点城市的浙江省丽水市也发布了《生态产品价值核算指南》（DB3311/T 139—2020）这一地方标准，进行市县乡村四级的生态产品价值核算。关于生态产品价值核算规范，其他地区也出台了相关指南、规范、标准，如江西省于 2021 年 6 月发布的《生态系统生产总值核算技术规范》（DB36/T 1402—2021）、福建省于 2021 年 9 月发布的《福建省生态产品总值核算技术指南（试行）》等。除此之外，在关于生态产品价值实现的法律文件中，也有涉及生态产品价值核算的条文规定，这些核算标准、技术规范、技术指南及制度规定有助于各省乃至全国探索建立生态产品价值核算技术规范和核算流程，推进生态产品价值核算标准化，开展省、市、县等各级行政区域生态系统生产总值定期核算[③]，为地方生态产品价值核算提供

---

① 张厚美：《生态产品价值实现，尚需破解几道题？》，《中国生态文明》2021 年第 5 期，第 29—31 页，明确生态产品的 12 个核算指标、22 个核算科目。
② 李凡、颜晗冰、吕果、李卓娜、朱晓东：《生态产品价值实现机制的前提研究——以南京市高淳区生态系统生产总值（GEP）核算为例》，《环境保护》2021 年第 12 期，第 51—58 页。
③ 任杰、钱发军、刘鹏：《河南省黄河流域生态产品价值核算体系研究》，《经济研究导刊》2022 年第 4 期，第 130—132 页。

科学指导，为推动生态产品从"无价"到"有价"提供科学依据。

对比江西省、海南省、吉林省、天津市、山东省、福建省关于自然生态产品价值核算规范的配套制度①，可以发现浙江省还存在不完善的地方，主要包括以下两个方面：一方面，生态产品价值核算标准有待健全完善。虽然相较于其他省份（直辖市），浙江省最先开启对生态产品价值核算标准的探索和实践，但是其他省份（直辖市）为浙江省在相关标准、指南基础上建立核算标准或者在实践探索中确定核算规范等提供了参考借鉴。如江西省明确规定要开展基于 GEP 地块级核算的重点项目评估，为项目规划、环评、验收等提供参考，并鼓励设立区域性生态产品价值第三方评估机构②；河南省在对黄河流域地区进行 GEP 核算时确定了物质产品、调节服务和文化服务 3 大类、12个核算科目、24 个核算指标；福建省福州市构建了具有"山、海、城"特色的 GEP 核算规范等。③另一方面，生态产品价值核算结果发布制度尚未建立。生态产品价值核算结果会逐渐与企业信用评价、国民经济发展指标、领导干部自然资源资产离任审计等相结合，因此该结果也应当公开发布。目前海南省林业局已经在热带雨林国家公园内率先开展了以生态产品实物量为重点的 GEP 核算工作，而且这也是国内首个发布 GEP 核算成果的国家公园，为全国国家公园建设提供了"海南样板"。④

---

① 如《海南省建立健全生态产品价值实现机制实施方案》第 4 条、《天津市建立健全生态产品价值实现机制的实施方案》第 5 条、《江苏省建立健全生态产品价值实现机制实施方案》第 7 条，等等。
② 中共江西省委、江西省人民政府印发的《关于建立健全生态产品价值实现机制的实施方案》第 4 条：完善生态产品价值评估机制。探索制定生态产品价值评估标准、管理办法和操作流程，研究建立体现市场供需关系的生态产品价格形成机制。开展基于 GEP 地块级核算的重点项目评估，为项目规划、环评、验收等提供参考。鼓励培育区域性生态产品价值第三方评估机构。
③ 河南省《关于建立健全生态产品价值实现机制的实施意见》第（四）部分第 3 条：推动生态产品价值核算结果应用。探索建立体现市场供需关系的生态产品价格形成机制。推动生态产品价值核算结果与各类规划编制工作深度融合，加强在政府决策及绩效考评、工程项目建设、生态保护补偿、生态环境损害赔偿、经营开发融资、生态资源权益交易等方面的应用。
④ 《热带林业》编辑部《海南将建立生态产品价值核算结果发布制度》，《热带林业》2022 年第 1 期，第 42 页。

三、生态产品经营开发阶段

生态产品的经营开发是落实"绿水青山就是金山银山"理念的实践之道，对于生态文明建设和绿色发展等都具有重要的战略意义与作用。随着对市场主导型的生态产品价值实现路径的深入探索，引入民营经济、市场经济、PPP模式、基金信贷等各种方式来促进生态产品开发、推动生态产品价值实现已变得越来越常见。市场经济需要法律制度为其保驾护航，该阶段的法治保障对于整个生态产品价值实现而言具有重要意义。在生态产品经营开发阶段，主要有三个环节是关键点，分别是供需协调环节、开发探索环节和价值增值环节。

（一）生态产品供需协调环节

生态产品的价值实现，源于供需关系使价值与交换价值并存；生态产品经营开发的展开，源于供需关系使市场得以构建和运转。根据生态需求递增规律，人们对优质的生态产品的高层次需求呈现出递增趋势，而且随着消费者收入水平的升高，这种生态需求将会持续增加。[①]

生态产品供需关系主要产生于两种非排他性关系：一是通过生态产品服务功能间的相互作用而产生的因果关系，也可以称为生态产品直接供需关系。该关系主要基于生物多样性下生态系统自身的运转功能。二是通过能够同时影响一种或多种生态产品的自然环境因素或社会经济因素而产生的生态产品关系，也可以称为生态产品间接供需关系。这种关系主要是在驱动因素的影响下由生态产品共同作出响应而形成的，如气态物质资源这类负面价值型生态产品与森林、草原这类正面价值型生态产品之间尽管相互作用较弱，但是在"双碳"目标这一政治因素的影响下，就会产生响应。

生态产品市场机制的构建就是打通生态产品供给者和需求者之间的供销

---

① 沈满洪：《生态经济学（第 2 版）》，中国环境出版社 2016 年版，第 33 页。

渠道。检视 11 个省份（直辖市）的法律文件，共有 8 个省份（直辖市）的法律文件中涉及对生态产品供需精准对接的制度设计，不同省份对此的相关规定都有些许不同。浙江省对生态产品供需关系的相关规定更侧重于平台的构建、模式的探索、方式的适用，强调对淳安、安吉、常山等地试点经验的提炼总结。江西省、江苏省、山西省等其他省份的相关规定更加细化①，如江西省、山西省、福建省等都注重依托国内大型博览会平台、推介会平台、交易会平台及"双品网购节"等一系列消费促销活动，强调要打造生态产品供需对接平台，并且注重结合科学技术，进行线上云交易、云招商，推动线上线下资源、渠道深度融合。②山西省和天津市等对于社会关注度的提升也尤为关注，在其实施方案中明确要通过提升社会关注度，引入社会之手，进一步扩大开发收益和市场份额，强化网络价值变现模式。③海南省对平台的关注则是强调整合省内现有交易平台，打造集生态产品品牌推介和产品交易于一体的综合管理平台。④贵州省更注重对平台的规范管理，注重规范有序地推动生态

---

① 如江西省《关于建立健全生态产品价值实现机制的实施方案》第 12 条、山西省《关于建立健全生态产品价值实现机制的实施意见》第 14 条，等等。

② 《福建省发展和改革委员会关于印发〈建立健全生态产品价值实现机制的实施方案〉的通知》第 6 条：推进生态产品供需精准对接。依托中国海峡项目成果交易会，举办福建生态产品推介活动。组织相关企业积极参加中国国际消费品博览会、中国国际投资贸易洽谈会、"双品网购节"等消费促进活动，及"6·18""双十一""双十二"等电商节庆。努力办好中国（福建）茶产业互联网综合服务平台（福茶网），加强线上线下资源、渠道深度融合，促进生态产品供给与需求、资源与资本有效链接。建立健全生态产品交易平台管理体系，发挥多资源、多渠道优势，推进生态产品交易便捷化。

③ 山西省《关于建立健全生态产品价值实现机制的实施意见》第 14 条：推进生态产品供需精准对接。发挥会展业对生态产品价值实现的带动作用，依托中国（山西）特色农产品交易博览会、山西省旅游发展大会等推介博览会，组织开展生态产品线上云交易、云招商，推进生态产品供给方与需求方、资源方与投资方高效对接。（省发展改革委、省财政厅、省自然资源厅、省生态环境厅、省农业农村厅、省商务厅、省文旅厅、省林草局分别负责）通过新闻媒体和互联网等渠道，加大生态产品宣传推介力度，提升生态产品的社会关注度。（省委宣传部会同相关部门）加强和规范省内平台管理，发挥电商平台资源、渠道优势，推进更多优质生态产品以便捷的渠道和方式开展交易。（省发展改革委、省商务厅、省市场监管局分别负责）

④ 《海南省建立健全生态产品价值实现机制实施方案》第 13 条：构建生态产品交易平台和交易机制。将具备条件的生态资产交易纳入省级公共资源交易平台。鼓励国内大型平台企业，利用自身优势，整合省内现有交易平台，系统打造集生态产品品牌推介和产品交易为一体的综合管理平台。2022 年，各市县落地实施农村集体经营性建设用地入市，研究制定利用集体经营性建设用地抵押融资配套政策。探索农房财产权抵押贷款等盘活利用途径，推动承包地确权登记颁证成果应用。加快三亚、文昌、万宁等试点区域的海域使用权、水域滩涂养殖权等资产产权的权能拓展完善。

产品的市场交易的展开与运行，推动生态产品价值实现。①

（二）生态产品开发探索环节

生态产品价值实现的本质是在将自然资源存量价值化的基础上，挖掘自然资本流量价值与生态系统服务的间接价值，将其转化为经济学中可度量、可交易的产品。②生态产品开发探索环节的主要目的是探索一个恰当的开发模式，而开发模式的确立决定了价值实现的速率。生态产品的开发探索具有多样化的特点，在第二章分析生态产品价值实现典型案例时我们已经谈及市场交易、金融投资、财税补贴等方式，而在法治保障层面也为相关开发模式匹配了恰适的制度文件，以推动生态产品开发的制度化、规范化和有序化。

海南省、江西省、吉林省、江苏省、河南省、山西省及天津市对生态产品价值的实现模式都作了具体的规定③，通过对比总结，这些规定主要具有以下特点：第一，因地制宜，充分利用地区优势发展相关产业。例如，海南省发展海洋经济，推进渔业现代化绿色转型升级，探索建设一、二、三产业高度融合的现代化海洋牧场；聚焦热带雨林，打造"森呼吸"特色品牌；助力"清洁能源岛"建设，稳步推进"清洁能源岛"建设，大幅提高可再生能源比重，因地制宜发展太阳能、风能、生物质能等，研究发展地热能、海洋能、

---

① 《贵州省建立健全生态产品价值实现机制行动方案》第4条第1项：推进生态产品供需精准对接。（1）加快研究建立生态产品交易中心，研究制定生态产品交易管理办法，打造全域协同、全流程覆盖的生态产品市场交易服务体系。（2）加强和规范平台管理，充分发挥电商平台资源、渠道优势，规范有序推动更多优质生态产品以便捷的渠道和方式开展交易。（3）加大生态产品宣传推介力度，定期举办生态产品推介活动，推进生态产品供给方与需求方、资源方与投资方高效对接。
② 刘韬、和兰娣、赵海鹰、张文丽、曹雪梅：《区域生态产品价值实现一般化路径探讨》，《生态环境学报》2022年第5期，第109—115页。
③ 如《福建省发展和改革委员会关于印发建立健全生态产品价值实现机制的实施方案的通知》第7条、《江西省绿色金融发展规划（2022—2025年）》、河南省《关于建立健全生态产品价值实现机制的实施意见》第五部分等。

氢能①。江西省发展生态文化旅游,实施"生态+文旅"行动②。江苏省提升生态产品文化服务水平,突出地方特色,挖掘各类生态系统蕴含的文化内涵,将历史文化、山水文化与城乡发展相融合。③第二,发展优质生态农业,提升农业生态产品价值,系统建设农业农村生态文明;发展绿色低碳工业,大力发展绿色低碳循环产业;加快推进制造业绿色转型,推动制造业数字化、网络化、智能化升级;充分利用洁净水体、清新空气、安全土壤、适宜气候等优质生态条件,适度发展数字经济、洁净医药、电子元器件等环境敏感型产业。第三,完善生态产品政府购买机制。政府是生态产品开发的重要主体,将政府角色融入生态产品市场运转之中,对于生态产品价值实现具有重要作用。引入政府角色的具体方式就是要落实国家制定的生态产品政府采购清单、创新政府购买方式等,推进政府购买生态产品。

(三)生态产品价值增值环节

生态产品价值实现的第一阶段是保证生态产品价值的本值,第二阶段是要实现生态产品价值的增值,这也是保证生态产品价值实现长效化的关键。通过整合海南省、江西省、吉林省、江苏省、河南省、山西省及天津市生态

---

① 《海南省建立健全生态产品价值实现机制实施方案》第5—10条。
② 江西省《关于建立健全生态产品价值实现机制的实施方案》第7条:发展生态文化旅游。实施"生态+文旅"行动,推进旅游、文化、体育、康养等产业深度融合发展。制定生态旅游发展相关地方标准,加快推进长征国家文化公园(江西段)建设。推进一批国家和省级森林康养基地、旅游示范基地建设,推动浙皖闽赣国家生态旅游协作区高质量发展。培育存量资源型生态产业,盘活挖掘废弃矿山、工业遗迹、古村落古建筑文化旅游价值。
③ 《江苏省建立健全生态产品价值实现机制实施方案》第11条:提升生态产品文化服务水平。突出地方特色,挖掘各类生态系统蕴含的文化内涵,将历史文化、山水文化与城乡发展相融合,保护好历史文化遗产,结合水韵江苏、沿海风光带建设和长江文化、运河文化保护传承弘扬等,提质升级生态产品文化服务资源。坚持人与自然和谐共生,深入推动城乡融合发展和以人为核心的新型城镇化,统筹推进城市更新和美丽田园乡村建设,保护城乡特色风貌,打造美丽宜居的生态环境,采用"绣花""织补"等微改造方式,促进历史文化保护传承与城乡建设融合发展。在符合国土空间等相关规划和最大限度减少人为扰动前提下,依托优美自然风光、历史文化遗存,打造旅游与康养休闲融合发展的生态旅游开发模式,按照适度和相宜的原则加强差异化规划和研究布局,避免一哄而上和违规建设住宅房地产。加快培育生态产品市场经营开发主体,鼓励盘活废弃矿山、工业遗址、古旧村落等存量资源,推进相关资源权益集中流转经营,通过统筹实施生态环境系统整治和配套设施建设,提升教育文化旅游健康体育开发价值。规范生物多样性友好型经营活动,切实抵御防范外来物种入侵。

产品价值增值的相关规定①，总结如下：首先，在既定规模的社会中，如果提供可排他性公共物品的技术和偏好聚类能够形成许多最优构成的俱乐部，那么由个人自愿结社而形成的俱乐部能够有效优化资源配置。无论是对生产者而言还是对消费者而言，都可能会因为交易信息不对称而诱发生态产品溢价或折价现象。产品质量认证是一种有效解决信息不对称的激励手段。目前，丽水市初步形成以"丽水山耕""丽水山居"为主体的区域公共品牌体系，通过打造特色鲜明的生态产品区域公用品牌，加强品牌的培育和保护，提升生态品牌市场信誉度，以品牌赋能生态产品溢价，促进生态产品价值的增值。其次，与国际接轨，完善绿色产品标识管理制度，加强绿色有机农产品和农产品地理标志认证管理，建立健全第三方生态产品质量认证，对标国际国内先进标准，建立和规范生态产品认证评价标准，积极推动认证结果省际互认、国际互认。再次，建立生态产品质量追溯机制，充分利用数字化、区块链、VR、AR 等新技术，健全生态产品交易流通全过程监督体系，实现生态产品信息可查询、质量可追溯、责任可追查的目标。最后，发展生态产品旅游行业，依托自然风光、历史文化遗存，促进旅游与康养休闲融合发展，打造具有区域特色的生态旅游开发模式。

四、生态产品保护补偿阶段

生态产品保护补偿作为一种经济手段，最开始用于抑制环境负外部性，而随着生态文明建设的推进，逐渐发展为激励环境正外部性的手段。② 正因如此，我国在 21 世纪初期就开始关注生态补偿机制的构建，经过十几年的探索实践，逐渐实现了体系化，并且于 2024 年出台了《生态保护补偿条例》。近

① 如吉林省《关于建立健全生态产品价值实现机制的实施意见》第 11 条、《天津市建立健全生态产品价值实现机制的实施方案》第 8 条、《贵州省建立健全生态产品价值实现机制行动方案》第 11 条，等等。
② 秦艳红、康慕谊：《国内外生态补偿现状及其完善措施》，《自然资源学报》2007 年第 4 期，第557—567 页。

几年，随着对生态产品价值实现路径的深入探索，生态产品保护补偿逐渐成为生态产品价值实现的一个重要阶段，生态补偿机制开始逐渐关注市场化、多元化、经济化、价值化，其作用不仅在于最初的抑制环境负外部性和激励环境正外部性，还在于刺激和推进生态产品价值实现，保证生态经济实现高质量发展。因此，在生态产品价值实现的过程中，"生态补偿"的全称应为"生态产品保护补偿"。"生态产品"是该补偿机制的核心关键，"保护补偿"则注重对个体利益的平衡与协调，二者缺一不可，共同构成生态产品保护补偿阶段运行的主要目标。[①] 加强和完善生态产品保护补偿制度体系是我国鼓励、推动的方向，实践中亦有多地对此进行积极探索。就加强地方生态产品价值实现的角度而言，地方对生态产品保护补偿进行法律制度强化的必要性和紧迫性日益凸显。

生态产品保护补偿具体可以划分为纵向补偿和横向补偿两个方面。生态产品保护纵向补偿制度是基于我国央地的层级考虑，由中央或者省级财政依据生态产品的价值核算评估结果、生态产品数量质量因素、当地经济的发展情况等，通过财政转移支付、财政补贴等方式完善转移支付资金分配机制，以此鼓励地方政府探索通过设立市场化生态产业发展基金、发行企业生态债券和社会捐助等方式，拓宽生态产品保护补偿资金渠道，为生态产品的主供给区居民提供生态补偿。生态产品保护横向补偿制度则主要是针对生态产品供需双方，具体而言就是供给方和受益方两方基于自愿协商原则，以生态产品数量、质量及生态产品价值核算结果等为考量因素，进行横向的生态产品保护补偿，该横向补偿也会充分考虑生态产品的跨区域性，进行跨区域、跨流域的异地补偿。[②] 无论是纵向补偿还是横向补偿，均具有补偿主体、补偿

---

① 车东晟：《政策与法律双重维度下生态补偿的法理溯源与制度重构》，《中国人口·资源与环境》2020 年第 8 期，第 148—157 页。
② 蒋金荷、马露露、张建红：《我国生态产品价值实现路径的选择》，《价格理论与实践》2021 年第 7 期，第 25 页。

范围和补偿标准等补偿要素多元化的特点，其所牵涉的社会关系网错综复杂，这既为生态产品保护补偿的制度制定增加了必要性，也相应地增加了困难程度。作为生态产品价值实现的最后一个阶段，破解生态产品保护补偿相关的法治问题具有重要且关键的意义。

（一）生态产品纵向补偿机制

纵向补偿是传统的和主要的补偿手段。在生态产品价值实现过程中，纵向补偿的重要性逐渐提升，相关制度规定也比较多。生态产品纵向补偿就是自上而下的财政转移支付，对其进行制度化规定主要是规范政府间的财政关系和生态产品价值实现的权责关系，申明上级进行生态产品纵向补偿的义务，明确生态产品纵向补偿的事权配置，确定生态产品纵向补偿的基准方法，等等。

分析浙江省关于生态保护纵向补偿机制的相关内容，并对比分析山东省、海南省、江西省、吉林省、江苏省、河南省、山西省对生态保护横向补偿机制的相关规定[①]，主要可以从以下几个方面完善浙江省生态保护纵向补偿制度规定。首先，省市两级财政参照生态产品价值核算结果、生态保护红线面积等因素，完善重点生态功能区转移支付资金分配机制。其次，发挥政府产业基金的引导作用，支持开展以生态环境系统性保护修复为基础的生态产品价值实现工程建设。实施绿色转化财政专项激励政策，完善重点功能区转移支付资金分配机制，加大对重点生态功能区的财政支持力度。再次，通过设立市场化、产业化发展基金等方式，支持开展以生态环境系统性保护修复为基础的生态产品价值实现工程建设。探索通过发行生态环保主题专项债和社会捐助等方式，拓宽生态保护补偿资金渠道。最后，完善生态公益岗位制度，通过设立符合实际需要的生态公益岗位等方式，为主要提供生态产品地区的

---

① 如《关于印发江西省流域生态补偿办法的通知》第六部分第 3 条、《河南省城市环境水质量生态补偿暂行办法》第 8 条、《山东省森林生态补偿办法（试行）》第 3 条等。

居民提供生态补偿。完善促进生态产业发展和民生改善的相关政策，健全自然保护地内自然资源资产特许经营权等制度。健全自然保护区、风景名胜区、森林公园、地质公园、地质遗迹保护区、湿地公园等各类自然保护地及其重要水源地等禁止开发区域的生态保护补偿政策。

（二）生态产品横向补偿机制

相较于生态产品纵向补偿，我国对生态产品横向补偿机制的关注较少，这与我国生态补偿一开始就采取单一纵向补偿方式有关，特别是在转移支付这一补偿方式方面，纵向转移支付支持生态产品补偿的实践较为常见。[1]而梳理目前我国生态产品保护补偿实践并选取研究 11 个省份（直辖市）的制度文件可见，在实践中更侧重河流、江水这一保护式交易类生态产品的横向补偿，但是地区的补偿标准却较为模糊。从长江经济带现有的流域横向生态补偿实践可见，多数地区的补偿标准采取"量入为出"原则，制度化和规范化程度较弱，当地居民对相关法律制度规定的认识了解程度也较差。[2]这都暴露了法治层面的漏洞和缺点。

分析浙江省关于生态保护横向补偿机制的相关内容，并对比分析山东省、海南省、江西省、吉林省、江苏省、河南省、山西省对生态保护横向补偿机制的相关规定[3]，可总结出健全完善浙江省横向生态保护补偿机制的几点内容。第一，鼓励生态产品供给地和受益地按照自愿协商原则，综合考虑生态产品价值核算结果、生态产品实物量及质量等因素，进行生态产品横向补偿。第二，鼓励生态产品供给地与受益地通过资金补助、产业扶持等方式完善生态产品横向补偿机制。第三，完善异地发展机制和专项政策，探索突破行政区

---

[1] 郑雪梅：《生态补偿横向转移支付制度探讨》，《地方财政研究》2017 年第 8 期，第 40—47 页。
[2] 任俊霖、匡洋：《长江经济带流域横向生态补偿进展、困境与优化路径》，《长江科学院院报》，2022 年 9 月 9 日。
[3] 如《河北省生态环境保护条例》第 26 条、《福建省发展和改革委员会关于印发建立健全生态产品价值实现机制的实施方案的通知》第 12 条、《天津市建立健全生态产品价值实现机制的实施方案》第 11 条，等等。

划限制，在生态产品供给地和受益地之间创新发展跨地区生态"飞地经济"，健全利益分配和风险分担机制，推进流域内协同一体化发展。尤其是健全覆盖全省流域上下游生态产品横向补偿机制，推进新安江—千岛湖生态补偿试验区建设，研究建立太湖流域生态保护补偿机制，推进瓯江全流域上下游实施生态产品横向补偿补偿机制。

第五章

生态产品价值司法实现的理念定位

理念就是引导人类行为的思想或观念，是规律和价值的统一，是合规律性和合目的性的统一。司法理念就是指导法官理性裁判的思想或观念，它贯穿于法官的整个司法活动过程，直接决定了案件的裁判结果，反映了法官的法律信仰或信念、法律实践、法律文化及价值取向。司法理念作为一种价值理念，是司法人员在长期的司法活动中形成的、用以规范其行为的价值取向的抽取和概括，反映了司法人员在司法实践中的价值构成、价值标准和价值判断。就如人类的一切活动都离不开某种价值理念的支持和引导一般，生态产品价值的司法实现也需要合理、科学的价值观的支持和引导。

第一节　绿色司法理念的基础支撑

随着生态文明建设进程的推进，环境司法中的"绿色"个性日益鲜明，"绿色司法"逐渐在环境司法领域得到落实，随着司法体制改革的深化和不断发展完善，环境司法专门化持续推进，"绿色司法"得以充分落实，创造了

"绿色司法经验"，提炼出"绿色司法理念"，这不仅是推动环境司法专门化的关键，而且是生态产品价值司法实现理应坚持的主要司法理念。前文已提及，绿色司法理念主要源于生态文明思想。为了使我国当前社会主要矛盾得到较好的解决、体现市场活力和政府担当，综合运用私法制度和公法制度的生态文明制度体系必须发挥关键作用。我国立法中新增的关于生态环境系统服务功能损害赔偿的条款，是我国生态文明制度建设的最新成就。近年来，突发性生态环境损害事件频发，缓发性生态环境损害事件屡屡曝光。作为回应，可持续发展、科学发展、绿色发展等概念相继被提出，生态文明最终被写入《中华人民共和国宪法》，生态环境保护在立法、执法、司法、守法中的地位逐渐提高。概言之，绿色司法是以生态文明思想为指引而形成的现代环境司法理念，其具体实践体现为以生态环境审判为核心的司法机制及其活动。在生态文明思想的引导下，绿色司法已成为环境司法的重要理念。

在我国传统司法实践中，司法工作者长期以来遵循经济优先的"金色司法"理念，忽视了生态价值，这就使司法工作总是奉行经济利益至上原则。生态产品最重要的价值就是其生态价值，如果在生态产品价值司法实现中，司法工作者仍然秉持传统的经济优先的"金色司法"理念，必然有违生态文明价值理念，与生态产品价值实现机制的设置本意背道而驰。基于此，司法理念革新尤为关键，要坚持生态文明理念，贯彻"绿水青山就是金山银山"理念，认识并强化环境司法中的"绿色"，在司法工作开展时将生态价值考虑在内。

从内在规定性看，绿色司法以司法规律为基本遵循。绿色发展是遵循自然规律的发展。绿色司法作为一种全新的司法理念，必须遵循司法规律，否则必将违背司法初衷，引发不良后果。因此，践行绿色司法，必须增强尊重规律意识，在研究和把握司法规律的基础上，科学设定绿色司法的价值目标，厘清主体内容，确定实现路径。

从司法管理看，绿色司法以优化司法资源配置为重点。绿色发展是高效发展，力求以最小的资源投入实现发展的最大化。司法资源是实现司法功能的物质基础，必须在现有司法资源有限的情况下，通过科学调配提高司法效率。从宏观角度讲，检察机关要切实承担起服务大局的政治责任，将防控风险、服务发展和破解难题、补齐短板摆在更加突出的位置，优化司法资源配置。从微观角度讲，要以司法体制改革为契机，遴选能办案、会办案的人员入额，优化办案组织结构，建立符合司法规律要求的办案组织体系、管理体系；要大力加强检察信息化建设，运用大数据助力司法办案，以实现司法资源利用的最大化。

从司法过程看，绿色司法以规范、理性、文明为核心。绿色发展是和谐发展，是人与自然健康共生的发展。绿色司法也应表现为通过司法实现法治生态和谐。一是司法要规范，这体现的是司法要求，要求把司法办案工作纳入规范化的轨道，强化规则思维、程序思维，确保办案符合法定程序，确保实体公正和程序公正的有机统一。二是司法要理性，这体现的是司法动机，既要有严谨的法律意识，更要有强烈的政治意识、大局意识，在严守法律底线的前提下，实现司法办案政治效果、社会效果的最大化。三是司法要文明，这体现的是司法方式，要求改进办案方式方法，用现代文明的方式办案，使人民群众不仅能感受到法律的尊严和权威，而且能感受到司法的温度和检察人员的人文情怀。

从价值取向看，绿色司法以司法公开、司法公正和司法公信力为本质要求。绿色发展是人本发展，发展服从和服务于人的需要。绿色司法要以人民为中心，把司法为民作为最重要的价值追求。公正是法律本身的价值目标，公开则是公正的有力保障，两者既是司法公信力的评价标准，也是树立司法公信力的有效途径，以公开、公正促公信。

从司法效果看，绿色司法以实现司法动机、方式方法、质量效果的统一，最大限度地减少司法办案的负面产出为最终目标。绿色发展是健康发展、安全发展，要求无损害或者损害很小且风险可控。绿色司法追求的司法效果不是单一、片面的，而是司法动机理性正当、方式方法文明规范、质量效果高效良好的有机统一，三者相辅相成，最大限度地减少司法办案的负面产出，实现司法的公平正义。

第二节　生态正义理念的核心指导

一、生态正义理念的实践提炼

生态文明本质上是一个蕴含着多向度、多层次和多领域的交叉性问题域。生态正义是生态文明的伦理升华，其强调以公平、公正和平等的理念处理人与自然之间的关系，是正义原则在人与自然关系中的拓展、在生态环境问题上的延伸①，是生态文明建设理应遵循的根本价值准则。从生态文明建设角度出发，提炼生态产品价值实现机制深层次的"道"，细化生态产品价值实现机制继承的辩证唯物主义生态观，剖析生态正义价值理念，其主要包含"全面协调可持续发展"的整体观、"以人民为中心"的价值观、"化劣势为优势，将优势可持续"的辩证观、"人与自然和谐共处"的实践观等丰富内涵。

整体观是理论体系构建的前提和依据，生态产品价值实现机制蕴含的整体观实则强调人与自然的全面协调可持续发展。正如马克思所言："整体，当它在头脑中作为思想整体而出现时，是思维着的头脑的产物，这个头脑用它所专有的方式掌握世界，而这种方式是不同于对于世界的艺术精神的、宗教精神的、实践精神的掌握的。"②只有在树立整体观的基础上，从整体层面反思

---

① 田启波：《生态文明的四重维度》，《学术研究》2016年第5期，第33—37页、第177页。
② 中共中央马克思恩格斯列宁斯大林著作编译局：《马克思恩格斯文集（第二卷）》，人民出版社2012年版，第701页。

在生态产品价值实现机制的指引下，生态文明建设中人与自然之间的逻辑关系，才能认识全局、看清全貌、总结规律。整体观越明确，内部逻辑关系便越完整周密；整体观越符合客观现实和发展规律，其学术价值越大。可持续发展观念已经成为生态环境法治发展的核心价值理念，其以追求人与自然和谐发展为核心价值，以经济可持续、生态可持续和社会可持续为支柱，并认为生态可持续是基础，经济可持续是条件，社会可持续是目的，要求人类在发展中讲究经济效率、关注生态和谐、追求社会公平，最终实现人的全面发展。[①] 这种对全面协调可持续发展的强调追求亦是生态产品价值实现机制所蕴含的整体观。

价值观是对理念价值本质的认识，是一个国家、社会的价值信仰、理想、标准和规范，亦是各社会共同体的精神支柱。[②] 生态价值观本质上是对人类中心主义、过分强调经济发展等观念的反思，亦是对曲解的生态正义理念的省思。该观念强调将对生态环境的实践探索重新放回"人—社会—自然"的有机整体之中，注重生态平衡与生态发展的统一，是自然价值与经济价值的统一，其最终目标是建立人与自然间"诚挚协同"的关系价值观。[③] 概言之，此生态价值观的本质为"以人民为中心"，"以人民为中心"也始终是衡量生态价值观的根本标准。生态产品价值实现机制以"让人民过上美好生活"为根本目的，这就强调生态文明建设以"为了人民"为根本目的，以"依靠人民"为主体力量，以"造福人民"为价值旨归，坚持生态惠民、生态利民、生态为民的理念并加以贯彻落实。[④] "以人民为中心"是生态产品价值实现机制所蕴含的生态价值观核心理念，亦是生态产品价值实现机制的重要价值取向。

---

① 吕忠梅：《发现环境法典的逻辑主线：可持续发展》，《法律科学（西北政法大学学报）》2022 年第 1 期，第 73—86 页。
② 孙伟平：《论实现社会主义核心价值观与制度的良性互动》，《思想理论教育》2019 年第 9 期，第 28—32 页。
③ 邓蕾：《都市青少年生态文明意识和行为研究》，《青年探索》2015 年第 1 期，第 100—104 页。
④ 肖宇、胡雯：《习近平生态文明思想的价值逻辑：以人民为中心》，《乌鲁木齐职业大学学报》2022 年第 3 期，第 14—17 页。

辩证观是理念的核心，强调的是一种辩证思维，其本质为"矛盾统一观"，强调运用辩证思维去看待问题，从辩证法的角度进行客观评判。辩证法是现实世界中一切运动、一切生命、一切事业的推动原则。辩证法又是知识范围内一切真正科学认识的灵魂。① 辩证观作为辩证法理论的转识成智②，是对事物辩证关系的认识和厘定，对利弊、优劣的全面认识。以辩证思维分析生态产品价值实现机制，其所蕴含的辩证观就是全面把握并发挥优势，充分认识劣势并实现劣势向优势的转化。简言之，即化劣势为优势，令优势可持续，以此实现衡长论短、扬长补短。

实践观是对理念行动的有效指导，是行动的观念，生态产品价值实现机制的实践观即一切从实际出发。人与自然之间关系的断裂和黏合、拉近与疏远、紧密与松散等，都缘起于各种实践活动，恰如马克思所认为的："环境的改变和人的活动或自我改变的一致，只能被看作是并合理地理解为革命的实践。"③ 一切自然是实践的产物，不能离开人的实践看待自然，不应以"物质"这个抽象体，而应以实践具体性作为真正的对象与出发点。④ 实践问题自然是要通过实践予以解决的，实践观则强调注重实践活动、关注实际需求、观察现实生活。在实践观视域下，人与自然之间的关系不再是相互排斥、互相对抗的两极对立，而是呈现出一种有机统一、和谐共生的样态。⑤ 生态产品价值实现机制蕴含的实践观就是从实际出发，只有这样，方可对战略的落实、理念的贯彻提出有针对性的、切实可行的举措。

---

① 黑格尔：《小逻辑》，贺麟译，商务印书馆 1980 年版，第 177 页。
② 王庆丰：《辩证法研究的理论自觉》，《马克思主义理论教学与研究》2021 年第 2 期，第 49—55 页。
③ 中共中央马克思恩格斯列宁斯大林著作编译局：《马克思恩格斯文集（第一卷）》，人民出版社 2012 年版，第 8 页。
④ ［德］A. 施密特：《马克思的自然概念》，欧力同、吴仲昉译，商务印书馆 1988 年版，第 2 页。
⑤ 樊聪：《实践观视域下人与环境关系问题探究——基于〈关于费尔巴哈的提纲〉的分析》，《西部学刊》2022 年第 11 期，第 53—57 页。

二、生态正义理念的逻辑展开

生态正义原则是生态正义价值理念的承载，是生态正义实现的抽象性规范，是生态文明建设的根本准则。原则缘起于理念价值的提炼，落实于社会环境的实践。从以生态产品价值实现机制为统领的生态文明建设状况的角度对上述四大价值理念进行总结，在"最大公约数"的多元认知向度中对生态正义予以阐释，其不仅仅包括"分配"向度，还逐渐延至承认、参与、能力等其他向度。[①] 基于多元向度，生态正义的理论和践履基础越发丰富，贯彻落实到生态文明建设的各个环节和各个方面，因此，生态正义原则又可进一步划分为同一性生态正义原则、差异性生态正义原则、生态程序正义原则和最小限度损害原则四个子原则。

（一）同一性生态正义原则

生态产品价值实现机制在生态文明建设领域中的整体观是关注人与自然"全面协调可持续发展"的整体观。可持续发展源于对当代不可持续发展状态的反思，从理论上结束了长期以来把发展经济同保护环境与资源相互对立起来的错误观点，并明确指出了它们应当是相互联系和互为因果的。[②] 该思想既吸取了"增长极限论"中的合理成分，又修正了其"零的增长"的观点，此乃一种从环境和自然资源角度提出的关于人类长期发展的战略和模式。[③] 经过多重视角审视和多角度深化发展，可持续发展内涵逐渐形成了追求"生态—经济—社会"复合系统的高度整合、整体优化、良性运行与协调发展的系统整体发展观。[④] 该观念强调在追求经济效率、注重生态和谐的同时，保障社会公平，促进实现人的全面发展，将"人伦"扩展到"天伦"，由"当代人"链

[①] 戴小俊：《环境正义的理论诠释与践履路径》，《社会科学家》2022 年第 10 期，第 24—31 页。
[②] 中国 21 世纪议程中心：《论中国的可持续发展》，海洋出版社 1994 年版，第 111—118 页。
[③] 陈泉生：《可持续发展与法律变革》，法律出版社 2000 年版，第 56—60 页。
[④] 刘思华：《对建设社会主义生态文明论的再回忆——兼论中国特色社会主义道路"五位一体"总体目标》，《中国地质大学学报（社会科学版）》2013 年第 5 期，第 33—41 页。

接至"后代人"，把"资源"网聚为"生态"。① 就此而言，基于"全面协调可持续发展"的整体观，同一性生态正义原则理应成为生态正义原则的有机组成部分，在生态正义原则体系中处于关键核心地位。

"同一"特指事物或事物内部之间的共同性，没有同一就没有规律，也就没有质的相对稳定。② 一方面，同一性生态正义原则关注人与人之间的关系，此关注视角从生态环境利益角度出发，强调生态环境利益衡平，是对不同的生态环境利益冲突和生态环境利益诉求进行的动态协调，以实现政府和企业、个人等利益相关者责、权、利统一。③ 该原则应当贯彻落实到有关保持生态平衡、保存自然资源、保护生物多样性等活动的法律法规之中，形成维持人类生存和发展的自然基础的法律规范，要求政府和企业、个人等主体的行为均要符合可持续发展价值目标。④ 基于此，浙江省对生态正义的落实必须强调同一性，综合考虑各个地区的综合实力、各阶级层次的经济能力、各区域的生态承载能力等因素，保证同等情况同等对待，无差别歧视、分配不公、强弱不均等损害生态正义情形。另一方面，同一性生态正义原则关注人与自然之间的关系。人与自然之间的关系是辩证唯物主义生态观的核心内容，也是生态文明建设进程中的关注重点。学界关于人与自然之间的关系的讨论曾出现过"以人为中心"和"以生态为中心"的学术交锋，而在生态产品价值实现机制蕴含的"全面协调可持续"整体观中，人与自然之间的矛盾关系开始缓和，人们逐渐认识到自然环境理应得到人类的善待，而处于生态环境中的每个人更应当得到相同对待。同一性生态正义原则关注人与自然关系的正义，强调人的"生态理性经济人"身份，关注"资源""环境""生态环境"一体

① 吕忠梅：《环境法典编纂视阈中的人与自然》，《中外法学》2022 年第 3 期，第 606—625 页。
② 刘国新、易小明：《精准扶贫的分配正义之维》，《广西师范大学学报（哲学社会科学版）》2019 年第 6 期，第 27—35 页。
③ 史玉成：《生态利益衡平：原理、进路与展开》，《政法论坛》2014 年第 2 期，第 28—37 页。
④ 吕忠梅：《环境法典编纂方法论：可持续发展价值目标及其实现》，《政法论坛》2022 年第 2 期，第 18—31 页。

三面的"自然"。① "同一"既要贯彻"生态理性经济人"对待"自然"的同一，也要落实"自然"赋予"生态理性经济人"的同一，实现人与自然关系的平衡，令二者共生共存、互惠互赢。

（二）差异性生态正义原则

生态产品价值实现机制在生态文明建设领域中的价值观是强调"以人民为中心"的生态价值观。正确的生态价值观将人民群众的获得感、幸福感、安全感作为推进生态文明建设的根本目的，从人的内在价值需求维度强调了人与自然之间的和谐共生关系，由此可见，价值观引导的生态文明建设是提升人民生活质量的内在需要。因此，正确的生态价值观无疑改变了人们对自然界的"功利"价值观，并且充分彰显了对"人类中心主义"价值观的超越。② 如前所述，在生态产品价值实现机制整体观视阈下，人是生物属性与社会属性并存的"生态理性经济人"，"以人民为中心"的生态价值观中的"人民"即为尊重自然、顺应自然的"生态理性经济人"。"以人民为中心"亦是着重于发展问题而提出的一种新理念，是习近平新时代中国特色社会主义思想一以贯之的价值灵魂③，是习近平生态文明思想的价值逻辑。就此而言，基于"以人民为中心"的生态价值观，差异性生态正义原则也理应成为生态正义原则的有机组成部分。

差异性生态正义原则是对同一性生态正义原则的强化和补充，指的是基于个体具有的差异性和具体内容来进行分配。④ 无论是人还是自然，都是同一性和差异性的统一，从"同一"层面到"差异"层面，体现了从形式正义到实质正义的考量转变。因此，该原则所强调的主体，并非同一性生态正义原

---

① 吕忠梅：《环境法典编纂视阈中的人与自然》，《中外法学》2022 年第 3 期，第 606—625 页。

② 解红勋：《习近平生态文明思想的三重价值内涵》，《内蒙古师范大学学报（哲学社会科学版）》2022 年第 4 期，第 40—45 页、第 69 页。

③ 张子夏、程广云：《以人民为中心思想的理论之源》，《暨南学报（哲学社会科学版）》2022 年第 11 期，第 10—19 页。

④ 易小明、赵永刚：《论效率的公平之维及其限度——以差异性正义与同一性正义理论为视角》，《天津社会科学》2010 年第 6 期，第 39—42 页。

则下类存在意义上的抽象的人，而更侧重于强调人的群体和个体意义，坚持以人为本，注重个体和群体需求的差异性，以此防止均等化走向平均主义。[1] 基于此，该原则侧重于强调生态产品价值实现机制所蕴含的"以人民为中心"这一价值观。无论是人还是生态环境，都是同一性和差异性的统一体，而其也理应在生态正义中得到合理体现。当同一性得到普遍强调和张扬时，惯性导致人类产生一种趋向于认同同一性的惯性力量，而当这种同一性被过分强调和张扬时，又会促使同一性进行反向发展，即差异性方向。[2] 人的差异性亦是"以人民为中心"得以实现的关键，即贯彻落实生态产品价值实现机制价值观的核心所在。

差异性生态正义原则充分贯彻落实"以人民为中心"，因此该原则的落实也要坚持人本检视路向，全面看到各种差异性所在，关注个体和群体对美好生活的向往，探知人民的经济需求、生态需求，强调"为了人民、依靠人民、服务人民"的最高价值。但是基于"生态理性经济人"的本质，还要关注"自然"的差异。"自然"本身也是同一性和差异性的统一，此乃基于自然本身的发展所致，有其内在的合理性[3]，但这并不表示此差异具有正当的应然性，尤其是在人与自然的关系中，人们逐渐发现"自然"的差异，也试图弥补"自然"的差异，调和"自然"的歧视矛盾。因此，在贯彻落实差异性生态正义原则时，务必要辨识到"自然"的差异化禀赋和多样化的生态文明建设进程。唯有以"人—自然"为范式对差异性进行检视和弥补，方可保证差异性生态正义原则的贯彻落实。

（三）生态程序正义原则

辩证观本质为"矛盾统一观"，强调运用辩证思维去看待问题，从辩证法

---

[1] 易小明、刘国新：《分配正义与城乡基本公共服务均等化——基于同一性正义与差异性正义的分析》，《甘肃理论学刊》2015 年第 3 期，第 2 页、第 116—121 页。

[2] 易小明：《分配正义的两个基本原则》，《中国社会科学》2015 年第 3 期，第 4—21 页、第 205 页。

[3] 易小明：《分配正义的两个基本原则》，《中国社会科学》2015 年第 3 期，第 4—21 页、第 205 页。

的角度进行客观评判。

生态文明建设进程道阻且长，生态产品价值实现的过程也充斥着各种博弈，既有经济发展和生态保护之间的博弈，亦有人与自然之间关系的博弈，等等。概言之，该实现过程是矛盾与统一并存的过程。在生态产品价值实现过程中，要强调对辩证思维模式的运用。

以辩证思维分析生态产品价值实现，其蕴含的辩证观就是全面把握并发挥优势、充分认识劣势并实现向优势的转化。

前述的同一性生态正义原则和差异性生态正义原则侧重于强调实体正义，而"程序是实体之母，或程序法是实体法之母"[①]。程序有其独立于实体的内在价值，程序正义是追求实体正义的必要而非充分条件。[②]按照罗尔斯对正义的分类，程序正义是一种介于实质正义和形式正义之间的一种"过程正义"，而其又可以划分为"纯粹的程序正义""完善的程序正义""不完善的程序正义"三种形态。[③]基于此，生态程序正义原则本身就是生态正义法治原则的辩证体现，而其本身的内涵又充分体现了辩证观念，侧重强调的是生态产品价值实现机制所蕴含的"化劣为优，将优势可持续"这一辩证观。

生态程序正义原则所呈现的是生态环境治理和保护过程中的内在价值与过程价值。在生态产品价值实现的推进过程中，则主要强调相关程序法和司法程序过程本身的公正，过程是否正当合理是评价生态程序正义与否的重要价值标准。生态程序正义原则重点关注有关生态产品价值实现的生态环境法律制度，尤其关注法律制度实施过程中的监管及具体制度落实实现的执行层面，注重对不同区域、行业、能源相关环境信息和风险信息的采集与监管，畅通信息共享与交流通道，加强对过程分配的关注程度，保证程序统一、公开透明，以保证程序正义。该原则所追求的是生态环境保护程序过程中权利

---

① ［日］谷口安平：《程序的正义与诉讼》，王亚新、刘荣军译，中国政法大学出版社 1996 年版，第 8 页。
② 仇赟：《程序正义：理论、内涵与独立价值》，《学理论》2021 年第 12 期，第 31—34 页。
③ ［美］约翰·罗尔斯：《正义论》，何怀宏、廖申白译，中国社会科学出版社 1988 年版，第 80—853 页。

的平等赋予、义务的合理分担及责任的公平分配。[①]

（四）最小限度损害原则

生态产品价值实现机制在生态文明建设领域中的实践观秉持"一切从实际出发"的理念。"一切从实际出发"意味着要在实践中检验真理和发展真理。该实践观强调以实践逻辑为主线，将自然、社会等纳入属人的实践系统之中，以此凸显生态文明建设的重要性，强调生态实践在解决生态环境问题中的重要地位。[②] 生态产品价值实现机制的落实要求缩短"从客观实际出发"和"从主体化的实际出发"之间的距离。[③] 具体到生态文明建设领域，这就要求承认实践客观对能动主体的制约，缓和人与自然之间的对抗关系，实现人与自然的和解，使人类主体在全面认识且遵循客观规律的基础上，对自然界进行能动的改造，实现人与自然的和谐共生，实现经济发展与生态保护的协同推进。[④]
基于"一切从实际出发"的实践观，最小限度损害生态正义原则也理应成为生态正义原则的有机组成部分。最小限度损害原则具体是指在生态文明建设进程中，立法者或行政机关为达成目标通常有多种可供选择的举措，而关键在于坚守生态正义理念，选择对生态环境的损害最小且能实现对生态环境严格保护的行动举措。该原则是对"一切从实际出发"这一生态产品价值实现机制实践观的贯彻落实，强调对生态环境状况的实践观察。

最小限度损害原则以保护生态环境为前提基础和首要关键，通过对生态环境损害最小化，实现对生态环境保护的最大化，同时实现了对利益相关者权益损害的最小化、权益保护的最大化。这是生态正义理念多元向度的充分体现，其不同于前两种主要以"分配"为核心向度的生态正义法治子原则，

---

① 张喻忻、周开松、覃志军：《对程序正义与实体正义关系的法理学思考》，《江西社会科学》2004年第11期，第103—105页。
② 邢瑞敏、樊小贤：《自然—人—社会：从〈关于费尔巴哈的提纲〉看马克思实践观的生态视角》，《延边党校学报》2021年第6期，第29—33页。
③ 周文彰：《"从实际出发"为什么这么难？——是从"客观实际"出发还是从"主体化的实际"出发》，《红旗文稿》2010年第6期，第14—16页、第1页。
④ 林泽研：《马克思实践观视域下中国绿色发展的路径选择》，《理论观察》2021年第7期，第49—53页。

还关注承认、参与、能力等其他向度。在承认向度方面，最小限度损害原则强调的是对生态环境损害结果的承认，这也蕴含了"自然"对"生态理性经济人"行为的尊重。严格而言，"零损害"的生态环境利用行为是不存在的，一个"生态理性经济人"并非以对生态环境的"零损害"为行为准则，只要竭尽全力将对生态环境的损害降到最低即可。在参与向度方面，最小限度损害原则重点关注的是程序正义。生态程序正义本身就是生态正义原则的应有之义、辩证体现。具体而言，此处的程序正义关注的是生态环境治理和保护过程中的内在价值与过程价值，强调人与自然之间所形成的一种"有损害"就"有弥补"的平衡、和谐关系。在能力向度方面，最小限度损害原则侧重于考察"生态理性经济人"的能力，具体是指生态环境利用、保护和治理能力。基于能力向度与参与、承认和分配这几个向度之间的密切关系，该向度的正义实现是理解生态正义理论、践履生态正义理念的重要基础。[①] 在该向度下，最小限度损害原则期望形成一种"以最小能力损害生态环境，以最大能力保护和治理生态环境"的完美能力配置。

第三节　能动司法理念的关键价值

一、能动司法理念的溯源

2009 年，能动司法理念由我国司法机关公开提出，时任最高人民法院院长的王胜俊大法官谈道："从我国司法制度的本质属性和现实国情来看，能动司法更加符合当代中国经济社会发展的现实需求。"能动司法理念由此进入我

---

① 戴小俊：《环境正义的理论诠释与践履路径》，《社会科学家》2022 年第 10 期，第 24—31 页。

国司法的主流话语体系。2016 年 6 月，最高人民法院江必新副院长在全国法院环境资源审判工作培训班上明确提出，"适度强化能动司法，创新审理方法和裁判方式"，能动司法自此进入我国环境司法领域。追根溯源，能动司法理念源于国外司法能动主义。

司法能动主义属于一门司法哲学，具有鲜明的灵活性和结果导向性等特征，力求使每一个司法判决都能将实质正义、现实正义、未来正义等得以最大化实现。国外司法能动主义的理论来源主要有美国和欧洲两个流派。美国司法能动主义具有深刻的宪法司法化背景。"司法能动主义"一词是由阿瑟·施莱辛格在 1947 年创造的，他将当时美国最高法院的九位大法官划分为"司法能动主义者""司法克制主义者""中间主义者"三类。[①] 因此，在阿瑟·施莱辛格的语境中，该术语最初只是用于描述法官对司法审查的实际或感知的方法。美国司法能动主义的主旨是"法官不应回避案件，而应积极地受理和审判案件；不应严格局限于宪法条文的字面意义和立法者的原初意图，消极地顺从立法，而应当密切关注现实社会的发展和需要；对抽象的宪法和法律原则进行创造性解释，及时地弥补既有法律和先例的漏洞与不足；并广泛地运用其权力，尤其是透过扩大平等和个人自由的手段，达至促进社会公平，即保护人的尊严"[②]。欧洲司法能动主义则具有对传统概念法学的反思背景，强调法律审判应该重视社会实际，不能仅依靠法律条文和三段论推理来导出审判结果，主张扩大法官的自由裁量权，允许法官根据正义原则和习惯自由地创制法律规则。[③]

随着司法能动主义的发展，许多国家都对其核心理念予以吸纳，大致可分为以日本、以色列及剧变后的部分东欧国家为代表的司法审查型的司法能

---

① Arthur M. Schlesinger: Jr. The Supreme Court: 194. FORTUNE, 1947, pp. 76-78.

② ［美］克里斯托弗·沃尔夫：《司法能动主义——自由的保障还是安全的威胁》，黄金荣译，中国政法大学出版社 2004 年版，第 3 页。

③ 周珂：《适度能动司法推进双碳达标——基于实然与应然研究》，《政法论丛》2021 年第 4 期，第 13—22 页。

动主义，以韩国为代表的注重扩大民主与人权的司法能动主义，以印度和菲律宾为代表的公益诉讼型的司法能动主义，以欧洲法院和世界贸易组织争端解决的司法案例为代表的扩张性解释的司法能动主义，以及以国际法院和尼日利亚为代表的以法律价值和目的扩展司法裁判渊源的司法能动主义。[①] 印度学者 P. N. 伯格瓦蒂等认为，司法能动主义只是作为法官审理案件的手段而存在，因而不能脱离其为之服务的宗旨，只能按其社会目的去评价它，并将司法能动主义划分为技术能动主义、法学能动主义和社会能动主义三种。[②] 由此可见，国外关于司法能动主义的定义和属于能动主义范畴的具体决定是有争议的政治问题，此乃一个多维度的概念，是一种多面向的司法权运作形态。[③] 司法能动性问题与宪法解释、法律咨询和法律诉讼密切相关，主要指的是法官为了保护个人权利或为更广泛的政治议程服务而忽略了法律先例或过去的宪法解释而做出的裁决，是一种涉嫌基于个人意见而非现行法律的司法裁决。它有时被视为"司法克制"的反义词。

二、能动司法理念的含义

关于中国的"能动司法"与国外的"司法能动主义"之间的关系，我国学者主要有三种观点：第一种观点认为二者之间是绝对等同关系，中国提出的"能动司法"与美国的"司法能动主义"没有什么不同，是能够混淆使用的。[④] 此观点在早期比较普遍，当时学界经常将"能动司法"和"司法能动主义"视为同一种理念，混同适用，强调该理念的重要意义，认为此乃民主制

---

① 杨建军：《司法能动主义在全球的发展》，《山东警察学院学报》2014 年第 4 期，第 30—40 页。
② P. N. 伯格瓦蒂、仁堪：《司法能动主义与公众利益诉讼》，《环球法律评论》1987 年第 1 期，第 35—41 页。
③ 徐霄飞：《"司法能动主义"的兴起与扩散——以"司法能动主义"内涵的探寻与厘清为核心》，《政治与法律》2013 年第 4 期，第 104—114 页。
④ 张志铭：《中国司法的功能形态：能动司法还是积极司法？》，《中国人民大学学报》2009 年第 6 期，第 37—41 页。

度中司法程序的一个必要的和不可避免的部分。[①] 第二种观点认为二者之间是相对等同关系，只是同类概念，中国的"能动司法"与美国的"司法能动主义"的本质是一样的，但是又不能简单地同等适用。不过，从整体上看，可以将我国的"能动司法"看作世界范围内的"司法能动主义"的特别形态。[②] 我国的能动司法是在不具备司法能动主义前提、理论和实质内容下的一种"形似"。[③] 第三种观点则认为，二者毫无关系。此种观点逐渐成为主流观点。中国的"能动司法"与国外的"司法能动主义"并不相同，二者的内涵大相径庭。[④] 中国的"能动司法"是当代中国法律人的智慧结晶，是中国的本土资源。[⑤] 国外的"司法能动主义"是产生并存在于特定土壤与环境之中的，一旦离开，可能就不是"司法能动主义"了。[⑥] 汪光焘也明确表示："我们研究能动司法的概念，不要简单用某种国外的理论来讨论，而是要在中国的法律和制度的框架下来研究，要讲国情，不能照搬国外概念。"[⑦] 就中国本土环境而言，中国的"能动司法"应当在中国特色社会主义理论指导下展开，如此方可发挥其真正价值意义，甚至有学者提出"积极司法"这一概念，认为学界不合理地将司法能动主义等同于能动司法，造成了使用和理解上的混乱，因此，应将司法机关发挥主观能动性的行为称为"能动司法"的同义词"积极司法"。[⑧] 而且，中国司法强调的"能动司法"，立足于司法职能的实现而非扩张，也不具有"司法克制"的反向常态制约。就中国司法的一般功能形态而

---

① 罗飞云：《论权利的司法生成》，《法学论坛》2004年第1期，第83—87页。
② 顾培东：《能动司法若干问题研究》，《中国法学》2010年第4期，第5—26页。
③ 李辉：《罪刑法定原则与我国的能动司法——从盐城"2·20"特大水污染案切入》，《甘肃政法学院学报》2010年第1期，第59—65页。
④ 吴英姿：《风险时代的秩序重建与法治信念——以"能动司法"为对象的讨论》，《法学论坛》2011年第1期，第30—39页。
⑤ 公丕祥：《当代中国能动司法的意义分析》，《江苏社会科学》2010年第5期，第100—109页。
⑥ 赵钢：《"能动司法"之正确理解与科学践行——以民事司法为视角的解析》，《法学评论》2011年第2期，第3—14页。
⑦ 汪光焘：《坚持我国法律制度开展能动司法》，《中国环境法治》2012年第1期，第5—10页。
⑧ 姚莉：《当代中国语境下的"能动司法"界说》，《法商研究》2011年第1期，第129—135页。

言，更准确恰当的表述应该是"积极司法"。[①]

　　本书承认中国"能动司法"的中国特色和本土性，但是并不认为其与国外的司法能动主义绝对割裂。尤其是在全球化的现代世界，二者的"能动"内核亦有相同之处，国外的司法能动主义也有可供中国能动司法思想借鉴之处。中国语境下的"能动司法"理念重在发挥司法的主观能动性，是对现代政治和社会环境变化的回应。因此，在该理念指导下的司法机关应当积极主动地为党和国家大局服务，为经济社会发展服务。由此可见，中国的能动司法理念的核心是发挥法院的政治功能，功能是建立多元的纠纷解决机制，定位是遵循人民司法路线。[②]"能动司法"在中国不是在西方三权分立和合宪性审查制度环境下针对立法权而展开的，而是在司法权运行内部，通过法律手段来提升司法回应社会转型的能力。因此，中国能动司法的展开所关注的焦点仍然是法条的内部或法律渊源问题。[③]

　　中国目前展开的环境司法专门化行动，如增设公益预案原告主体、构建生态环境损害赔偿制度等，都是对能动司法理念的响应，主要表现为"推理启动"和"经验启动"两种启动模式，以及"利益调整"和"技术调整"两种方法模式。[④]环境法学者对能动司法理念展开讨论时，大多承认能动司法理念在环境司法实践中的特殊意义和重要价值，其本意就是面对不断增多的环境矛盾和纠纷，希望司法机关以积极的姿态介入环境纠纷解决之中，满足社会对司法机关的需求和期待。[⑤]这种司法理念在环境司法领域的引入不仅可以

[①]　张志铭：《中国司法的功能形态：能动司法还是积极司法？》，《中国人民大学学报》2009 年第 6 期，第 37—41 页。

[②]　徐霄飞：《"司法能动主义"的兴起与扩散——以"司法能动主义"内涵的探寻与厘清为核心》，《政治与法律》2013 年第 4 期，第 104—114 页。

[③]　解永照、王国龙：《能动司法与规则治理》，《学术界》2012 年第 7 期，第 51—62 页、第 286 页。

[④]　李明耀、黄金梓：《我国法院环境能动司法模式及完善》，《江西社会科学》2016 年第 10 期，第 181—187 页。

[⑤]　丁国民、高炳巡：《论我国环境公益诉讼的归位与诉讼模式的选择》，《中国社会科学院研究生院学报》2016 年第 6 期，第 121—127 页。

有效解决环境纠纷解决方式的不协调问题^①、解决诉讼制度供给不足问题^②、弥补环境行政执法无力的缺陷^③，还可以推动实质环境正义的实现^④，等等。因此，在当代中国环境法治中坚持并体现能动司法有着内在的必要性。

近几年，还有学者发现了能动司法的弊端，认为环境审判中如果一味主张能动司法，对于环境案件全盘接收，会加剧污染环境的治理困境。^⑤有学者甚至表示能动司法理念实际上违背了司法的中立性本质，使司法行政化，长远来看对国家整体性的环境治理是有害的。^⑥因此，有学者开始强调司法克制在环境法治中的地位，认为司法克制是必要的，因为司法本就有被动的性质，但司法克制只是指司法机关不要随意扩张自己的权力边界，并不意味着司法机关在司法活动中不能主动发挥促进环境保护的能动司法作用。^⑦我国的"能动司法"是司法能动和司法克制相结合的能动。^⑧探析以谦抑性为标志的司法克制主义与司法能动主义之间的既关联又相互制约的关系，在司法实践中要处理好二者之间对立统一的辩证关系。为此提出，在环境司法领域要采取适度能动司法^⑨，这是一种"能动司法—司法克制"的理论框架^⑩，要求法官在践行能动司法时应考虑到司法环境或者法官素质等因素，否则，就可能导致司法滥权或者司法混乱。^⑪我们只有努力实现司法需求与司法资源的平衡，才

---

① 黄锡生、任洪涛：《我国环境审判的实践困境与对策研究》，《求索》2013 年第 8 期，第 226—228 页。
② 任俊龙：《略论环境司法专门化》，《求实》2012 年第 S2 期，第 79—80 页。
③ 朱建新、陈迎：《环境案件专业化审判的实践路径》，《法律适用》2014 年第 4 期，第 15—20 页。
④ 徐刚：《中国环境案件审判体制改革的法治逻辑反思》，《中国人口·资源与环境》2014 年第 S2 期，第 103—106 页。
⑤ 汪明亮、李灿：《环境案件"三审合一"模式的实践考察与完善进路》，《河北法学》2022 年第 3 期，第 72—91 页。
⑥ 邓少旭：《我国环境民事公益诉讼构造研究》，武汉大学 2020 年博士学位论文。
⑦ 崔庆林：《环境刑法规范适用论》，昆明理工大学 2017 年博士学位论文。
⑧ 张勇：《刑事和解中检察机关能动司法的制度规范与保障》，《中共浙江省委党校学报》2010 年第 4 期，第 80—85 页。
⑨ 周珂：《适度能动司法推进双碳达标——基于实然与应然研究》，《政法论丛》2021 年第 4 期，第 13—22 页。
⑩ 由然：《反思环保法庭制度化发展之正当性》，《重庆大学学报（社会科学版）》2018 年第 4 期，第 187—198 页。
⑪ 宋远升：《司法能动主义与克制主义的边界与抉择》，《东岳论丛》2017 年第 12 期，第 147—155 页。

能为适度推进能动司法创造一个良好的司法环境，提供一个有效的司法条件，保障适度能动司法的顺利实施。[①]

　　总之，就我国的环境司法而言，能动司法不是问题，如何使司法能动主义走向规范与合理才是关键。[②] 环境司法权的初始功能是解决环境资源开发、利用、保护、管理、改善等过程中发生的环境污染、资源开发利用、生态破坏等方面的纠纷，而如今，环境司法权还发挥着破解环境行政执法动力不足、补充或者代为进行环境行政执法、填补环境损害等衍生功能。[③]

---

① 刘政:《我国能动司法若干问题的思考》,《法学论坛》2012 年第 1 期,第 72—78 页。
② 秦天宝:《司法能动主义下环境司法之发展方向》,《清华法学》2022 年第 5 期, 第 147—162 页。
③ 王国飞:《碳排放数据造假民事公益诉讼规制研究》,《理论月刊》2023 年第 7 期,第 125—139 页。

第六章

生态产品价值司法实现的路径选择

第一节　生态产品价值司法实现的多元化路径

习近平总书记强调，要积极探索推广绿水青山转化为金山银山的路径，选择具备条件的地区开展生态产品价值实现机制试点，探索政府主导、企业和社会各界参与、市场化运作、可持续的生态产品价值实现路径。[①] 面对多元化生态产品类型、多样化生态产品价值实现机制、多元化生态产品法治保障模式，与之相匹配的司法实现路径也应充分考虑多元性。从这个意义上讲，生态产品价值的司法实现应当探索多元化路径，采取这种多元化路径是生态产品价值实现法治保障的内在要求。

---

① 习近平：《在深入推动长江经济带发展座谈会上的讲话（2018 年 4 月 26 日）》，《人民日报》，2018 年 6 月 14 日。

一、多元化的生态产品类型

"没有类型的概念是空洞的概念，没有概念的类型是盲目的类型。"① 类型划分方法亦是重要的法学研究方法。"立法者的任务就是去揭示和描述各种类型，而立法的成功与失败，端赖立法者是否正确地掌握了类型。"② 生态产品多元化即类型多样性，对生态产品类型化的认知可以有效弥补概念诠释的抽象性和模糊性。生态产品的多元化、立体化发展战略决定了生态产品价值实现机制的多元化，对司法实现的多元路径选择适用也具有重要的决定作用。

类型学系指运用类型的要素去掌握某一特定对象的科学研究方法。③ 类型化方法亦是重要的法学研究方法，自 20 世纪 90 年代起，类型化方法在我国的法学基础理论与部门法研究中得以充分运用。法学中的类型划分是一种"类"思维的法学方法论原则。因此，生态环境损害责任抗辩事由的类型划分应以确定类型划分思维为前提，以此展开类型划分的逻辑。

思维是对信息的加工，它既是获得知识的工具，也是认知指导行为的工具。④ 就法学方法而言，思维可谓是其"魂"，是指导法学方法应用于法治实践的关键因子。类型划分的本质是为了突破抽象概念思维的局限而发展出来的一种思维方式⑤，具有价值导向性、介于抽象与具体之间的中间性、使法规范与生活现实相互调适的开放性等特点。⑥ 类型化思维作为一种价值导向的思考方式，是探究事物本质的思维，是"在事物中以灵智的慧眼穿过外表之相而把握'事物本然之理'"。⑦ 类型化思维在法律构建和法治建设中都具有更强

---

① 李克杰：《我国狭义法律类型化的困局与化解》，《东方法学》2016 年第 6 期，第 66—79 页。
② ［德］亚图·考夫曼：《类推与"事物本质"》，吴从周译，学林文化事业有限公司 1999 年版，第 115 页。
③ 吴从周：《论法学上之"类型"思维》，月旦出版社股份有限公司 1997 年版，第 297 页。
④ 麦考密克、魏因贝格尔：《制度法论》，周叶谦译，中国政法大学出版社 2004 年版，第 186 页。
⑤ ［德］卡尔·拉伦茨：《法学方法论》，陈爱娥译，商务印书馆 2005 年版，第 338 页。
⑥ 齐文远、苏彩霞：《刑法中的类型思维之提倡》，《法律科学（西北政法大学学报）》2010 年第 1 期，第 69—81 页。
⑦ 林立：《法学方法与德沃金》，中国政法大学出版社 2002 年版，第 138 页。

的解释力与更大的适用价值。在立法层面，类型化可以实现价值导向的思维方式，实现法律基础理论的全面性和平衡性；而在执法层面，类型化可以弥补概念的抽象性和模糊性，为其寻找适宜的评价标准，特别是法律制度层面所需的明确具体的类型。当前生态经济的发展属于多元立体绿色生态发展模式，生态产品价值实现要求在保持生物多样性、生态环境优良的条件下，应用多元化、立体化的发展战略，有效综合利用生态发展，以此实现经济的多元化发展。顺应生态产品多元化和立体绿色生态发展趋势，是生态产品开发的核心之所在，也是对该阶段予以法治保障的核心之所在。在此环境的驱使下，生态产品通过多元化、立体化发展，其种类范围将不断扩大，其价值评估、信息内容、产权配置等将越发复杂烦琐，仅仅依靠单一的法治保障将难以应对，因此应当进行多元化考虑，即对生态产品价值实现的各个阶段都予以综合考虑，开辟相关的法治保障路径。

目前学界关于生态产品的分类各式各样，但是主要聚焦于生态学和经济学领域，具体分为二分法、三分法和四分法。二分法如马建堂根据生态产品是否具有物质形态将其分为生态物质产品和生态服务产品[1]，张林波等根据生物生产、人类生产参与的程度及服务类型，将其分为公共性生态产品和经营性生态产品[2]；三分法如廖茂林等从生态产品的功能视角出发，将其划分为生态物质类、生态文化服务类、生态调节服务类三种产品[3]，张林波等在原有二分法基础上，基于生态产品价值实现模式，将其分为公共性、准公共性和经营性三类生态产品[4]；四分法如曾贤刚等基于公共产品理论及生态产品的来源

---

① 马建堂：《生态产品价值实现路径、机制与模式》，中国发展出版社 2019 年版，第 3 页。
② 张林波、虞慧怡、李岱青等：《生态产品内涵与其价值实现途径》，《农业机械学报》2019 年第 6 期，第 173—183 页。
③ 廖茂林、潘家华、孙博文：《生态产品的内涵辨析及价值实现路径》，《经济体制改革》2021 年第 1 期，第 12—18 页。
④ 张林波、虞慧怡、郝超志等：《生态产品概念再定义及其内涵辨析》，《环境科学研究》2021 年第 3 期，第 655—660 页。

区域,将其划分为全国性、区域性、社区性、私人性的生态产品[1],刘伯恩结合联合国对生态环境系统服务的定义,按照生态产品的表现形态将其分为生态物质类、生态文化类、生态服务类和自然生态类四类。[2]生态学和经济学的类型化分析正如其概念界定一般,各有偏颇,未综合考虑经济红利和生态红利,最关键的是没有考虑到法制保障、权益保护、法律关系等问题。法律层面类型化的缺失必然引发许多实践层面问题,如生态产品价值实现制度的不健全、由生态产品引发的法律关系矛盾解决路径不完善,等等。

(一)类型化方法:解析性+叙述性

黄茂荣将类型化细分为解析性的类型化和叙述性的类型化两类,这是法学界较为认同和常见的类型化分类。解析性的类型化,即通过分解法由上而下加以类型化,叙述性的类型化则是通过总结法由下而上加以类型化。[3]具体到生态产品制度,与两种类型化方法相比,解析性的类型化方法运用逻辑演绎方法,能够实现下位概念体系的周延性,是真正的生态产品基本类型的划分方法;叙述性的类型化方法则主要通过运用历史经验方法,进行类型的穷尽式列举,但难以实现穷尽,无法保证周延性。生态产品作为脱胎于生态资源的资本化产物,其元单位属于生态资源,生态资源种类繁杂,且多属于生态学专业术语,尚未进行法律界定,因此,对于生态产品的类型化方法应当兼顾上述两种类型化方法,以解析性方法为主,对生态产品进行分类,以叙述性方法为辅,列举各类所涵盖的生态资源。

(二)角度:"三主体一关系"的环境法律关系

法律之目的在于实现法律之精神,法律之精神乃公平正义。无论是概念还是类型,均是实现公平正义的工具。法律视域的类型化目的是致力于法治

---

[1] 曾贤刚、虞慧怡、谢芳:《生态产品的概念、分类及其市场化供给机制》,《中国人口·资源与环境》2014年第7期,第12—17页。
[2] 刘伯恩:《生态产品价值实现机制的内涵、分类与制度框架》,《环境保护》2020年第13期,第49—52页。
[3] 黄茂荣:《法学方法与现代民法》,中国政法大学出版社2001年版,第434—435页。

实践，维护法治的公平正义。因此，类型化更应该注重法治保障，法治保障的对象就是法律关系。如上所述，生态产品是在"绿水青山就是金山银山"理念的指引下，连接人与人之间市场经济关系的重要媒介物。人类作为主体，必然要规范自身行为，从"经济人"转化为"生态人"，而且是具有生态文明观和生态文化理念的、为生态环境自然规律与经济社会发展规律所约束的"理性生态人"。[①] 与此同时，生态产品不同于传统的产品，其具有一定的主观性和主体的平等性，甚至有时候作为主体的人还要服从生态产品。因此，生态产品在环境法律体系内部构建了"三主体"的法律关系，"三主体"之间的相互作用决定了该种法律关系的性质。[②] 而生态产品在"双阶理论"指引下提炼的公私性，决定了其法律关系模型的双重性，即"前阶公法＋后阶私法"的法律关系模型。[③] 生态产品类型化的视角也应当从这种特殊的法律关系出发，综合考虑对"三主体"的保护，在保护人与生态产品，以及生态产品所在的整个生态系统之间的、和谐共生的生命共同体关系的同时，也要兼顾人与人之间因生态产品产生的市场交易关系。

1. 人与生态：公法规制的生命共同体关系

人与生态的关系是一种共生共存的生命共同体关系，这就要求二者之间应当秉持和谐共生的和解之道，人类开发、利用甚至买卖生态产品的过程不能仅以人的利益为标准，必须考虑生态效益，顾及生态经济。同时，在生态产品交易过程中，交易双方应当秉持生态经济发展的长远眼光，注重生态系统的整体稳定性。因此，在对生态产品予以类型化的时候，也要兼顾对生态环境的保护。对于稀缺性、脆弱性的生态产品，必须进行保护式市场交易，对于污染性、有害性的生态产品，必须进行控制式市场交易。这都是从人与生态间关系协调保护出发制定的合理交易方案。

---

① 蔡守秋、吴贤静：《论生态人的要点和意义》，《现代法学》2009 年第 4 期，第 79—91 页。
② 邱本：《部门法哲学研究》，中国社会科学出版社 2018 年版，第 268 页。
③ 税兵：《自然资源国家所有权双阶构造说》，《法学研究》2013 年第 4 期，第 4—18 页。

2. 人与人：私法规制的市场交易关系

"法律对人与自然资源环境关系的调整，调整的并不是人类与自然资源环境的关系，归根结底还是人与人的关系，具体地说，是人与人之间基于自然资源环境而发生的各种社会关系。"[1] 人与人之间的社会关系才是理解人与自然的基础、关键。[2] 生态产品作为市场交易媒介物，使人与人之间产生生态经济性质的市场交易关系。具体而言，这种关系是一种由获得权与给付义务相互对应的生态产品供需法律关系，该关系的形成是生态产品供需关系法律化的必然结果。[3] 落实到市场之中，这既是一种需要民法予以调整的买卖合同法律关系，亦是经济法予以调整的市场规制法律关系。

在该法律关系中，主体细分为市场交易中的供给主体和需求主体，根据生态产品类型的不同，需求主体呈现出多元化特征，国家、法人或者个人都会产生生态产品需求。对于供给主体而言，由于生态产品是一种公有和共用兼备的、公共性和私人性兼具的混合物，因此其供给主体或是国家，或是私人，而根据公共信托理论的界定，主要供给主体为国家。在该法律关系中，其核心关键内容是以生态产品为指向的一种权利义务关系，即需求主体的生态产品获得权和供给主体的生态产品给付义务。因为生态产品供需法律关系存在民法和经济法的双重调整需求，故对该法律关系的保护既要考虑市场交易主体之间的私人权益，也要考虑交易市场自身稳定有序的竞争秩序，而保护的关键就是要考虑生态产品对人而言的生态价值性质。因此，对生态产品的法律分类应当以人为出发点，从生态产品对人的间接价值性质出发进行类型化。

---

[1] 邱本：《部门法哲学研究》，中国社会科学出版社 2018 年版，第 257 页。

[2] 杜辉、陈德敏：《环境法范式变革的哲学思辨——从认识论迈向实践论》，《大连理工大学学报（社会科学版）》2012 年第 1 期，第 116—121 页。

[3] 吴良志：《论优质生态产品有效供给的法治保障》，《学习与实践》2020 年第 5 期，第 84—89 页。

（三）类型化：以人为视角的价值三分法＋以生态为视角的交易四分法

生态产品的类型化既要考虑市场交易主体的经济需求和生态需求，也要考虑生态环境的环保需求和绿色需求；既要关注人与人之间的生态产品供需法律关系，也要兼顾人与生态产品，以及生态产品所在的整个生态系统之间的生命共同体关系。

1. 以人为视角：价值三分法

人关注的是利益，即价值。由上述对生态产品的特征的分析可知，生态产品具有一种生态价值，即间接价值，而其又分为正面价值、负面价值和中性价值。从保护人与人之间的生态产品供需法律关系出发，根据生态产品的间接价值进行分类，如自然遗迹、海洋生态、森林草原等空间资源，可交易的生物资源，以及风能、太阳能、水能等具有生态服务功能的生态产品，对该类生态产品进行正当生产或利用符合生态文明理念，有助于生态环境的治理与保护，故其属于正面价值型生态产品；类似于液态水、废气、碳氮物、能源等可再生或者不可再生的具有生态资源属性的生态产品，对该类生态产品进行正当生产或利用可能导致环境污染、资源稀缺等，故属于负面价值型生态产品；此外还有一类属于中性价值，即对其的正当生产和利用既会产生正面价值，也会产生负面价值，最典型的就是污水废水、固体废物等生物能资源，它既可以成为代替火力发电的能源，又会对环境产生不利影响，因此其属于中性价值型生态产品。

2. 以生态为视角：交易四分法

生态产品作为一种具有一定主观性的客观物，对其类型化必须考虑生态产品及该产品所在的整个生态系统。首先，关于正面价值型生态产品，根据该类产品的市场发展前景分为保护式交易类生态产品和促进式交易类生态产品。保护式交易类生态产品主要是空间资源和可交易的生物资源，对该类自然资源的资本化、价值化是因为通过对其的利用可以提升生态环境的自我净化能力、维持生物多样性和生态平衡。促进式交易类生态资源主要指风能、水能、太阳能等，该类资源在一定程度上可以代替负面价值型生态产品和其他污染环境、破坏生态的自然资源，属于未来的主要资源，也是最具有前景和潜力的生态产品。其次，关于负面价值型生态产品，其中的气态物质资源不仅对人具有负面价值，对生态更具有负面价值，而液态水资源，对其正当利用会导致资源稀缺，对生态的负面价值显而易见，因此对该类生态产品的市场交易属于控制式市场交易，负面价值型生态产品又可以称为控制式交易类生态产品。最后，关于中性价值型生态产品，其对于生态系统而言，既有正面价值，又有负面价值，如污水废水资源、固体废物资源等对生态系统主要呈现负面价值，而林业生物能资源、农业生物能资源、畜禽排泄物资源等对生态系统主要呈现出一定的正面价值，故对该类产品的市场交易属于政府主导的审慎式市场交易，或保护，或促进，或控制，主要由政府进行指导协调，因此中性价值型生态产品也可以称为混合式交易类生态产品。

综上所述，对生态产品的进行法律分类（图6-1）。

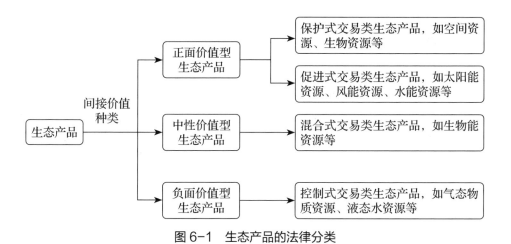

图6-1 生态产品的法律分类

二、多样化生态产品价值实现机制

观察生态产品价值实现的实践探索，从最初的模糊认知到现在的较为清晰，从一开始的单一价值实现机制到今日的多种价值实现机制，从单一的政府主导价值实现路径到政府主导、市场主导、社会主导三条价值实现路径共存，整体而言，当前浙江省在生态产品价值实现方面的探索逐渐深化，认知越发清晰。在对生态产品价值实现的认知较为清晰的基础上，方可进行法律制度的建立与优化，进而建构完善的法治保障路径，用法治手段维护生态产品价值实现的探索进程。虽然当前生态产品价值实现的政府主导、市场主导、社会主导三条价值实现路径尚在构建，尤其是后两条路径还处于探索完善阶段，但是构建相关配套法治保障路径已刻不容缓，鉴于预估生态产品价值实现将呈现多元主体、多种方式、多条路径等多元化趋势，对法治保障路径也应当予以多元化考虑，如此才可以保证法治保障既可以适应当前生态产品价值实现现状，也足以应对未来生态产品价值实现问题，在一定程度上保证法治的稳定性、可信度和威慑力。因此，正是由于对生态产品价值实现的实践探索不断深入、认知清晰明了，才使得生态产品价值司法实现多元路径的选择适用成为可能。而且，全国各地在生态产品价值的具体价值实现路径上的探索虽然精准，但在司法实现中却仍然暴露出许多障碍问题，司法实现模式尚需革新完善，如此方可助推生态产品的价值实现。生态产品价值实现机制的多元化决定了司法实现模式需要呈现出多元化样态。

生态产品价值实现的方法是多样的。既包括通过政府主导进行的生态补偿、修复、开发，也包括由市场引导进行的确权登记、经营消费、产权交易；既可以运用传统市场交易方式实现保值，也可以运用金融财经手段实现增值；既可以仅注重某种生态产品的开发、经营、流转，也可以关注整个生态系统，运用综合系统观念实现整体价值化。总而言之，盘活闲置生态资源、彰显其生态经济价值、实现生态产品价值的方法是多样的，要根据客观情况，因地制宜地选取恰当合适的实现方法。从生态产品所对应的生态资源来看，其主要针对水、土地、森林等生态资源，并且侧重于对山水林田湖草多种生态资源的整体产品化价值实现研究，如吉林省抚松县发展生态产业推动生态产品价值实现案例、江西省赣州市寻乌县山水林田湖草综合治理案例、云南省玉溪市抚仙湖山水林田湖草综合治理案例等，而对大气、湿地、荒漠等生态资源的产品化研究相对较少，研究进展也较为缓慢。从生态产品价值实现路径选取来看，其侧重于采用生态资源指标及产权交易、生态修复及价值提升的政府与市场混合型路径。在自然资源部发布的32个生态产品价值实现典型案例中，近60%选取的是该混合型路径，如福建省厦门市五缘湾片区生态修复与综合开发案例、江苏省徐州市潘安湖采煤塌陷区生态修复及价值实现案例、福建省三明市林权改革和碳汇交易促进生态产品价值实现案例等。约占1/3的典型案例选取了以生态产业化经营为主的市场路径，其所选取的市场化方式有发展生态旅游、经营生态产品等，通过生态产业化、产业生态化和直接市场交易实现价值。关于政府路径的相关研究较少，仅择取了三个典型案例：在国内选取了湖北省鄂州市生态价值核算和生态补偿案例、浙江省杭州市余杭区青山村建立水基金促进市场化多元化生态保护补偿案例，在国外则选取了美国马里兰州马福德农场生态产品价值实现案例，依靠财政转移支付、财政补贴等方式进行"购买"和生态补偿。

本书以浙江省为样板地区，探寻浙江省在探索生态产品价值实现机制中所形成的具有典型意义、推广意义的案例，梳理这些典型案例，可以总结出三种生态产品价值实现机制（表6-1）。

第一种是政府主导价值实现机制，其包括财政转移支付和政策文件支持等实践模式；第二种是市场主导价值实现机制，其包括生态产业化经营、生态权益交易、资源产权流转、生态资本收益、生态载体溢价等实践模式；第三种是社会主导价值实现机制，其主要表现为可持续生计发展实践模式。根据每种模式的特点，结合浙江生态产品价值实践的现状和前景，以某个案例为例，对其典型性、优势及不足进行系统分析，对浙江省生态产品价值实现机制的探索具有反思性、奠基性的实践意义。

表 6-1　浙江省生态产品价值实现机制梳理

生态产品价值实现机制		调研地区	典型案例
政府主导价值实现机制	财政转移支付	金华市	流域生态服务双向补偿机制
	政策文件支持	衢州市开化县	钱江源国家公园体制建设
市场主导价值实现机制	生态产业化经营	宁波市余姚市梁弄镇	全域土地综合整治
	生态权益交易	湖州市安吉县	县级竹林碳汇收储交易平台
	资源产权流转	温州市永嘉县	资源产权交易新模式
	生态资本收益	丽水市	绿色金融产品推广
	生态载体溢价	丽水市景宁县东坑镇	绿色产业发展模式
社会主导价值实现机制（可持续生计发展）		杭州市余杭区青山村	市场化多元化生态保护补偿

（一）政府主导价值实现机制典型案例及评析

1. 财政转移支付：以金华市流域生态服务双向补偿机制为例

浙江省是全国第一个实施省内全流域生态补偿的省份，金华市主城区、兰溪市、浦江县、武义县、磐安县及东阳市等均被列入补偿范围，金华市先试先行，不断探索生态补偿方式。

金华市流域生态服务双向补偿机制是通过强化各地流域水环境保护属地责任、改善流域水质构建流域生态服务补偿市场、实现生态产品价值的重要方式。自 2016 年以来，金华市在流域水质生态补偿方面投入财政资金 2.14 亿元，在全国率先实行全流域联动协同治理激励机制，通过奖惩机制，调动上下游的治水积极性，构建上下游共治共享的流域治理新格局。2018 年，为精准落实上下游治水责任，金华市推出上下游横向补偿机制，补偿金额依据水质类别、水质改善幅度、断面流量、奖惩系数确定。为保障该生态产品价值实现机制，金华市于 2016 年出台了《金华市流域水质考核奖惩办法（试行）》，在全省率先建立了市县两级之间"双向补偿"的流域水质考核奖惩制度，2018 年又出台了《金华市流域水质生态补偿实施办法（试行）》和《金华市流域水质生态补偿实施细则（试行）》，在全国率先实施全流域上下游水质生态补偿。目前，金华市全市的县（市、区）交接断面全部纳入生态补偿范围，形成闭环。整体而言，金华市这一生态产品价值实现典型案例主要有三个特点：一是由行政性转为市场化，由纵向奖惩转为横向补偿，破除原有机制弊端；二是评价更严，标准更高，聚焦水质持续改善目标；三是每月监测核算，定期通报考核，更多地发挥生态补偿作用。

通过该价值实现模式，金华市的水质得到了很大的改善，金华市的断面达标率提升了 33.3%，比"五水共治"前的 2013 年提高了 50%，污染减排幅度位居全省前列。从 2016 年起，全市干流连续 5 年全达标，历年改善幅度居全省第一。10 个出市境断面中，9 个达到 Ⅱ 类水质，真正实现"一江清水送下游"，构筑出"溪从城里过，人在画中居"的诗画风景，显著增强了人民群众的获得感和幸福感。

虽然金华市在生态补偿方式方面起步早、成效佳，但生态补偿机制的健全完善是一个系统性的长效工程，金华市尚未形成一个实质性的、完善的流域生态补偿机制，现阶段的生态补偿机制仍然存在一些问题，如制度层面存在法律法规不健全、顶层设计缺乏、生态产品的补偿方式单一、生态补偿标准偏低、资金筹集困难、有效协调机制缺乏、补偿主体积极性不高等一系列问题。在后期完善推广该典型案例时，也要关注金华市这一典型案例所暴露出来的问题，尤其需要关注生态环境系统服务功能补偿时的配套制度设计、技术支撑、资金储备方面，只有在正视这些不足并努力探索解决的基础上，才可以为进一步推动生态产品价值实现提供一个更加完善的实现模式。

2．政策文件支持：以开化县钱江源国家公园体制建设为例

建立国家公园体制是党的十八届三中全会提出的重点改革任务。国家公

园是自然生态系统中最重要、自然景观最独特、自然遗产最精华、生物多样性最富集的部分，对于生态产品价值实现机制的探索具有得天独厚的优势。[①]钱江源国家公园地处浙江省衢州市开化县，是 2015 年由国家发展和改革委员会等13个部委联合发文明确开展国家公园体制试点的首批体制改革试点之一，也是长江三角洲地区唯一的国家公园体制试点区。

钱江源国家公园通过创新性改革、精细化管理、高标准建设，初步形成了一套自然生态系统保护的新体制模式。[②]这一生态产品价值实现典型案例主要是通过特许经营模式来保障生态产品价值实现的。国家公园特许经营是国家公园体制的重要组成部分，其本质是政府特许经营[③]，即政府通过竞争程序选择经营者，依法授权其在国家公园内开展规定范围和数量的非资源消耗性活动，并向政府缴纳特许经营费。[④]该制度的设计既兼顾了国家公园的管理目标，又可以使特许经营权人获益。[⑤]钱江源国家公园响应国家公园体制政策要求，因地制宜，自我创新和实践，整体的试点完成情况走在国家前列，主要有四项亮点举措：第一项是在管理方面，整体形成了融发展与布局、开发与保护为一体的空间管控模式，探索出了"垂直管理、政区协同"的管理体制，由浙江省编办批复设立钱江源国家公园党工委、管委会，与开化县委、县政府实行"两块牌子、一套班子"的"政区合一"管理方式，既明确了国家公园局的独立事权属性和主导性职责，又充分发挥其管理机制优势，通过管理局和县政府之间的制度化建设解决了体制试点建设中遇到的难题。[⑥]第二项

---

① 臧振华、徐卫华、欧阳志云：《国家公园体制试点区生态产品价值实现探索》，《生物多样性》2021年第 3 期，第 275—277 页。
② 陶建群、杨武、王克：《钱江源国家公园体制试点的创新与实践》，《人民论坛》2020 年第 29 期，第 102—105 页。
③ 侯圣贺：《国家公园特许经营合同的法律基础》，《甘肃理论学刊》2022 年第 1 期，第 87—96 页。
④ 张海霞：《中国国家公园特许经营机制研究》，中国环境出版集团 2018 年版，第 11 页。
⑤ 张平华、侯圣贺：《国家公园特许经营权的性质》，《山东社会科学》2021 年第 2 期，第 182—186 页、第 192 页。
⑥ 陶建群、杨武、王克：《钱江源国家公园体制试点的创新与实践》，《人民论坛》2020 年第 29 期，第 102—105 页。

是在土地权属确权方面，钱江源国家公园集体林地地役权改革基本完成，在2018年已经实现了占比80.7%的集体林地统一管理。在此基础上，于2019年制订了钱江源国家公园承包地地役权改革试点方案，建立了国家公园品牌增值体系，破解了集体林占比高问题，助推了生态产品的价值实现。第三项是在生态环境保护方面，钱江源国家公园体制建设重视多元参与，公众参与生态文明建设的模式和机制不断得到完善，构建了群策群力、共建共享的社会行动体系。同时，还建设了生态保护与监测、气候变化研究、栖息地修复等一系列重点生态保护项目工程，对生态环境问题高度关注。严格实施源头管控、精细精准管控，实现对自然资源与生态环境的长效管控，保护"绿水青山"，以保证其顺利转化为"金山银山"。第四项是在产业发展方面，构建了绿色发展产业体系，使产业结构得到不断优化，产业层次由以传统农业、制造业为主转向以旅游业、文化创意产业为主，通过开展高水平、高质量的科研工作，引入科学技术，建成全国首个"多规合一"信息管理平台，试点成果获得首届"中国城市治理创新奖"优胜奖。

虽然开化县在建设钱江源国家公园的过程中取得了非常大的成就，但是依然有一些问题尚未解决，该案例在生态产品价值实现上的不足主要体现在以下几个方面：一是缺乏稳定的立法保障，应以法律形式完善和确定一些细致制度，保障环境保护措施的连贯性、持续性和稳定性；二是经济发展结构性问题尚未得到根本解决；三是绿色转化通道尚未完全打开，要加大生态产品价值向财产性收入转变的体制机制供给，加强"绿水青山就是金山银山"理念转化路径模式示范效应；四是生态环境改善成效尚不稳固，要加强对环境污染的防治与监管力度，持续加大对基础设施建设的投入；五是生态环境治理能力不足，需加快建设现代化的生态环境治理体系，提升治理能力。通过对开化县在建设钱江源国家公园的具体实践方案的分析，可以得出一点推动生态产品价值实现经验，即生态产品价值的实现不仅要发挥市场的作用，还需要政府通过一定的政策补贴激励市场、社会各界的参与者，以探索更多、更丰富的生态产品价值实现路径模式。

（二）市场主导价值实现机制典型案例及评析

1. 生态产业化经营：以余姚市梁弄镇全域土地综合整治为例

梁弄镇地处四明湖饮用水源保护区，由于村庄小、居住散、耕地少、地块碎，发展空间少与用地粗放多、环境保护要求高与发展建设制约多的矛盾突出。为打破"瓶颈"，运用生态环境优势，实现生态产品价值增值，梁弄镇采用全域土地综合整治的方式，目的是提升优质生态产品供给能力、实现综合效益的提升。

梁弄镇在建立健全该生态产品价值机制的过程中，主要有三个特色：第一点是坚持规划先行。梁弄镇对镇域的空间用地情况进行全面调查后，编制了《全域土地综合整治实施方案》及相关国土空间规划，以此为统领，积极优化生态产品价值实现的空间布局，打造了一个集农田、湖泊、河流、湿地、森林等多种自然生态要素于一体的生态价值实现空间布局。第二点是从生态效益角度出发，加大生态系统恢复和保护力度。梁弄镇着力提升国土空间生态效益，以四明山作为区域生态核心，梁弄镇北边主要开展水域及湿地的生态修复，镇区则以提升人居环境为目标，通过农地整理、建设用地复垦恢复耕地生态系统，南部则侧重于林地、森林的生态修复，以此增强生态产品供给能力，彰显生态环境系统的服务功能价值。第三点是实现要素统合。全域土地综合整治是一个复杂的系统工程，全要素投入保障是成功关键。梁弄镇以土地整治项目为依托，积极构建党政主导、村居主体、社会参与、一体联动的全域土地综合整治大格局。[1] 概言之，此举打造了一个要素统合平台，聚合资金、政策、人力等各种发展要素，助力全域土地综合整治，形成了多模式、多元化、可持续的资金投入机制，充分推动生态产业发展，助推生态产

---

[1] 徐燮彪：《推进全域土地综合整治 创建老区小康新样板——余姚市梁弄镇开展全域土地综合整治纪事》，《浙江国土资源》2018 年第 8 期，第 52—54 页。

品价值实现。

整体而言，梁弄镇的这一生态产品价值实现典型案例丰富了生态产品的数量，提升了生态产品的质量，推动了绿色生态、红色资源与产业的结合，打通了生态产品价值实现的渠道，实现了"绿水青山"的综合效益。虽然梁弄镇在生态产品价值实现方面取得了显著成效，但是仍然存在一些不足之处，如在技术上难以充分、准确地衡量生态产品的价值。实现生态产品价值需要根据生态产品质量、供求关系、生态保护成本等因素形成生态产品价格，生态产品价格形成的前提是价值核算结果可重复、可比较，技术体系可在不同地区推广移植。也就是说，价值核算体系不统一，指标体系不全面、不准确、不统一，评估方法不完善，调查方法不合理，不同研究人员采用的指标类型和方法体系也不一样，这就会导致同一生态系统评估结果的不一致，不同类型的生态系统不同程度的价值评估难以对比，价值评估结果难以让人信服，无法真正提供决策参考[1]；此外，还存在生态产品所处空间相对割裂，基础设施不健全，无法准确、及时实现生态产品价值变现的问题，从而阻碍了生态产品的价值实现。为此，必须要建立统一的生态产品价值实现核算指标，而且，生态资源是经济健康发展的优质基础，要充分依托生态资源实现生态产业化，加大对生态产品价值实现的基础建设力度，克服空间布局带来的阻隔，以此增强生态产品的供给能力。

2．生态权益交易：以湖州市安吉县县级竹林碳汇收储交易平台为例

湖州市安吉县是"绿水青山就是金山银山"理念的发源地，也是忠实践行地。安吉县通过大力发展生态农业、生态工业、生态旅游等生态经济，深入实施"生态立县"发展战略，打通了"绿水青山就是金山银山"理念的转化通道；通过构建生态保护、绿色发展、城乡融合、要素配置、开放合作等

---

① 董玮、秦国伟：《生态产品价值实现难在哪里，如何突破？》，2022 年 3 月 2 日，最后访问时间：2022 年 9 月 29 日，http://theory.people.com.cn/n1/2022/0302/ c40531-32363050.html.

机制，完善了"绿水青山就是金山银山"理念的转化路径；通过打造美丽县域和生态城镇，发展壮大了绿色产业，确立了生态优先的发展战略和绿色可持续发展方式。[1] 目前，安吉县已经逐步构建了具有县域特色的生态文明体制，探索出了以生态产品价值实现为主要方式的绿色发展之路。

安吉县是浙江省内竹资源最丰富的地方。安吉县在实现生态产品价值的目标时主要采用了经济补贴资源环境权益交易实现方式。结合到具体案例中，安吉县于2021年底建立了全国首个县级竹林碳汇收储交易平台，运用碳排放交易，实现首期竹林碳汇收储（含预收储）规模14.24万亩，合同总金额达7230.79万元，预计每年可产生碳汇量5.6万吨。该平台设立的目的是实现生态产品价值转化，推动竹林碳汇"可度量、可抵押、可交易"，让"竹林里的新鲜空气能变现"。安吉县依托该竹林碳汇收储交易平台，通过与金融发展服务中心、县自然资源和规划局、农业农村局等多个相关部门合作，共享生态资源、数据等，有效保障了碳汇收储交易工作的展开，共同推进生态产品价值实现。

在此背景下，安吉县取得了许多成效，如建成了全球第1座毛竹林碳通量观测系统和全国首个竹林碳汇展示馆、开发完成了全国首个CCER（中国核证减排量）竹林经营碳汇项目等，而且已经形成了安吉县竹林碳汇空间85万亩的碳汇资源底座。在这个案例中，安吉县的生态产品价值实现也存在不足之处。一是技术支持水平较低。当前的技术可能并不能解决生态产品确权登记、价值核算、价值评估等生态产品价值问题，解决这些核心问题需要较高的技术水平。二是社会公众参与积极性不高。多数项目仍以政府推动为主，社会公众积极主动参与程度较差，无法有效地保障生态产品价值的顺利实现。三是民众的绿色GDP意识仍比较淡薄等。因此，在之后的发展中，要坚持经

---

① 蔡颖萍：《安吉践行"两山"转化的路径与机制分析》，《湖州职业技术学院学报》2020年第4期，第71—75页。

济发展和生态环境保护相统一，坚持系统治理和集中攻坚相统一，坚持生态财富和经济财富相统一，坚持旧动能破除和新动能打造相统一，坚持绿色发展与生态惠民相统一，坚持行政推动和依法管理相统一。

3. 资源产权流转：以温州市永嘉县资源产权交易新模式为例

永嘉县位于温州市北部，其于 2015 年引入民营资本，成立了完全由社会资本运行的县农村产权服务中心，并逐步探索农村产权交易的市场化运作，该中心通过市场化运作，为全县农村产权依法流转交易提供一站式服务。该中心成立后，组建专业队伍，实现专业人做专业事，在交易的各个环节中都实现了专业操作、规范运行，而且通过建立信息共享系统、"一站式服务""三堂会审"等形式，形成了多方联动协同机制，构建农村产权交易新机制，同时出台相关政策文件，如《永嘉县农村产权交易实施办法》等，规范市场行为，明确社会责任，树立社会公信力。随着互联网技术的发展，永嘉县经过创新 PPP 形式在全省首先建立了市场化的乡镇产权交易买卖平台，并且在全省范围内第一次开创网络公示拍卖这一产权交易新模式。截至 2020 年，永嘉县农村产权服务中心已经解决农村产权交易案例 1009 例，交易金额高达 8.9 亿元，名列全省榜首。

总结永嘉县所取得的成效，主要包括培育农村产权交易市场、盘活农村土地资源、显化农村资产、实现集体资产的增值保值、推动土地流转、促进农业现代化等方面。将该案例价值实现与其他典型案例相比，在生态产品价值实现方面仍存在不足之处，如生态产品产权归属不清晰、自然资源确权制度尚未建立统一的标准、资源资产化和资本化转化通道不畅通等。因此，在后期的发展革新中，尤其要关注产权问题，加快建立"明晰产权＋权益交易"机制，通过推进自然资源确权登记，健全自然资源确权登记制度规范，有序推进统一确权登记，充分推动生态产品价值实现。

4. 生态资本收益：以丽水市绿色金融产品推广为例

丽水市成为全国首个生态产品价值实现机制国家试点后，在绿色金融方面进行了深入探索，在建立了政府购买生态产品机制、生态信用体系等基础上，率先推出"四贷一卡一站"模式。具体包括五个方面：一是建立了以"生态抵（质）押贷"为代表的生态价值融资体系。丽水市根据各类生态产品的特性，建立了生态产品未来收益权质押贷款、林权抵押贷款、农房抵押贷款、土地承包经营权抵押贷款、水利工程产权抵押贷款、生态项目收益权质押贷款、生态商标权质押贷款、生态专利权质押贷款这八类融资项目。二是建立了以"'两山'信用贷"为代表的生态信用融资体系。具体是以企业、行政村和个人为适用对象，根据生态信用正负面清单进行信用级别评定，建立生态信用守信激励、失信惩戒机制，同时还搭建了生态信用与金融信用互联互通平台。截至 2021 年上半年，全市 24 家银行机构开办了"'两山'信用贷"业务，余额达 7.6 亿元。三是探索以生态产品价值实现为主要目标的项目融资体系。该探索主要在丽水市遂昌县展开，该地是国家开发银行在丽水市建立的试点。遂昌县成立"两山"投资发展集团公司，负责全县生态产品价值实现项目的建设资金统筹、管理、偿还等事务，解决生态产品价值实现项目融资难问题。四是探索以区块链为核心技术的新型融资体系。丽水市运用区块链技术，依托金融的生态征信机制，发放线上信用贷款，助推生态产品价值实现。截至 2021 年上半年，生态区块链贷为茶商提供的信用贷款累计达到 1.3 亿元。五是创新组建"两山"金融服务站。丽水市增加了与生态产品价值实现相关的金融服务功能，协助开展农户生态信用信息采集、评定及"'两山'信用贷"等信贷产品宣传、贷前调查和贷后管理等工作。截至 2021 年上半年，已经成功设立了 464 家"两山"金融服务站。整体而言，丽水市在绿色金融方面取得了巨大的成效，量化了"绿水青山"的价值，增厚了"绿水青山"的底色，充分实现了"生态资源"向"金融资产"的转化。

虽然丽水市在生态产品价值实现中取得了巨大的成效，但是仍然存在不足，如金融支持生态产品价值实现的资金总量较低，金融产品较为单一，金融风险管理和市场定价作用未能得到有效发挥，支持生态产品价值实现的政策法规不完善，缺乏法律依据和保障，等等。^①后期要深入探索生态产品价值实现机制关键改革、加强生态系统产品与服务监测评估和技术研究等，早日形成多条示范全国的生态产品价值实现路径。^②

5. 生态载体溢价：以丽水市东坑镇绿色产业发展模式为例

东坑镇是丽水市景宁畲族自治县的"畲乡重镇"，位于县城东南32千米，与浙、闽两省四县交界，是典型的少数民族重点乡镇、生态乡镇和后发偏远乡镇，也是生态产品价值实现试点乡镇。东坑镇一直致力于对生态产品价值实现机制的探索与实践，主要从三方面出发：一是保护方面。绿水青山转化为金山银山的前提是要有"绿水青山"，生态产品价值实现的关键是要有生态产品。东坑镇严守生态保护、环境质量和资源利用三条底线，实施畲乡绿核生态提标工程，利用科技赋能生态治理，打造东坑智慧生态治理平台，深化生态环境长效管理机制，致力于生态型基础设施建设，为实现生态产品价值转化筑牢扎实的生态环境根基。二是聚焦绿色产业发展。东坑镇致力于"红＋绿＋畲"的产业融合发展，以"绿"为核心，以"红、畲"为特色，凸显本土特色，推进农旅融合、文旅融合，打造"畲家喜宴""暮浴山水""太佈娘"等一批畲乡旅游特色产品，并且推进产业与"山"融合、与"水"融合，打造了"乡村匠人""清水文化"等多个文化品牌，研发畲医产品，开发畲药膳食，形成多维产业融合创新，力促生态产品价值实现。三是打造"景宁600"重要窗口。以绿色金融为主，推出"景宁600精品畲农贷""白茶贷""农户小额普惠贷"等金融产品，以及政府主导的"小农户增收奖励新十条""低收入农户造血式扶贫增收奖励新五条"等产业发展增值扶持政策，有效带动东坑生态产品价值实现。以"景宁600"品牌建设为依托，建成"雅景多肉基地"、香榧产业基地、畲乡"水果沟"等多个新产业基地。构建东坑香

---

① 李璞、欧阳志云：《金融创新生态产品价值实现路径研究》，《开发性金融研究》2021年第3期，第88—96页。

② 方敏：《生态产品价值实现的浙江模式和经验》，《环境保护》2020年第14期，第27页。

榧、白茶、畲医畲药等优势农产品的质量认证体系，推动集种植养殖、加工、流通、服务和观光休闲于一体的山地精品农业标准体系建设，逐渐提高生态产品价值，创建市级农业绿色发展示范区。

总之，东坑镇大力推进生态产品价值实现体制机制、模式和方法创新，在生态资源保护和修复方面取得重大成效，生态产品附加值和经济效益也大幅度提升。根据核算结果，2019 年东坑镇的生态系统生产总值（以下简称GEP）为 41.57 亿元，其中物质产品价值为 1.52 亿元，约占东坑镇 GEP 总量的 3.65%；调节服务产品价值为 39.05 亿元，约占东坑镇 GEP 总量的 93.94%；文化服务价值为 1.00 亿元，约占东坑镇 GEP 总量的 2.41%。核算结果表明，与 2018 年相比，东坑镇 2019 年 GEP 保持较高增长，按可比价格计算，增幅达到 4.82%。GDP 与 GEP 实现较快双增长，经济增长与环境保护协调发展。

美中不足的是，即使东坑镇凭借区域公共品牌和绿色旅游产业提升了生态产品附加值，促进了文旅产业经济的发展，但仍然存在一些困境。比如，生态发展公司管理运营亟待专业化人才的加盟，尚未形成规范化运行机制，生态产品价值实现机制尚需不断完善，等等。因此，在后续完善推广东坑样本时，要着力于解决上述问题，强化生态产品价值实现机制，努力将东坑样本打造成可供全国借鉴的典型案例。

（三）社会主导价值实现机制典型案例及评析

生态产品是自然给家庭、社会、国家带来的益处，生态产品价值的实现不仅仅是国家的事情，社会每一个人都肩负着责任和义务。虽然目前在我国的实践中，政府主导和市场主导仍然属于主要的选择路径，但是对这两种路径应予以反思，仅仅依靠政府和市场这两只手来推动生态产品价值实现是完全不够的。社会法学派狄骥认为，人"是一种对自己的行为只有自觉的实体"，"是一种不能孤独生活并且必须和同类始终一起在社会中生活的实体"。[1] 德国

---

[1] ［法］狄骥:《宪法论（第一卷）》，钱克新译，商务印书馆 1959 年版，第 49 页。

哲学家恩斯特·卡西尔表示："人类不应当用人来说明，而是人应当用人类来说明。"① 有人类，就有社会;有社会，就意味着有连带关系。连带关系是构成社会的"第一要素"，是社会中人们之间相互作用、相互依赖的关系。社会协调是人有意识、有目的的活动，是为了使社会朝着可期望、已预定的方向和目标发展②，是社会整体意识的表现。鉴于社会协调既看得见，又看不见，时而看得见，时而看不见，因此邱本教授称其为"看不清的手"。③ 要构建一个生态良好的制度环境，建立一个环境优美的生态家园，还需要社会协调这只"看不清的手"，这只手既可以避免自然环境这只"看不见的手"的机会主义缺陷，也可以避免国家这只"看得见的手"的政府失灵缺陷。因此在生态产品价值实现中要逐渐引入"社会"这只手，形成社会主导价值实现机制。整体而言，要在生态产品价值实现路径探索过程中，让自然环境这只"看不见的手"、国家这只"看得见的手"和社会协调这只"看不清的手"互相配合，实现"三手合一"。

社会主导价值实现机制较政府主导和市场主导这两种单一模式而言，其适用范围更为广泛，不仅适用于受益主体、产权界定不清的纯公共生态产品，还适用于受益范围和规模较小的准公共生态产品。④ 有的学者也将其理解为"政府＋市场"的综合模式。⑤ 前文已述及社会主导价值实现机制主要包括三种模式，即社会组织直接付费、可持续生计发展和自组织支付。因为在浙江省内对于社会组织直接付费和自组织支付这两种模式尚未出现系统的实践样板，在此不作重点论述，此处主要介绍可持续生计发展模式。可持续生计发展模式通常由非政府组织（NGO）、社会公益基金等各类社会组织通过绿色信

---

① ［德］恩斯特·卡西尔:《人论》，甘阳译，上海世纪出版集团 2003 年版，第 101 页。
② 邱本:《部门法哲学研究》，中国社会科学出版社 2018 年版，第 209 页。
③ 邱本:《部门法哲学研究》，中国社会科学出版社 2018 年版，第 211 页。
④ 丘水林、靳乐山:《生态产品价值实现：理论基础、基本逻辑与主要模式》，《农业经济》2021 年第 4 期，第 106—108 页。
⑤ 任佳、郑文聚、王军:《创新运用"政府＋市场"模式实现生态产品价值——以哥斯达黎加为例》，《资源导刊》2020 年第 7 期，第 54—55 页。

贷、水基金、碳信用等方式，实现生态保护区内生态保护和农户增收致富协调耦合，适用于产权和归属界定不清的公共生态产品与受益范围及规模较小的准公共生态产品^①，也可以将其视为一种社会众筹。万向信托与杭州市余杭区青山村共同创立的龙坞善水基金就是可持续生计发展模式的典型案例。

青山村是浙江省杭州市余杭区黄湖镇下辖的一个行政村。近年来，青山村与大自然保护协会、万向信托等组织和企业开展合作，通过社会主导生态产品价值实现模式，于 2014 年创立了中国第一个水基金——龙坞善水基金，集中托管 2000 多亩水库集水区的竹林，村民每年收取租金，年收益提高了 20%。通过该基金模式，组建"善水基金"信托，引入社会资本参与生态补偿。^②鼓励社会公众通过财产权信托、捐赠或投资等方式参与"善水基金"，从基金中获取生态补偿金，建立多方参与可持续的生态补偿机制。并且在 2015 年，"善水基金"出资成立了"水酷"企业，开展包含生态产品、生态体验、宣传教育等内容的多个项目，该企业还与社会公众进行业务合作，项目合作者遵循一系列环境保护标准参与经营，并将通过经营获得的约 15% 的收益以捐赠方式捐给信托基金用于对龙坞水源地的保护，该企业还负责生态产品价值变现，拓展各类生态资产交易销售渠道。

"善水基金"通过严格管理和生态修复，短短数年就使龙坞水库的水质从最初的Ⅲ类至Ⅳ类重新恢复为Ⅰ类，龙坞水库也被政府列为水源地保护区。对青山村这个生态产品价值实现案例进行总结分析，首先，该案例所针对的目标单一，仅仅是龙坞水库，这就使产权清晰，空间范围小，谈判、监管的成本低、风险小，社会参与也容易成功。其次，以土地信托作为产权交易模式，既明晰了产权边界，也避开了集体产权不能私有化的困难。再次，实现

---

① 丘水林、靳乐山：《生态产品价值实现：理论基础、基本逻辑与主要模式》，《农业经济》2021 年第 4 期，第 106—108 页。
② 杜悦英：《立法与实践并进 生态补偿新局渐次铺开》，《中国发展观察》2021 年第 Z1 期，第 76—79 页。

了多方协同联合，以此进行资源拼凑，发展亲环境产业，充分实现了利益共享的目标，达到了经济和环保双赢的目的。最后，社会主导价值实现机制中亦借助了政府力量，充分化解本地合法性危机，完成本地合法性认同转化，实现与社区之间的利益共享制度的机制结合。[①]

"善水基金"信托按规定流转了水源地汇水区内化肥和农药施用最为集中、对水质影响最大的 500 亩毛竹林地（涉及 43 户村民），基本实现了对水库周边全部施肥林地的集中管理，有效控制了农药、化肥的使用和农业面源污染，无论是保护"绿水青山"还是将其转化为"金山银山"，都具有显著的成效。在保护"绿水青山"方面，通过水源地保护和系统治理，青山村及龙坞水库的水质逐步提升，"善水基金"仅运行 1 年就实现了从当地水质氮、磷、溶解氧IV类达标，到氮、磷、溶解氧I类达标。[②] 总磷与溶解氧指标由 2014 年的IV类或III类提升并稳定在 I 类，总氮指标呈下降趋势，水源地内农业面源污染得到有效控制，水质得到明显改善。而在转化为"金山银山"方面，"善水基金"信托每年平均支付给村民的补偿金约为 172 元 / 亩，相比村民自营时提高了 20%，充分保障了村民的财产权利和生态补偿机制的可持续性。同时，"善水基金"运营的直接收入超过 100 万元，为水源地保护项目提供了可持续的资金支持。整体而言，通过"善水基金"，青山村搭建了一个多方参与、共同磋商的开放性协作平台，形成了"保护者受益、利益相关方参与、全社会共建共享"的共赢局面。

虽然青山村生态产品价值实现的具体实践方案已经成为全国可资借鉴的生动样板，但是其仍然存在价值实现的不足之处：第一，竞争激励难以满足多元化需求。对于大多数并未进入市场的生态产品而言，由于产权天然模糊、

---

① 张捷、王海燕：《社区主导型市场化生态补偿机制研究——基于"制度拼凑"与"资源拼凑"的视角》，《公共管理学报》2020 年第 3 期，第 126—138 页、第 174 页。
② 王思博、李冬冬、李婷伟：《新中国 70 年生态环境保护实践进展：由污染治理向生态补偿的演变》，《当代经济管理》2021 年第 6 期，第 36—42 页。

价值所有者缺位（包括当代和未来的所有者），事实上没有人代表这部分生态产品的价值所有者开展交换。即使非营利性社会组织为部分生态产品价值实现提供了渠道与支撑，但因缺乏经济激励难以开展大范围、持续性的志愿补偿活动。第二，制度建设滞后于市场化演进。青山村在进行生态产品价值实现路径探索、实践的过程中，由于缺乏系统的法律制度的指引，难免会出现法律制度无法适应市场化发展的要求，从而阻碍了"绿水青山就是金山银山"理念的转化。第三，产权模糊难以确权，公众参与度不足。虽然在采取"善水基金"信托的方式后，村民可以将林地承包权等产权交由"善水基金"集中管理，但是因为自然资源确权的困难导致产权不明晰，从而使村民无法毫无争议地将林地承包权等产权交由基金集中管理，公众参与度不高，等等。基于此，必须要从中吸取教训，摸索制定出适用于生态产品价值实现的成体系的法律法规，为生态产品价值实现提供法律法规支持，继续重视发展绿色产业，形成绿色产业与生态保护相辅相成的格局，逐渐建立统一的产权确权制度，明晰产权，为公众产权投资畅通道路。此外，还要搭建一个稳固持续的多方交流平台，创新乡村治理模式，提高公众的参与度。

三、多元化生态产品法治保障模式

生态产品价值实现法治运行的精细化要求法治保障路径多元化。生态产品价值实现领域的法治建设已经开始向纵深发展，这也是法治运行精细化程度加深的表现。法治运行的精细化是指要从静态的法律规范发展为动态的法律实施，从宏观的制度设计发展为微观的法律关系调整，从对宏大口号的宣传转化为对具体生活的践履。[1] 法治的运行并不是单一的运行过程，其与政治、经济、社会、文化等系统的变革发展密切相关，彼此之间存在一种"内

---

① 王浩：《论我国法治评估的多元化》，《法制与社会发展》2017 年第 5 期，第 5—23 页。

容和形式的关系"。① 不同系统的架构、功能、因素等各不相同，尤其是生态产品价值实现的法治运行，其最核心的系统就是生态环境系统，该系统具有高度的复杂多样性和变动性，这就决定了与之配套的法治运行过程不可刻板单调、一成不变，而要变动不居、灵活变通。同时，法治运行本身在不同系统中具有不同的表现方式和运作机理。综上，法治运行的精细化既要注意共性，做到系统全面、顾全大局，也要关注特性，做到因时制宜、因地制宜；既要在精神理念层面达到协调统一，也要在实践操作层面注意差异化；既要有着长期的发展愿景，也要根据系统变化不断调整修正。再者，在生态产品价值实现的法治运行过程中，政府、市场、社会、个人等各个主体均参与其中，这些主体对生态产品价值实现的法治运行具有共同的愿景和目标，但也有不同的需求和构想。需求不同必然产生纷争，纷争必然需要通过法律来解决，这就决定了法治运行的精细化也要对各种需求的理解、处理和解决等都做到精细化，要理解得充分明确、处理得恰当到位、解决得心服口服。这就对生态产品价值实现的法治保障提出了多元化要求。总之，对于生态产品价值实现法治运行的精细化特性，其法治保障应当多元化，以此实现对现实法治运行问题的充分回应，以法律手段保障生态产品价值实现。

目前，我国已经发布三批生态产品价值实现典型案例，而其在实践过程中也辅以相关法治保障机制配合使用，尤其是基于我国本土的典型案例。在依法治国的社会背景下，生态产品价值实现法治保障的重要性逐渐提升，通过从静态和动态角度发挥法治作用，推动生态产品价值的实现进程。

本书主要从生态产品价值实现的增值现状出发，检视我国生态产品价值实现典型案例的法治保障路径，并进行归类、整合、分析，大致将其划分为开发性法治保障路径、弥补式法治保障路径、市场化法治保障路径、金融性

---

① ［美］Daniel L. Stufflebeam、George F. Madaus、Thomas Kellaghan：《评估模型》，苏锦丽等译，邓国胜等校，北京大学出版社 2007 年版，第 397 页。

法治保障路径四种生态产品价值实现法治保障路径（表6-2）。

表6-2 生态产品价值实现典型案例法治保障路径梳理

序号	生态产品价值实现典型案例	法治保障路径
1	福建省厦门市五缘湾片区生态修复与综合开发案例	弥补式法治保障
2	福建省南平市"森林生态银行"案例	金融性法治保障
3	重庆市拓展地票生态功能促进生态产品价值实现案例	市场化法治保障
4	重庆市森林覆盖率指标交易案例	金融性法治保障
5	浙江省余姚市梁弄镇全域土地综合整治促进生态产品价值实现案例	市场化法治保障
6	江苏省徐州市潘安湖采煤塌陷区生态修复及价值实现案例	弥补式法治保障
7	山东省威海市华夏城矿坑生态修复及价值实现案例	弥补式法治保障
8	江西省赣州市寻乌县山水林田湖草综合治理案例	市场化法治保障
9	云南省玉溪市抚仙湖山水林田湖草综合治理案例	市场化法治保障
10	湖北省鄂州市生态价值核算和生态补偿案例	弥补式法治保障
11	江苏省苏州市金庭镇发展"生态农文旅"促进生态产品价值实现案例	市场化法治保障
12	福建省南平市光泽县"水美经济"案例	弥补式法治保障
13	河南省淅川县生态产业发展助推生态产品价值实现案例	市场化法治保障
14	湖南省常德市穿紫河生态治理与综合开发案例	弥补式法治保障
15	江苏省江阴市"三进三退"护长江促生态产品价值实现案例	市场化法治保障
16	北京市房山区史家营乡曹家坊废弃矿山生态修复及价值实现案例	弥补式法治保障
17	山东省邹城市采煤塌陷地治理促进生态产品价值实现案例	弥补式法治保障
18	河北省唐山市南湖采煤塌陷区生态修复及价值实现案例	弥补式法治保障
19	广东省广州市花都区公益林碳普惠项目案例	金融性法治保障
20	福建省三明市林权改革和碳汇交易促进生态产品价值实现案例	金融性法治保障
21	云南省元阳县阿者科村发展生态旅游实现人与自然和谐共生案例	市场化法治保障

续表

序号	生态产品价值实现典型案例	法治保障路径
22	浙江省杭州市余杭区青山村建立水基金促进市场化多元化生态保护补偿案例	弥补式法治保障
23	宁夏回族自治区银川市贺兰县"稻渔空间"一、二、三产融合促进生态产品价值实现案例	市场化法治保障
24	吉林省抚松县发展生态产业推动生态产品价值实现案例	市场化法治保障
25	广东省南澳县"生态立岛"促进生态产品价值实现案例	弥补式法治保障
26	广西壮族自治区北海市冯家江生态治理与综合开发案例	弥补式法治保障
27	海南省儋州市莲花山矿山生态修复及价值实现案例	弥补式法治保障

这四种法治保障路径彼此之间也存在联系，有的典型案例并非仅采用法治保障路径一种，为便于总结提炼，对核心且更具有典型意义的法治保障路径予以总结。

（一）开发性法治保障路径

生态产品的开发就是以生态资源为对象，在充分评价开发能力的前提下，运用经济学、生态学、管理学方法进行价值核算，尤其是以价值量化其具体生态功能，将该功能转化为具有一定的服务性和资产化产品的过程，其实质就是挖掘生态资源的价值化，推动生态资源的资产化，此乃生态产品价值实现的首要阶段，是对其经济价值的开发，用以实现生态资源的产品化，充分发挥其对人类而言的使用价值，满足公众多样性和个性化的需求。生态产品开发是生态资源资产化转化的关键阶段，主要有以下特点：一是要以丰富的生态资源为资源依托，生态资源的丰盛是生态产品开发顺利进行的前提和基础性条件。二是要以科学的方法为手段，这是基于生态产品开发的复杂性程度的考虑，要充分运用各种科学手段评价生态产品开发的能力指标、分析供需状况，评估开发的可能性和必要性。三是要以实现经济转型、提升经济效益为任务。生态产品开发是将绿水青山转化为金山银山的首要步骤，是生态资源资产化的关键，必须明确经济学效益的目标，尤其要关注生态经济效益、绿色经济发展，关注生态功能向服务功能的转化，以满足人们对美好生活的向往和需求。

生态产品的发展是一种多元生态发展，这也是基于绿色经济发展理念的经济发展新方向。具体而言，多元生态发展以生态环境保护和多样性、立体化、高效化为主要特征，①强调生态产品，尤其是具有正向价值的促进类、保护类生态产品的多元生态结构，形成集生态效益和经济效益于一体的完整的开发利用链条，以此加快生态产品价值实现的进程。由此可见，生态产品开发的本质是挖掘生态资源所蕴含的经济价值，一方面为公众所用，满足公众对生态资源的有效需求，保障其对生态环境的环境利用权等一些财产权益，另一方面将生态资源产品化，并将转化所得的生态产品予以价值化体现，服务于各行各业，促进社会经济等各方面的发展与繁荣。对生态产品开发进行法治保障，就是充分利用法律的威慑力优势和全面化特色，对生态产品整个开发阶段进行法治化管理，实现生态产品开发的法定化、规范化、有序化。对开发阶段进行法治保障，对于增加经济收益、维护生物多样性、保护生态环境、提升生态效益、发挥生态环境系统服务功能等都具有重要的价值和意义。而且，在开发利用阶段就强调法治的功能，有利于形成全局系统的法治观念、营造合法合理的法治环境，对生态产品价值实现整个流程的法制健全完善起到重要的奠基性作用。

开发性法治保障路径是生态产品价值实现法治保障的常见路径之一，其主要针对生态产品的开发阶段进行保障，与其他三条路径在现实实践中通常呈现出并列使用的样态。该法治保障路径亦强调多元主体的参与、多角度的考量。生态产品的开发需要政府、市场、社会的通力合作，在构建开发性法治保障路径时要关注多主体的权责分配，注重分配的公平合理，保证每个主

---

① 张宏：《林业多元立体生态开发与林业经济发展》，《山西农经》2022 年第 10 期，第 122—124 页。

体都参与其中，且树立正确的开发利用理念，这就是法治保障路径的观念营造功能。开发性法治保障路径理应以可持续发展为核心理念，注重生态产品开发的可持续性，而非竭泽而渔，这种开发观是有违开发性法治保障路径理念的错误生态产品开发观。开发性法治保障路径既要关注生态产品的多样化角度，总结生态产品共性，也要关注特性甚至偶然性，实现法治保障路径的灵活变通，顺应生态产品开发现状和生态经济发展趋势，尤其是要关注生态产品的储备量和供需度，恰时地适用合理的法治保障模式，还要关注开发方式的多样性。随着时代发展和技术进步，生态产品开发方式逐渐呈现出多样化模式，可以通过金融模式、交易方式、补贴方式等进行生态产品的开发利用，要关注各种不同的开发方式，与其他法治保障路径协调配合，完善开发性法治保障路径，并根据不同情形，调整各种法治保障路径之间的关系和地位。

（二）弥补式法治保障路径

生态环境是一个既脆弱又顽强的系统。说其脆弱，关键在于在生态产品的开发利用过程容易加剧生态恶化、引发生态风险、爆发生态问题；言其顽强，则主要是因为生态环境系统有强大的环境承载力和自愈能力，在一定程度上使生态产品的开发利用得以有序展开。因此，就生态产品价值实现的法治保障而言，仅仅关注开发利用层面的法治保障，并不符合可持续发展价值理念，也与"绿水青山就是金山银山"理念相违背，还应当充分考虑开发利用对生态产品及生态环境产生的负面影响，进行弥补式的法治保障，既协助生态环境的自愈和恢复，也配合生态产品价值实现的开发性法治保障及其他法治保障路径。

对生态产品开发利用的弥补方式是多样的，如生态赔偿、生态补偿、生态修复等，这些都是人类主动干预的弥补，是对生态产品予以开发利用理应付出的代价，重点在于干预生态系统过程和生态环境系统服务。对生态产品开发利用的弥补是多要素的，经济、历史、社会等要素均纳入其中，而为适应生态文明的需求，各类弥补方式将逐步从保持生态系统平衡层面提升到社会经济治理层面，成为与国家政治、经济和文化相关的社会治理措施。[①] 这些弥补方式逐渐进入法学领域，在生态环境法律体系中予以体现，《环境保护法》就明确规定了生态保护补偿制度。仅对中央法律这一层级的生态环境法律进行检视，以"北大法宝"为检索工具，分别以"生态保护补偿""生态修复"为关键词进行检索，共有 10 部中央法律的条文中提及"生态保护补偿"，提及"生态修复"的有 6 部。而随着生态产品价值实现、生态文明建设进程的持续推进，这几类对生态产品开发利用所产生的负面影响起到弥补作用的手段方式在法律制度文本中被提及的概率逐渐提高。仅以生态补偿为例，目前，国家层面已经出台了专门的《生态保护补偿条例》，而在地方层面，相关立法也逐渐增多。苏州市和无锡市在 2014 年和 2019 年先后就生态补偿制度进行专门地方立法，以法治手段推动保障生态补偿机制的运行发展，而在其他地市也发布了地方规范性文件、地方工作文件等，仅浙江省就发布了近 20 部相关制度文件。这些弥补方式已经逐渐实现了从政治话语到法律术语的转变，甚至有的方式在近几年成为重要的责任承担方式。整体而言，在生态产品价值实现的过程中，这些弥补方式起到了推动作用，而在法律制度层面，从权利、义务、责任等角度出发进行规定，使这些弥补方式得以规范化、法定化、有序化，构建了一条稳定有序、条理清晰的弥补式法治保障路径。

弥补式法治保障路径是一种侧重于抑制负面影响、助力治理保护的生态产品价值实现法治保障路径，该法治保障路径是对生态产品予以开发利用的反面保障，与开发性法治保障路径相辅相成，共同促进生态产品的开发利用，助推生态产品价值实现。该法治保障路径在自然资源部所发布的生态产品价值实现典型案例中的适用比例最高，考察自然资源部发布的基于我国本土的 32 个生态产品价值实现典型案例，有 14 个典型案例适用了弥补式法治保障

---

① 邹晓燕：《中国生态修复的进展与前景》，经济科学出版社 2017 年版，第 32 页。

路径，既有从生态补偿角度进行法治保障的，如湖北省鄂州市生态价值核算和生态补偿案例、浙江省杭州市余杭区青山村建立水基金促进市场化多元化生态保护补偿案例，也有从生态修复视角出发予以规定的，如山东省邹城市、河北省唐山市等地市的采煤塌陷区修复治理典型案例，福建省南平市光泽县"水美经济"案例、湖南省常德市穿紫河生态治理与综合开发案例等。虽然弥补式法治保障路径的适用程度不似开发性法治保障路径可以实现全覆盖，但是其适用比例也高于市场化法治保障路径和金融性法治保障路径。弥补式法治保障路径的适用相对于生态产品价值实现而言，具有重要的意义和价值。其不仅关注环境公平、正义与秩序的内在目的性价值，还具有确认、分配、规范等外在工具性价值。通过目的性价值实现生态环境利益相关者之间的利益重构与平衡，实现生态环境利益的持续稳定增加，而通过工具性价值对这些弥补方式进行法律确认，体现其法律强制力，并逐步匹配相应的法定化实施机制，以实现权责对等的法治原则。① 尤其是对于一些重要的生态产品而言，如一些自然保护区、生态功能区、生态敏感区的生态产品的开发利用等，该法治保障路径的完善有利于实现山水林田湖草沙系统性治理，充分考虑了生态系统的完整性和综合性。

（三）市场化法治保障路径

生态产品价值实现的关键就是引入市场这只"看不见的手"。我国自改革开放以来开展市场经济体制改革，经过多年的实践与探索，逐渐建立健全社会主义市场经济体制，"市场"逐渐成为经济的代名词、财富的象征词、利益的承载体。随着生态经济的发展，加之生态产品的重要性和稀缺性日益凸显，建立生态产品市场交易体系、促进生态产品价值实现成为践行"绿水青山就是金山银山"理念、保障生态产品持续高质量供给、建设生态文明的必然选择，对于提升经济发展水平、提高人民物质生活水平也具有重要意义。

---

① 李依林：《论生态补偿制度的价值体系》，《浙江工商大学学报》2020年第5期，第96—105页。

　　我国实施生态产品价值实现的战略意图是将生态产品转化为经济产品融入市场经济体系，利用市场手段提高生态产品供给能力、推动生态产品价值实现。① 随着生态产品价值实现机制探索的逐渐深入，生态产品交易市场也陆续建立起来，如排污权交易市场、碳排放权交易市场、水权交易市场等。尤其是在建设全国统一大市场的社会背景下，建设全国统一的碳排放权、用水权、用能权等生态产品产权交易市场，对于打通生态环境成本内部化和生态产品价值实现机制，以及促进生态产品的畅通流动、价值化体现，都具有重要意义。②

　　检视当前的生态产品市场，全国碳排放权交易市场已经开始投入使用，且总体情况向好，运行机制稳健，这为其他生态产品产权交易的全国市场构建奠定了基础。而排污权、用水权、用能权等权益交易也呈现出整体良好的发展态势，许多省份相关生态产品使用和交易试点，并出台了省级层级的政策文件。在全国生态产品价值实现的 32 个典型案例中，有 10 个案例都采取了市场化的生态产品价值实现路径，通过推广各类生态产品、发展生态产业、推动产业融合等方式实现生态产品的价值。但是在良好运转的背后也存在许多问题，剖析各个产权交易市场，整体而言，其仍然面临着市场交易活跃度发展不均衡、市场主体参与形式单一、市场基础设施落后于市场发展需要等问题，对这些问题进行纾解的关键手段就是运用法治手段，并且通过健全市场化法治保障路径，在发展规范已有市场的同时也要培育新市场，如重庆市就发现了森林覆盖率达标与不达标之间的交易需求，并培育了相关市场。

　　市场化法治保障路径主要侧重于对市场这只"看不见的手"在法治实践中作用的发挥。"市场"是一只灵活的手，不仅可以实现价值，而且有时还可以实现增值，同时需要法治予以控制，以免其过于灵活导致市场运转脱离合

---

① 李芳芳、杨赫：《生态产品市场化价值研究》，《青海金融》2022 年第 7 期，第 4—10 页。
② 丁瑶瑶：《生态环境迎来"统一大市场"》，《环境经济》2022 年第 13 期，第 12—17 页。

法合理的正确轨道，也需要法治予以保护，以免市场公平有序的竞争遭到破坏。对于市场化法治保障路径的构建而言，其所关注的内容纷繁复杂，从法律关系视角出发，该法治保障路径所协调的是市场中的供需法律关系，既要保护生态产品供给者的权益，以保证其供给的可持续性，也要保护生态产品需求者的权益，以提高其参与市场的积极性和活跃度。而从市场运转机制程序视角观察，该法治保障路径既要关注产权问题，确保生态产品产权的具体法律性质及归属，并且分析该权利所涵盖的各种权能，强化其权利基础，也要注重市场中的要素配置，充分发挥市场配置资源的决定性作用，运用法治方式不断创新交易产品、交易模式，实现收益与成本平衡、保护与补偿对等、激励与约束并重等目标①，还要注重相关市场的运转，对于市场交易进行的每一个环节，都要做到利益归属、利益分配、利益主体、利益边界的明确精细，保障生态产品产权交易健康平稳。

（四）金融性法治保障路径

生态产品价值实现需要资金融通、产品定价、资源配置等，而金融对此起到了支持作用，服务生态产品价值实现也是金融系统贯彻落实国家大政方针的重要任务。② 金融支持在生态产品价值实现过程中发挥着重要作用，金融通过开发融资工具提供融资支持，创新金融交易工具进行市场价格发现、运用科技手段促进保值增值、借助金融平台形成公允价值等方式，介入或者支持生态产品价值实现，以"绿水青山就是金山银山"理念为指导，将金融与生态环境进行连接。③ 我国在生态产品价值实现中逐渐提升了金融的地位，推进了绿色金融的发展。2015 年 4 月 22 日，中国金融学会绿色金融专业委员会

---

① 牛玲:《碳汇生态产品价值的市场化实现路径》,《宏观经济管理》2020 年第 12 期, 第 37—42 页、第 62 页。
② 殷斯霞、李新宇、王哲中:《金融服务生态产品价值实现的实践与思考——基于丽水市生态产品价值实现机制试点》,《浙江金融》2021 年第 4 期, 第 27—32 页。
③ 李睿:《"双碳"视角下金融支持生态产品价值实现的路径研究》,《北方金融》2022 年第 9 期, 第59—63 页。

正式成立，"绿色金融"引发金融行业、财经行业的重视，尤其是在"十三五"规划将绿色金融上升为国家战略之后，我国的绿色金融市场发展迅速，资金规模持续增加，绿色金融产品和服务日益丰富，绿色金融委员会理事单位（包括常务理事单位和理事会特邀单位）数量增至 274 个，涵盖银行、基金、证券、资产管理、信托、保险、科技、会计、法律等多个行业。绿色金融的概念内涵随之不断丰富。2016 年，G20 绿色金融研究小组明确表示，绿色金融是能产生环境正效益以支持可持续发展，将社会资本引导至绿色发展领域的金融生态系统。[①]

绿色金融逐渐成为支持生态产品价值实现的重要手段和路径。比如，山东省蒙阴县创新"林长制＋绿色银行""林长制＋林业碳汇交易"等一系列金融模式，浙江省丽水市在推进生态产品价值实现过程中充分发挥了金融的作用，开发了"三贷一卡一行一站"等一系列金融产品，还有江西省抚州市、浙江省常山县等地建立的"'两山'银行"等。目前，中国拥有全球最大的绿色金融市场，仅中国 2060 年净零排放目标就可将全球升温幅度降低 0.2 摄氏度，所需资金占世界清洁能源总投资的 1/3。[②]中国绿色金融产品从最开始较为单一的绿色信贷，到现在的绿色债券、绿色保险、绿色基金和其他支持绿色与可持续项目或服务的新兴产品，绿色金融工具呈现出多元性特征。绿色金融是落实生态环境治理、落实生态文明理念的重要方式，是深化供给侧结构性改革、引领经济高质量发展的有效途径。相关政策不仅可以引导资源在污染行业和绿色行业之间实现优化配置，而且有助于提高污染型行业内部的资源配置效率，降低传统能源消耗率，充分实现污染成本的内部化，推动产业的绿色化、生态化转型。[③]

---

① 张岳、周应恒：《绿色金融"漂绿"现象的成因与防范：来自日本的经验启示》，《现代日本经济》2021 年第 5 期，第 79—94 页。
② 周东洋：《双碳目标下绿色金融发展仍需多方完善》，《中国贸易报》，2021 年 12 月 21 日。
③ 张小可、葛晶：《绿色金融政策的双重资源配置优化效应研究》，《产业经济研究》2021 年第 6 期，第 15—28 页。

　　绿色金融这一生态产品价值实现方式的建构并非一日之功。当前我国金融介入和支持生态产品的价值实现还未达到高效样态，尚处于探索阶段，金融逐利性与生态产品的公益性之间存在激烈的博弈，而此博弈关系的厘定与矛盾的破除是落实金融支持生态产品价值实现的关键要素之一。而且，国内绿色金融市场存在一些"漂绿""洗绿"现象，导致绿色金融工具没有发挥其应有的生态环境保护作用，而仅仅与传统金融工具一样发挥经济作用。整体而言，我国绿色金融发展起步较晚、发展较慢、保障不足，"漂绿""洗绿"现象较为严重。纾解这些问题的首要就是法治，将绿色金融纳入政策体系之中，运用法治手段保护绿色金融，这也是对生态产品价值实现的保障和助推。

　　金融性法治保障路径是从金融财经角度出发，对生态产品价值增值行为进行的法治保障。法治保障绿色金融创新发展，既要保障"金融"，助推"绿色"，又要力促"绿色"巩固"金融"。概言之，就是既要通过发展绿色金融市场及其产品推动绿色发展，实现经济转型升级，又要将生态资本引入金融决策之中，正确评估和处置生态风险，以维持金融系统的稳定与繁荣。[1] 我国当前在有关绿色金融方面已形成了包括标准体系、金融机构监管和信息披露要求、激励约束机制、产品和市场体系、国际合作在内的"五大支柱"。[2]相关规定主要体现在行政制度层面，呈现出战略化、整体化、协同化三大特征[3]，缺乏立法层面支持。绿色金融法律体系亟待完善，这是一项艰巨且旷日持久的任务。

---

① 隗斌贤：《G20 框架下我国绿色金融的创新发展》，《中共浙江省委党校学报》2016 年第 6 期，第64—72 页。
② 殷红：《全球可持续金融原则比较与实践》，《中国金融》2021 年第 16 期，第 40—41 页。
③ 信瑶瑶、唐珏岚：《碳中和目标下的我国绿色金融：政策、实践与挑战》，《当代经济管理》2021年第 10 期，第 91—97 页。

第二节　生态产品价值司法实现的路径架构

生态产品价值实现的传统法治路径在中国式现代化视域下所暴露出来的各种问题，是否会对生态产品价值实现进程的推进产生阻碍？是否影响了中国式现代化的实现落实？是否仍然可以满足当前的法治需求？这些问题都尚存争议。然而，清楚可见的是，对生态产品价值实现的法治路径进行革新优化乃是正确的选择，更能充分满足当前的法治需求。

在习近平生态文明思想和法治思想的共同指引下，生态文明建设从单一、静态的法制体系逐渐走向多元、动态的法治系统。[①] 这就要求要以法律至上为宗旨，既要关注以良法之治为内容的实质法治，也要关注以规则之治为表征的形式法治。以中国式现代化为推动力所进行的生态产品价值实现法治路径的革新，其最大特征为多元化，主要表现为要素多元、手段多元和主体多元三个方面。

一、要素多元

要素多元强调生态产品价值实现法治路径要调动多种要素，发挥各种要素的效能与活力。

（一）要素多元之核

生态产品价值的司法实现必须要调动多种要素。一方面，这些要素主要是各种生态要素，即山、水、林、田、湖、草、沙等；另一方面，这些要素主要表现为人、财、物等要素的整合。总而言之，生态产品价值的司法实现呈现出要素多元的样态，而这些要素多元的核心关键在于权利。也就是说，权利是将各种与生态产品及其价值实现的相关要素串联在一起的核心要素。

---

① 张忠民、李鑫潼：《生态文明的中国法治与法典表达》，《法治社会》2022 年第 4 期，第 16—29 页。

　　"权利"是现代法律实践中最为基础的概念，也是建构法治大厦的砖瓦。从 19 世纪开始，人们便展开了对"权利"一词的探索，并取得了丰硕的理论成果。关于权利由何而来、如何生成的问题，是一个既古老又陌生、既简单又复杂、虽熟知但非真知的问题[①]。美国著名法哲学家罗斯柯·庞德对此感叹道："法学之难者，莫过于权利也。"[②] 法律作为社会关系的重要调整器，在调整不同主体之间的社会关系层面发挥着"压舱石"的作用，而权利作为法律的核心范畴，亦随着社会实践的发展而不断演化。生态产品亦蕴含着许多权利，有学者强调生态产品的使用权、经营权和收益权，并认为通过明确生态产品交易主体的权利义务，可以进一步盘活自然资源经营权。[③] 还有学者强调，作为公共产品的生态产品不仅为当代人所有也为后代人所有，因此应当注重对后代人享用生态产品权利的保障，这也是在保障后代人的生存发展权。[④] 还有学者提出了生态产品具有"非开发性所有权"，也可以称之为生态产品的存在权，其实质是生态产品正外部性存在的权利。[⑤] 亦有学者将生态财产权视为生态产品所蕴含的权利，此乃生态产品供给主体对所供给生态产品的系列财产权利，包括公主体和私主体的、消耗性和非消耗性的，以及特定类型和概括性的生态产品财产权。[⑥]

　　根据"权利的要旨在于保护和促进权利人的利益"这一"权利利益论"的核心观点，生态产品所蕴含的权利无论是物权还是财产权都是生态环境利益。因此，生态产品价值司法实现的本质就是通过司法彰显生态环境利益。学者邓禾从生态产品物权本质角度出发，认为此乃对生态环境利益的直接或

① 李拥军：《论权利的生成》，《学术研究》2005 年第 8 期，第 79—83 页。
② 张文显：《法哲学范畴研究》，中国政法大学出版社 2001 年版，第 298—299 页。
③ 景晓栋、田贵良、程飞：《"人与自然和谐共生"愿景下生态产品价值实现机制与路径研究》，《中国环境管理》2023 年第 4 期，第 82—90 页。
④ 齐甜甜、华章琳：《奥康纳生态理论下乡村生态建设的理性再思辨》，《农村经济与科技》2022 年第 17 期，第 74—77 页。
⑤ 徐双明：《基于产权分离的生态产权制度优化研究》，《财经研究》2017 年第 1 期，第 63—74 页。
⑥ 陈宝山、黄锡生：《生态产品财产权的类型化建构与制度表达》，《经济体制改革》2021 年第 6 期，第 178—184 页。

间接支配力。①"权利利益论"主要是由边沁、耶林和拉兹三位学者发展得出的。边沁是权利利益说的创始人，其认为：人类受制于"苦"与"乐"的统治，人类的基本规律就是"避苦求乐"，即功利主义原则。②正是"避苦求乐"的人类本能驱使着人类的一切行为，使其成为人生追求的目的。根据功利主义原则，无论是政府本身还是对政府的限制，其正当性都来自"最大多数人的最大幸福"原理，它要求政府在集体利益最大化原则的指引下，将所有人民的总体幸福的净余额最大化。耶林在边沁思想的基础上，将社会公共利益与个人利益结合，而且着重强调社会公共利益，基于社会利益的权利利益理论，将法律从人的利己主义本性中解脱出来，使人们认识到社会对于个人存在的重要性，其将权利定义为受法律保护的利益。拉兹作为现代权利利益说的代表性人物，将权利定义为"当且仅当 × 能够拥有权利，其他情况相等，× 的福祉（利益）是他人负有义务的充分理由时，'× 享有某项权利'"。③拉兹着重强调三个方面：第一个方面，利益是权利的基础；第二个方面，权利是他人负有义务的基础；第三个方面，权利主体具备拥有权利的能力。这是用个人利益来界定权利的。基于前述生态产品的公共性，其所蕴含的利益其实是社会公共利益，此乃社会全体成员共同的、整体的利益，既区别于社会个体成员的利益，也不是社会个体成员利益的简单加总，同时也与国家利益相区别。④

我国生态环境损害赔偿中也蕴含着社会公共利益内容，主要包括两方面：一方面是没有被立法者设立具体（国家）财产权的那部分自然资源利益，其未被纳入财产法秩序，如太阳能、风能等无主能源资源利益；另一方面是大

---

① 徐双明：《基于产权分离的生态产权制度优化研究》，《财经研究》2017 年第 1 期，第 63—74 页。
② 徐爱国、李桂林：《西方法律思想史》，北京大学出版社 2014 年版，第 193—194 页。
③ RAZ J. *The Morality of Freedom*. Oxford: Clarendon Press, 1986, p. 166.
④ 孙笑侠：《论法律与社会利益——对市场经济中公平问题的另一种思考》，《中国法学》1995 年第 4 期，第 53—61 页。

量重要的生态环境服务功能的利益。① 生态产品所蕴含的社会公共利益是后者，即重要的生态环境服务功能利益，也可简称为"生态环境利益"，其并不包含纯粹的经济利益和精神利益，但是有的最终会以经济利益的形式表现出来，所涉及的精神利益也不过是生态环境利益的外在表现形式而已。也可以说，经济利益和精神利益在环境法法益体系中仅仅作为一种反射利益而存在。② 生态产品所承载的生态环境利益将人、财、物等要素都连接了起来，最常见的方式就是在生态产品经营开发阶段，通过交换生态环境利益实现人与人之间的连接即生态产品需求者与生态产品供给者的连接，也实现了财与物的连接，毕竟利益交换需要生态环境利益价值的资产化来实现，从而进行生态产品这一物的交换和价值的交换。

（二）要素多元之理

生态产品价值实现是在社会共生系统环境中，该系统中人、自然和社会之间存在良性互动，涉及人、钱、地等多种要素，任何一种要素连接的缺失、分离都会对生态产品价值实现产生影响。比如，浙江 26 个山区县的县域发展中就存在人、产、地等要素连接缺失的问题，尤其是"人地分离"，这给乡村发展带来人口结构改变、基础设施薄弱、公共服务相对不足等难题，也必然会间接影响生态产品的综合开发经营，使其生态产业化链条较短，继而影响生态产品价值的实现。③

以国土空间生态环境修复为例，这是通过人类的主动干预或被动干预，对国家空间受损的生态环境进行修复，使受损的生态环境恢复到未发生破坏的原始状态或接近原始状态，以满足人类对良好生态环境的需求④，是基于自

---

① 吴惟予：《生态环境损害赔偿中的利益代表机制研究——以社会公共利益与国家利益为分析工具》，《河北法学》2019 年第 3 期，第 129—146 页。
② 史玉成：《环境利益、环境权利与环境权力的分层建构——基于法益分析方法的思考》，《法商研究》2013 年第 5 期，第 47—57 页。
③ 宋蕾：《生态产品价值实现的共生系统与协同治理》，《理论视野》2022 年第 7 期，第 61—67 页。
④ 黄重文：《论生态环境修复责任的司法实现》，载《环境资源与能源法评论》，中国政法大学出版社2022 年版。

然地理格局，适应气候变化趋势，在遵循生态系统演替规律和内在机理的基础上，依据国土空间规划，对生态功能退化、生态系统受损、空间格局失衡、自然资源开发利用不合理的生态、农业、城镇等空间，统筹和科学开展山水林田湖草沙一体化保护修复的活动，是提升生态系统质量和稳定性、增强生态系统固碳能力、助力国土空间格局优化、提供优良生态产品的重要途径。①但国土空间生态修复的对象不同于政治概念中的"国土空间"，生态修复视角下的国土空间不仅包括地域空间，而且更强调空间中的所有要素在空间中的流通。国土空间是由山、水、林、田、湖、草等相互关联的组成部分组成的有机整体，各组成部分之间及内部具有特定的物质交换和能量循环过程。其包括土地、矿藏、水体、森林、山地、草地、荒地等自然要素，也包括农田、村庄、废弃矿区、城市景观、道路等非自然要素，是一个复杂的综合空间。②基于此，国土空间生态修复的本质在于修复不平衡的人地关系，"修"的是人与自然不和谐的相处方式，"复"的是生态系统退化或受损的结构、过程、功能及服务。③通过空间要素的重组和优化与生态功能的恢复和重建，以及不同视角的生态设计等系统行动，来恢复生态系统过程、提升生态系统服务，最终向着生态系统健康、景观生态安全和区域可持续发展的目标前进。④国土空间生态修复着眼的是整个生态系统平衡，而不是某一环境要素。在2021年11月生态环境部例行新闻发布会上，生态环境部法规与标准司司长别涛表示，生态环境损害赔偿制度改革工作全面开展，截至2021年11月底，全国各地

① 张丽佳、周妍、苏香燕:《生态修复助推生态产品价值实现的机制与路径》,《中国土地》2021年第7期,第4—8页。
② 傅伯杰:《国土空间生态修复亟待把握的几个要点》,《中国科学院院刊》2021年第1期,第64—69页。
③ 彭建、李冰、董建权、刘焱序、吕丹娜、杜悦悦、罗明、吴健生:《论国土空间生态修复基本逻辑》,《中国土地科学》2020年第5期,第18—26页。
④ 曹宇、王嘉怡、李国煜:《国土空间生态修复: 概念思辨与理论认知》,《中国土地科学》2019年第7期,第1—10页。

共办理了 7600 余件生态环境赔偿案件，赔偿金额超过 90 亿元。[1]研究表明，全球的土地恢复需要大量的资金，为全球土地恢复调动的财政资源每年高达三四千亿美元。[2]在江苏省南京市人民检察院诉王玉林生态破坏民事公益诉讼案中，法官在审理中就强调，坚持山水林田湖草沙一体化保护和系统治理。对非法采矿造成的生态环境损害，不仅要对造成山体（矿产资源）的损失进行认定，还要对开采区域的林草、水土、生物资源及其栖息地等生态环境要素的受损情况进行整体认定。案涉修复方案涵盖了山体修复、植被复种、绿地平整等生态修复治理的多个方面，体现了强化山水林田湖草沙等各种生态要素协同治理的理念。[3]

国土空间生态环境修复不仅调动了多种生态环境要素，也实现了多种人、财、物之间的连接。如在国土空间生态环境修复责任方面，生态环境修复责任的承担方式既包括由责任方直接针对受损生态环境进行修复即行为责任，也包括责任方不履行修复义务时支付生态环境修复费用的方式即费用责任。如 2021 年辽宁省本溪市的一则案件中，法院责令被告于 2022 年春季在桓仁满族自治县境内的辽宁老秃顶子国家级自然保护区河保护站补种红松苗木 85 株，补种面积为 1.15 亩，确定当年栽植成活率达到 90% 以上，3 年后保存率达到 85% 以上，以桓仁满族自治县自然资源局验收合格为准；若未能履行上述补种责任，则承担生态功能修复费 928.5 元。[4]责任主体也呈现出多样化趋势，但目前的司法现状仍以政府负责为主，企业修复的较少。如 2018 年山东省聊城市某化工公司将废酸液直接排放到濮阳县回木沟，致使回木沟及金堤河严重污染。该化工公司赔偿应急处置费用、环境损害价值和评估费用共计

---

① 中华人民共和国生态环境部：《生态环境部召开 11 月例行新闻发布会》，2022 年 11 月 28 日，最后访问时间：2023 年 7 月 9 日，https://www.mee.gov.cn/ywdt/zbft/202211/t20221128_1006288.shtml.
② Abhilash, P.C. "Restoring the Unrestored: Strategies for Restoring Global Land during the UN Decade on Ecosystem Restoration (UN-DER)". Land, 2021, 10, p. 201.
③ 江苏省南京市中级人民法院：（2020）苏 01 民初 798 号。
④ 辽宁省本溪市平山区人民法院：（2021）辽 0502 民初 3081 号。

551.64 万元。^① 类似的案件还有很多，在国土空间生态环境修复中，生态环境修复的责任主体是多元的，大量学者认为主要修复主体应当为污染行为人及其承继者，政府起到兜底的作用^②，也有学者秉持其他的修复主体层级观念。但无论如何，国土空间生态环境修复责任主体的多样化已经在理论界和实务界达成共识，只是在责任分配方面存在问题，与国家已为该流域水污染防治累计投入治污资金相比，企业付出的代价确实与其造成的损失呈现出不相称的局面，形成了"企业污染、群众受害、政府买单"的责任失衡现象。不同主体的责任失衡导致污染者没有付出其应有的代价，对于预防污染和治理环境都十分不利，污染者延迟补救的代价之一是需要重新评估对人类和环境的风险。政府需要在修复开始之前对资源进行重新评估，因为在此期间，生态资源的价值可能会增加或减少。^③ 而政府也面临着巨大的生态修复财政压力，因此在立法中，明确不同主体的责任承担具有必要性。在生态环境价值的司法实现中，也要注重各种配置的平衡，以实现多种要素的协调。

生态产品价值的司法实现就是要以承载着生态环境利益的权利为核心，连接多种要素，并充分调动，以此发挥各种要素的效能与活力，针对不同地区的生态资源特色与资源禀赋，实现社会经济系统中各要素的协同配合，充分激活要素之间的对接和深度聚集。

二、手段多元

手段多元关注生态产品价值实现法治路径中各法治手段之间的关系，实现各手段之间的协同配合。

---

① 河南省高级人民法院:（2020）豫民终 1217 号。
② 王盼:《生态修复责任主体研究》,《太原师范学院学报（社会科学版）》2016 年第 2 期，第 48—51 页。
③ Joanna Burger. "Costs and Benefits of Delaying Remediation on Ecological Resources at Contaminated Sites", EcoHealth, 2019, 16, pp. 454–475.

（一）手段多元之核

法治作为生态产品价值实现的重要保障手段和助推力量，应以多元手段为主，根据客观实际情况，遵循效能最大化原则，因地制宜地选取恰当合适的法治手段。即便是在运用司法手段推进生态产品价值实现的过程中，也要对立法、执法、守法等法治手段予以高度重视，除法治手段之外，还要让经济、管理等非法治手段发挥关键作用。

生态产品价值实现方式的多样性决定了司法实现手段的多样性。在生态产品价值的司法实现中，法治手段为主要手段，但也不可以忽视对金融财经、市场交易、环境管理等其他非法治手段的作用。整体而言，生态产品价值司法实现手段体以法治手段为主、其他手段为辅。

法治是宪法统率下的体现公共利益的法律的统治，兼具手段意义和目的意义。法治手段作为国家治理的基本手段，在生态环境治理中发挥着关键作用。2014年10月，习近平总书记在党的十八届四中全会第一次全体会议上强调，只有实行最严格的制度、最严明的法治，才能为生态文明建设提供可靠保障。中国环境法确立了节约资源能源、实现绿色低碳循环发展的原则和制度，强调以法治手段推动国家向可持续发展模式转型。[①] 法治手段也是生态产品价值实现的重要手段，按照法治的内容体系，法治手段可以细化为立法手段、司法手段、执法手段等。

立法手段就是建立健全完善相关法律制度。在生态产品价值司法实现中，就是要完善相关法律制度，最大化地体现既有法律规范优势，弥补既有法律规范弊端。法治主要以其权威性和强制性的司法手段约束、规范社会成员的言论行为，以维护社会秩序的稳定[②]。以司法手段解决社会问题是法治主导型

---

① 吕忠梅：《中国自主的环境法知识体系建构初论》，《中共中央党校（国家行政学院）学报》2023年第3期，第57—68页。
② 黄修明：《论儒家"孝治"司法实践中"孝"与"法"的矛盾冲突》，《江西社会科学》2010年第6期，第56—60页。

社会管理的应有之义①，司法手段也是生态产品价值司法实现中的重要法治手段之一。20 世纪五六十年代，当生态环境保护尚未成为重要的政治议题时，美国的律师就通过普通法诉讼设法让法院认为通过司法手段来保护环境是维持法治社会所需。②生态产品价值司法实现中的生态环境修复、生态环境补偿、生态环境损害赔偿等，都体现了司法手段发挥着重要的推动作用。另外，行政手段对于生态产品价值的司法实现尤为关键，毕竟在司法手段运用下对生态产品所作出的相关裁判结果，需要行政手段予以辅助，以此充分落实司法裁判结果，实现生态产品价值实现的最大化。在法治框架内运用教育、调解、疏导等执法手段，融法、理、情为一体，可进一步促进行政执法活动法律效果和社会效果的有机统一。③

还有学者认为仅仅依靠立法手段是不够的，还必须辅之以法律的普及。④普法手段在生态产品价值司法实现中亦发挥着关键作用。通过普法手段，向社会公众普及生态产品及其价值实现的基础概念、法律知识等，能使"绿水青山就是金山银山"理念逐渐融入社会公众内心，使其树立正确的生态文明观。

仔细观察这些多元的法治手段，就生态产品价值的司法实现而言，最关键、最主要的法治手段就是司法手段，这也是生态产品价值司法实现多元手段之核。生态环境司法手段是解决人与自然博弈关系的重要手段，是生态环境法治实施体系的重要组成部分。从司法视角出发，司法手段亦多种多样。如前所述，司法手段既包括诉讼手段，也包括调解、和解、仲裁等非诉手段。诉讼手段随着生态环境司法形式的发展进一步优化完善。非诉手段亦逐渐发展，其在纠纷解决体系中的法律地位逐渐提高。早期认为的赋予非诉纠纷解

---

① 以司法手段解决社会问题是法治主导型社会管理的应有之义。
② 郑少华、王慧：《环境法的定位及其法典化》，《学术月刊》2020 年第 8 期，第 129—141 页。
③ 江必新、程琥：《论良法善治原则在法治政府评估中的应用》，《中外法学》2018 年第 6 期，第 1473—1491 页。
④ 陈金钊：《把法律作为修辞——法治时代的思维特征》，《求是学刊》2012 年第 3 期，第 74—83 页。

决机制的法律效力有悖于非诉纠纷解决机制设立的初衷这一观点①被推翻,该机制发挥出了更大的优势,也有学者称为"逆向优势",认为非诉纠纷解决机制将有助于实现社会良序发展和纠纷解决机制的系统化与有机融合。非诉手段作为诉讼的有益补充,也可以公平高效地解决特定纠纷。②在我国社会公共事务日趋复杂和社会管理模式的功能局限之间的矛盾不断加剧的背景下,人民群众的纠纷解决理念正从"有纠纷打官司"的诉讼救济方式逐渐演变成"国家主导、司法推动、社会参与、多元并举、法治保障"的现代纠纷解决理念,非诉纠纷解决机制也逐渐发展。③在生态产品价值实现领域,非诉手段与诉讼手段紧密结合,与诉讼手段一起发挥着解决生态环境纠纷、推动生态产品价值实现的关键功效。

(二)手段多元之例

生态产品价值的司法实现凝结了法治、财经、交易、金融等多种手段。以碳排放交易市场为例展开,中国于 2013 年正式启动七个省市的碳排放交易试点项目,并于 2017 年 12 月宣布启动全国统一碳排放交易市场的建设。中国目前建立了八个试点地区的碳排放交易市场和全国碳排放交易市场,2020年中国统计年鉴和各试点省市地区统计年鉴的数据显示,中国八个碳排放交易市场的试点省市的人口总数达 3.2 亿,GDP 合计 33.4 万亿元,电力消费量约 16903 亿千瓦小时,总共覆盖国土面积 48 万平方千米,既涵盖东部经济发达地区,又包括中西部欠发达地区,碳排放交易市场的运行和制度设计既有共性,又各具特色,表现出了地区差异。2021 年 7 月 16 日,全国性碳排放交易市场正式上线交易,这一事件预示着碳交易市场将逐步从区域试点阶段过渡到全国交易阶段。全国统一碳排放交易市场是一项庞大的工程,从市场基

---

① Karl Mackie, David Miles, William Marsh, et al. *The ADR practiceguide: commercial dispute resolution*. Butterworths, 2000, p. 102.

② 宿梦醒:《非诉讼纠纷解决方式的逆向优势》,《人民论坛》2017 年第 17 期,第 116—117 页。

③ 龙飞:《替代性纠纷解决机制立法的域外比较与借鉴》,《中国政法大学学报》2019 年第 1 期,第 81—95 页、第 207—208 页。

础设施的建设、整体市场架构的搭建到市场具体环节措施的落实，存在诸多复杂的环节和因素。在碳排放交易过程中，既要发挥经济法手段调动市场活力，也要运用民商法手段维护市场主体权益，有时还要借用刑法手段规制市场秩序。

在法治过程中，要做好各种法治手段之间的衔接和联动，关键是建立健全立法手段，明确我国构建碳排放交易市场法律体系的目的是为我国应对气候变化的政治博弈与抢占未来国际碳排放市场先机奠定法律基础，运用市场规律推动碳排放交易市场的健康发展，通过法律体系保障市场的顺利运行，为融入国际碳排放交易市场做好法律准备。[①] 而且，目前我国大气污染治理的形势十分严峻，碳达峰、碳中和的任务极其艰巨，迫切需要制定符合我国国情的有关碳排放交易市场的法律或行政法规，这对于全国碳排放交易市场的运行和碳排放交易的国际接轨尤为重要。由上述关于立法层级弊端的分析可知，唯有行政法规及以上层级的法律规范才有能力协调好国家部委之间及中央和地方之间的关系，赋予政府监管奖惩措施的合法性。[②] 我国正在起草《碳排放权交易管理暂行条例》，该条例在目前已经颁布出台的部门规章与地方性法律规定的基础之上，综合考虑国外的立法实践经验和国内碳排放交易市场的运行情况，针对碳排放交易主要制度的具体措施进行统一规定。我国碳排放交易法律体系的构建应当遵循循序渐进、逐步推进的原则，综合考虑市场内外的发展情况和央地的碳减排现状，构建碳排放交易市场法律体系的立法规划，注重碳排放交易市场法律规制的阶段性和渐进性。一方面是自愿性向强制性的渐进过渡。由于我国在国际上承担的碳减排义务属于自愿性减排，因此，我国初期的碳排放交易立法应当符合自愿减排要求，逐步建立强

① 王志华：《我国碳排放交易市场构建的法律困境与对策》，《山东大学学报（哲学社会科学版）》2012 年第 4 期，第 120—127 页。
② 张富利、林书海：《我国碳排放权交易法律构造的疏失及完善》，《生态经济》2019 年第 2 期，第 24—30 页。

制性碳排放交易的专门立法。[①]另一方面是行政法规向法律的层级效力渐进过渡。我国碳排放交易市场法律制度体系的构建应当做好短期与长期规划，短期规划是出台行政法规层级的《碳排放权交易管理暂行条例》，长期规划则是将制定更高层级的单行法作为立法目标。另外，建立健全我国碳排放交易市场法律体系，不仅要注重碳排放交易市场立法与其相关国内立法的协调，还要注意与其他法律制度的协调。一是注意与其他环境与资源保护单行法的不断完善，注重相关法律的配套跟进，以适应我国碳排放交易市场的健康发展及与国际市场接轨的要求。[②]气候治理是环境治理中的重要一环，此环节与海洋、陆地、森林等生态环境治理环节相辅相成、密不可分，因此，气候治理不能与环境治理整体脱节，更不能与其他环节脱节，相应的法律制度体系亦是如此。而且，目前中国特色社会主义法律体系中包含了大量致力于"双碳"目标的绿色法律政策，上至国家层面的法律法规，下至地方层面的法规规章，未来应对气候变化、促进绿色金融等致力于"双碳"目标的法律政策会越来越多。二是要注意与国际法律的协调。地球村、人类命运共同体的构建决定了气候治理是国际合作之事，而非一国国内之事。2016年《巴黎协定》正式生效，这表明国际合作共同应对全球气候变化的行动正在进行，而各国为落实协定具体内容纷纷作出承诺，落实"国家自主贡献"行动，中国对此提出"双碳"目标，由此可见，碳减排工作不是一国私事，而是国际大事，中国的碳排放交易市场法律体系的构建必须倾听国际声音，紧跟国际步伐，尽可能做到与国际同步、同行、同进。除此之外，还要注重各个部门法之间的衔接，最典型的就是行政法和经济法之间的联动，碳排放交易市场法律制度除了要与财税法律制度和价格法律制度做好衔接，还要注意做好与金融法、产业政策法等其他宏观调控法律政策的衔接，以碳排放交易市场的建立健全为契机，

① 邵道萍：《论碳排放权交易的法律规制及其改进》，《现代经济探讨》2014年第9期，第77—82页。
② 邵道萍：《论碳排放权交易的法律规制及其改进》，《现代经济探讨》2014年第9期，第77—82页。

进一步发展构建中国的绿色金融体系，助推高排放、高污染产业实现绿色化转型，激励绿色环保产业的发展。此外，还要与市场规制法做好衔接，加强国家干预，重点规制"囤积"碳配额、垄断碳配额、二手倒卖等反竞争行为，针对控排企业滥用在碳排放交易市场的支配地位而实施的囤积、垄断、倒卖等反竞争行为，必须进行反竞争规制，而对于不正当交易的反竞争行为也要严加规制打击，并且可以引入比例原则和比较优势原则，确定交易市场中的最大持仓量限制，建立完善的市场交易规则，并协调竞争政策与产业政策之间的平衡。加强反垄断、反不正当竞争的理念应当在碳排放交易市场中有所体现，尤其是对碳配额垄断现象的规制，对于实现配额分配公平尤为重要。

总而言之，生态产品价值实现需要立法、执法、司法、守法的共同推进，尤其是行政手段和司法手段，它们是推动生态产品价值实现的两大重要法律工具。其中，行政手段所存在的种种弊端强化了司法手段的作用，这就需要协调行政执法与诉讼司法之间的关系，优化二者之间的衔接机制。

三、主体多元

主体多元侧重于生态产品价值实现法治路径中的多主体参与，实现利益共享、风险共担。主体多元主要基于生态产品公私性并存的特征，呈现出准公共物品属性，由各利益主体共同承担和享有生态产品的外部性，这就决定了生态产品价值实现中参与主体的多元化。

（一）主体多元之核

生态产品价值实现过程中涉及多项主体，公民、组织、政府等多项主体协作配合以推进生态产品的价值实现，即便是运用司法手段的过程，也仍然是多主体发挥作用的过程，自然环境这只"看不见的手"、国家政府这只"看得见的手"和社会协调这只"看不清的手"互相配合，实现"三手合一"。

生态产品作为生态环境系统服务功能货币化的象征，以及生态环境法益的载体，是一种典型的公共物品，其供给主体呈现出多主体态势，而在整个生态产品供给主体体系内，政府占据着重要地位。这既取决于政府在供给生态产品方面所具备的经济优势和权威优势，也归因于供给生态产品属于政府的法律职责所在。

目前，绿色低碳行政理念已成为政府机关的核心理念，政府机关肩负的"双碳"任务越发艰巨，尤其是其自身的低碳化管理体制革新任务，以此实现绿色低碳行政。低碳理念在行政法治，尤其是在政府机关管理中的贯彻融贯，使其在形式层面和实质层面都完全符合行政法基本原则的界定标准，有学者对低碳理念进行提炼，确立了低碳行政原则。"生态型政府"构建逐渐引起重视，树立一种自上而下的生态政治理念[①]：强调建立动态组织、转变政府职能、合理配置权责，完善政府生态管理的组织建设；加强市场理论研究、深化市场经济体制改革、培育生态市场，积极发挥市场作用；培育生态 NGO、改善信任格局，推动主体间多元化和一体化的合作进程；坚持正确的立法理念和立法原则，改变执法体制，加强执法权威，完善司法问责和司法救助体系，提高法律保障的有效性。[②]

在生态产品及其价值实现的过程中，政府主要通过创造、维系和改善三种路径来提供生态产品[③]，这三种路径对应着生态产品的"增量""存量""质量"，辐射至法律制度层面，主要对应着生态空间规划、生态保护红线制度、生态空间管控制度等。[④]生态型政府与生态产品的培育与供给存在相辅相成的关系，在生态产品价值的司法实现中发挥着重要的作用。在政府主导之下，社会中任何利益相关者都要投入生态产品的价值转化之中。

生态型政府建设的关键问题就是处理好生态型政府与社会、政治、经济、

---

① 杨志军：《环境治理的困局与生态型政府的构建》，《大连理工大学学报（社会科学版）》2012 年第 3 期，第 103—107 页。
② 宋璐、曾学龙、周晓涛：《生态型政府的构建及其路径》，《重庆社会科学》2014 年第 11 期，第 44—51 页。
③ 张英、成杰民、王晓凤等：《生态产品市场化实现路径及二元价格体系》，《中国人口·资源与环境》2016 年第 3 期，第 171—176 页。
④ 张百灵：《生态产品政府责任研究》，中国社会科学出版社 2022 年版，第 90 页。

文化、市场、国际环境等之间的关系，尤其是要着重处理好生态型政府建设与生态公民培育、城镇化建设、生态市场培育、生态企业成长之间的关系。[①]生态产品价值的司法实现的多主体体系是以政府为中心，连接社会组织、企业组织等多个主体，在政府自身生态产品供给能力提升的同时，提高其他主体的供给能力，这也是多主体协作的生态产品供给制度的建设目的。

（二）主体多元之例

生态产品价值的司法实现中需要强调主体多元化，整合多种主体，通过多主体协作配合，使生态产品价值的实现最大化。以生态旅游为例，其作为生态产品功能开发和价值转化的重要途径，是生态产品价值实现的关键路径之一，就政府而言，其涉及的政府部门多元。在当地政府的领导统筹下，生态环境、自然资源、财政税收、城乡建设、档案管理、文化传播等部门都要参与其中，在完成各自职责的基础上，还要注重部门间的联动协同，形成一个生态产品价值实现的政府部门共生系统。除此之外，社会各主体也参与其中，除去生态旅游开发地当地原住居民以外，还有一些外来游客，其均为生态旅游的利益相关者，共享生态经济，共担生态风险，在生态产品价值实现过程中共同发挥作用，致力于推动生态产品价值实现路径的形成和完善。

近年来，生态旅游中备受国家关注的是国家公园。以国家公园为核心的自然保护地体系的建设是当今世界各国对生态环境和自然资源保护的重要制度之一。我国地域辽阔，生态环境及物种多样，部分极具特色的生态环境和濒危生物种群急需建立更严格的保护制度。在国家公园建立以前，我国主要通过自然保护区对生态环境及生物种群进行保护，但自然保护区与国家公园相比缺乏国家代表性，管理和保护的严格程度不足。随着对国家公园体制在自然资源保护中的优势和重要性的认识不断提升，我国也开始不断推进国家

---

① 刘秋生、樊震超、陈翔等:《"吉登斯悖论"下我国生态型政府建设研究》,《理论导刊》2018 年第 1 期，第 15—21 页。

公园体制建设，构建以国家公园为核心的自然保护地法律规范体系。多元化主体共同参与国家公园环境治理，要求多元化的私主体积极主动地参与环境管制型法律关系，创新环境私人治理措施，确认多元主体在环境治理参与中的权利和义务。而特许经营制度既是我国自然资源保护与管理领域的常用法律机制，也是私人主体与政府主体共同参与国家公园治理的实施方式之一。[1]国家公园内及周边地区的经营活动能够通过特许经营吸纳当地企业、原住居民和其他市场主体参与国家公园的建设，形成国家公园治理的多元参与格局。原住居民既能通过特许经营直接参与国家公园的游憩经营服务，也能作为相关的企业员工间接参与。原住居民通过参与国家公园的建设，能够从特许经营中获取相应的报酬，提升生活水平，弥补因资源环境开发限制而导致的经济损失，并在一定程度上促进当地经济发展。

第三节　生态产品价值司法实现的路径展开

2024 年的政府工作报告将"完善生态产品价值实现机制"列入工作任务[2]，而法律是生态产品价值实现的重要机制之一。以革新完善后的生态产品价值实现的法理基础为根基，推进生态产品价值实现的法治优化，循序渐进地将纸质层面的法转化为行动层面的法。法治优化就是一个由静态规范体系向法律动态运行不断深化和发展的过程，其间充满着多种要素、多维主体的互动联系、能量交换。[3]在立法、执法、司法、守法有机统一的法治体系内，

---

① 刘超：《国家公园体制建设中环境私人治理机制的构建》，《中州学刊》2021 年第 4 期，第 48—55 页。
② 《政府工作报告——2024 年 3 月 5 日在第十四届全国人民代表大会第二次会议上》，最后访问时间：2024 年 4 月 13 日，https://www.gov.cn/gongbao/2024/issue-11246/202403/content-6941846.html。
③ 王建国：《法治体系是对法律体系的承继和发展》，《法学》2015 年第 9 期，第 97—106 页。

司法占据着重要的位置，此乃静态立法进行动态运行的方式，也是推进执法效能最优化的关键，还是全民守法落实的核心。生态产品价值的司法实现具有生态产品价值实现方式和生态产品价值实现保障的双重性质，而其是由司法机构、权力运行、诉讼程序、司法管理等众多要素构成的有机整体。[①] 生态产品价值司法实现多元路径的展开要充分贯彻落实要素多元、手段多元和主体多元的逻辑架构。运用系统思维检视生态产品司法实现的过程，既需要内部多要素、多手段、多主体的健全完善，也需要外部多要素、多手段、多主体的同心协力。

一、内部多元化构建

（一）多元化诉讼机制的健全完善

生态产品价值司法实现主要是运用诉讼手段进行纠纷解决。根据《环境资源案件类型与统计规范（试行）》（法〔2021〕9号），与生态产品价值实现相关的环境保护自然资源纠纷案件包括以下五大类：（1）环境污染防治类案件，是指向大气环境、水、土壤和海洋等自然环境媒介释放有毒有害化学物质、任何化学物质及能源，破坏自然环境媒介及其生态功能，或者危害人体健康、造成财物损失的各类案件；（2）生态保护类案件，是指因破坏遗传（基因）、生命特征、自然环境多样性、景观多样性等，影响自然生态体系机能正常运转的各类案件；（3）资源开发利用类案件，是指在耕地、矿藏等各种自然资源利用过程中所形成的或与生态环境恢复相关的各种案件；（4）气候变化应对类案件，是指在处理人类因污染温室气体、生成臭氧层影响物质等气候变化事件中所发生的各类案件；（5）生态环境治理与服务类案件，是指政府在运用税收、配额等严格的规制措施和第三方管理、环保内容再利用权、绿色金融等市场经济方式，在防控自然资源环境退化、提高生态环境品质过程中所

[①] 黄文艺：《中国式司法现代化》，《中国应用法学》2024年第1期，第8—19页。

形成的各类案件。由此可见，生态环境价值涉及的纠纷类型多样，相关的纠纷解决机制要注重利用多元化的纠纷解决手段，既要注重诉讼解决方式的优化完善，也要关注非诉解决方式的建立健全。

结合前述涉及生态产品价值实现纠纷的案件种类，其涉及民事、行政、刑事多个领域，而目前实务界围绕此类纠纷已经建立了环境民事公益诉讼、环境民事私益诉讼、环境刑事诉讼、环境行政诉讼和生态环境损害赔偿诉讼等多种诉讼解决方式。再反观非诉解决方式，其在学界还被称为替代性纠纷解决方式，作为一个总括性、综合性的概念，其包含了诉讼之外的各种纠纷解决方式，在我国比较常见的有法院调解、民间调解、仲裁、行政处理、协商等。针对生态产品价值实现的司法纠纷，实务界和学术界在建立健全诉讼机制的同时，也引入了非诉机制，比如强化调解和解在诉讼整体流程中的作用、将磋商作为诉讼的前置程序、确立非诉的禁止令适用规则等。针对生态产品受损存在累积型、潜伏者、缓发型、公害性等特征，生态产品价值实现纠纷的司法治理需要回应和破解案件专业性强、举证难、鉴定贵、评估周期长等难点。生态产品价值实现纠纷解决的诉讼机制既要符合法律救济的要求，又要体现环境法的公共性等部门法特色与特殊要求，注重制度的定位与衔接。

生态产品价值实现涉及的纠纷根源在于生态产品所承载的生态环境系统服务功能受损，而其价值的计算评估具有高度的科学性、技术性，是当事人争议的焦点。通过梳理生态环境诉讼裁判文书可以看出，生态环境损害评估鉴定意见对于法官裁判有着举足轻重的影响。[1] 无论是为了规避职业风险，还是为了补充知识不足、增强判决的权威性，不管是对因果关系的认定，还是对赔偿金额的计算，法院都希望有专业机构出具权威的鉴定意见。对于裁量

---

[1] 吕忠梅、张忠民、熊晓青：《中国环境司法现状调查——以千份环境裁判文书为样本》，《法学》2011年第4期，第82—93页。

性赔偿，学界已经在多个领域展开研究，产生了相当丰富的研究成果。[①] 有学者强调公共政策在赔偿额计算中的重要地位[②]，还有学者强调公平价值，认为公平主要体现在赔偿额确定方面，应当以衡平作为最终确定赔偿额的手段。[③] 有学者对《奥地利民事诉讼法》第 273 条、《德国民事诉讼法》第 287 条等域外程序法条款展开研究，揭示了裁量性赔偿制度在这些国家对于提升司法裁判灵活性的意义。[④] 有的学者则重点关注海洋环境损害赔偿问题，运用经济学方法，梳理赔偿金计算所需考虑的各种考量因素。[⑤] 域外也有学者对自然资源领域的裁量性赔偿展开了有益的探讨。[⑥] 从前文的分析可以看出，我国已经通过立法解释和司法解释搭建了裁量性赔偿制度的基本规则框架。生态环境损害赔偿鉴定评估制度和实践虽然存在诸多问题，但也确实为法院裁量性赔偿提供了重要技术支持。为了提高司法裁判的水平，更好地保护生态环境，还需要考虑对法院裁量进行适当约束。

1. 完善有关规则

对《民法典》有关侵权责任裁量赔偿的规定仅作文义解释，会发现相关规定并不能涵盖生态环境损害。对《民法典》第 1231 条进行文义解释，可知该条的规范意旨在于数人生态环境侵权责任的内部承担，适用于生态环境损害已经发生但是无法确定数人中的每一个侵权人各自造成的具体损害的情况。但是仅通过文义解释，即使是对于数人侵权的情况，该条也无法适用于确定整个案件在总体上需要承担多少生态环境损害赔偿金，最关键的是，该条无

---

① 比如，吴汉东：《知识产权损害赔偿的市场价值基础与司法裁判规则》，《中外法学》2016 年第 6 期，第 1480—1494 页；唐力、谷佳杰：《论知识产权诉讼中的损害赔偿数额的确定》，《法学论丛》2014 年第 2 期，第 182—190 页；崔逢铭：《著作权侵权损害裁量性赔偿研究》，中南财经政法大学 2018 年博士学位论文；黄毅：《损害赔偿额之酌定：基于诉讼公平的考量》，《法学论坛》2012 年第 4 期，第 146—153 页。

② 孟雁北：《环境侵权责任中的公共政策问题研究》，《首都师范大学学报（社会科学版）》2006 年第 4 期，第 97—100 页。

③ 张保红：《公平责任新论》，《现代法学》2009 年第 4 期，第 52—59 页。

④ 崔逢铭：《著作权侵权损害裁量性赔偿研究》，中南财经政法大学 2018 年博士学位论文。

⑤ 李强：《海洋侵权损害赔偿额的计算原则》，《生态经济》2014 年第 3 期，第 117—120 页。

⑥ Frank B. Cross. "Natural Resource Damage Valuation". Vanderbilt Law Review, 1989, 42, pp. 269-341.

法适用于单一主体造成的生态环境损害的情况。《环境民事公益诉讼司法解释》第 23 条规定的考量因素与《民法典》第 1231 条基本相同。具体而言，该条司法解释规定的考量因素包括损害结果的客观情况（污染环境、破坏生态的范围和程度、生态环境的稀缺性），生态环境恢复难度，主观因素（防治污染设备的运行成本、被告因侵害行为所获得的利益、过错程度），等等，并规定法院在使用证据时可以参考负有环境保护监督管理职责的部门的意见和专家的意见等。虽然相对于《民法典》第 1231 条，该司法解释为确定一人侵权的生态环境修复费用、数人侵权的生态环境修复费用总额提供了参考，但是对该司法解释进行文义解释，该条旨在确定生态环境修复费用，无法涵盖生态环境系统服务功能损害赔偿金。总而言之，就生态环境系统服务功能损失而言，目前无论是《民法典》还是司法解释，都无法通过文义解释找寻到可以在相关案件中具体适用的规则。正因如此，在司法实践中出现了不少因无法通过文义解释获得法律依据而被驳回甚至败诉的情形。比如最高人民法院驳回再审申请的某生物多样性保护与绿色发展基金会诉某镇人民政府、某村民委员会案①，等等。

另外，从规则层面看，现行规定无论是《民法典》第 1231 条，还是《环境民事公益诉讼司法解释》第 23 条，都没有意识到不同环境要素在计算赔偿时考量因素的不同，这种适用对象的差异性在计算赔偿金额时会产生很大影响。比如，由于生态破坏和环境污染之间的不同，在对环境污染造成的生态环境系统服务功能损失进行裁量时，考虑的因素应该有别于在对生态破坏造成的生态环境系统服务功能损失进行裁量时考虑的因素。在某市人民检察院第三分院诉张某环境损害赔偿公益诉讼案中，被告非法开采煤矿，造成生态破坏。在评估生态环境系统服务功能损失时，针对不同的功能适用了不同的评估方法。具体而言，针对气候调节功能损失，适用了理化反应联系法和

---

① 河南省高级人民法院:（2018）豫民终 344 号；最高人民法院:（2019）最高法民申 5508 号。

市场价值法；对于水源涵养功能损失，适用了理化反应联系法和替代产品法；对于土壤保持功能损失，适用了理化反应联系法和替代产品法；对于维持生物多样性功能损失，适用了市场价值法；对于固碳功能损失，适用了造林成本法。① 鉴定评估意见的结论是，被告造成了超过 25 万元的生态环境系统服务功能损失，法院在判决时将损害赔偿金酌定为 10 万元。法院在判决书中并未明确说明酌定的权力基础。建议支持科研机构重点针对目前司法实践中常见的生态破坏领域的环境损害鉴定评估工作开展技术攻关，尤其是加快农田、森林、草地、湿地等生态系统鉴定评估技术标准的编制发布。

进一步加强立法仍有必要。为了完善生态环境系统服务功能损失赔偿的裁量，建议制定专门的生态环境损害赔偿法，区分生态环境修复费用的裁量和生态环境系统服务功能损失赔偿的裁量②，并且对计算方法予以明确规定，建议结合司法实践和方法适用情况将近似方法予以整合。比如，揭示偏好法与替代市场法较为近似，其在概念上的差异反而增强了法律领域和生态学领域间的对立关系，故可以将二者予以统一。将来在对各种环境保护单行法进行修改完善的时候，可以根据具体生态产品种类的独特性，对其所承载的生态环境系统服务功能损失赔偿的裁量性计算规则作出更为详细、精准的规定。

2. 明确适用条件

明确生态产品所承载的生态环境系统服务功能裁量性赔偿的适用条件，也是合理限制诉讼解决机关裁量权的关键，可以通过控制具体的纠纷解决程序来达到监督恣意裁量的效果。根据《环境民事公益诉讼司法解释》第 23 条对生态环境修复费用的规定，进一步区分不同情形，可以将生态环境系统服务功能裁量性赔偿的适用条件规定为损害不能证明和损害难以证明两种情形。③

---

① 重庆市第三中级人民法院：（2018）渝 03 民初 433 号。
② 张梓太、吴惟予：《我国生态环境损害赔偿立法研究》，《环境保护》2018 年第 5 期，第 25—30 页。
③ 王磊：《论损害额酌定制度》，《法学杂志》2017 年第 6 期，第 110—117 页。

所谓损害不能证明，是指生态环境系统服务功能损失已经存在，由于其性质的特殊性，从客观上无法或不能证明损害数额。如果损害无法以现有的科技认知水平进行货币化评估，则不能认定对生态环境公共利益造成损害。以大气污染纠纷为例，在某生物多样性保护与绿色发展基金会诉某省某化工有限公司大气污染责任纠纷案中[①]，因大气污染物的迁移性及被告拒绝提供相关技术资料和数据等多种因素，导致司法机关无法对被告违法排放烟尘、二氧化硫及氮氧化物造成的生态环境系统服务功能损失进行鉴定评估，进而影响该案件的推进。

所谓损害难以证明，是指生态环境系统服务功能损失已经存在，但证明损害数额存在重大困难的情况。原因包括取证困难、鉴定成本可能高于损失本身、无法确定基线水平、水或者大气的流动性造成污染物扩散，等等。

以水污染纠纷为例，环境的自然净化功能会导致损害难以证明的情况。河水具有流动性，流量、流速等因素会决定河流的自净能力。河流自净能力会自然地改善污染物排放点的水质。但是，河流的自净能力并不必然意味着不需要开展生态修复。[②]对于诸如此类的案件，法院多酌情认定赔偿金额方式，以确定生态环境系统服务功能的损失赔偿金。

取证困难、鉴定成本高于损失本身，也会导致生态环境系统服务功能损失鉴定评估困难。在某生物多样性保护与绿色发展基金会诉某省某钛业有限公司环境污染责任纠纷案中，原告并未提交证据证明案涉渣库所在地及周边土壤和地下水存在持续污染或其他严重污染后果。法院也未支持原告要求对案涉渣库所在地及周边土壤、地表水和地下水污染启动鉴定程序的申请。法院考虑到鉴定成本、鉴定收益、诉讼效率等因素，经过成本—效益分析之后，

---

① 山西省长治市中级人民法院：（2016）晋 04 民初 35 号。
② 江苏省泰州市中级人民法院：（2017）苏 12 民初 51 号；2020 年最高人民法院第二十四批指导性案例之三。

最终认为不应启动鉴定评估程序，驳回了原告的鉴定申请。[①] 在诸如此类的案件中，法院多酌情认定赔偿金额方式，以确定损失赔偿金。

3. 预防恣意裁量

应对法官自由裁量权的风险，须先对何为恣意裁量或滥用裁量权进行界定。[②] 法官自由裁量权作为一种司法权，一般应从合法性、合目的性、合理性等角度，评判其是否存在滥用情形。[③] 所谓合法性，是指法官行使司法自由裁量权时不能超过法律所给定的限度、幅度、时间、手段、方式等。除了少数特例外，法律对于法官的自由裁量权都规定了考量因素和幅度范围。法官可以选择、权衡，但是必须在法律规定的范围之内。合目的性则包含两层含义：一是合乎法律授予法官裁量权的一般目的；二是合乎法官在本案适用的规则的特别目的。前者是宪法对立法权、司法权之间关系的安排，后者是立法为具体法律规则设定的规范意旨。法官在行使裁量权时，应当符合规范意旨，不得考虑不当因素。合理性主要体现了比例原则的要求。比例原则包含适当性、必要性要求，要求法官以对被告损害最低、权益影响最小、成本最低的手段救济原告的权益。[④] 同时违反以上要求的，即构成恣意裁量。

就生态环境系统服务功能损失裁量性赔偿而言，从正面规范自由裁量权使用，需要从以下几个方面进行探索和尝试。

第一，建立完善法官自由裁量制度的立法解释和司法解释。限制法官自由裁量权的前提，是该权力在立法解释和司法解释中有法律依据的保障。赋予权力以合理行使的范围，需要先完善法治化的制度建设，保证法官的审判过程只服从法律。我国现行实体法和程序法均应对生态环境系统服务功能损

---

① 云南省高级人民法院：（2019）云民终 627 号。

② Adrian Vermeule. "Optimal Abuse of Power". Northwestern University Law Review, 2015, 109, pp.673-694; Evan J. Criddle & Evan Fox-Decent. "Keeping the Promise of Public Fiduciary Theory: A Reply to Leib and Galoob". Yale Law Journal Forum,2016, 126,pp. 192-215; Nicola Gennaioli & Andrei Shleifer. "Judicial Fact Discretion". Journal of Legal Studies, 2008, 37, pp. 1-35.

③ 张学玲：《论我国法官自由裁量权及其规制》，西南政法大学 2011 年硕士学位论文。

④ 郑晓剑：《比例原则在民法上的适用及展开》，《中国法学》2016 年第 2 期，第 143—165 页。

失裁量性赔偿问题作出规定。在实体法方面，应通过制定专门的生态环境损害赔偿法或者通过修改各种环境保护单行法的方式，分别为生态环境修复费用和生态环境系统服务功能损失制定赔偿规则，要对各种计算方法予以整合、罗列和说明，尤其是对各种酌定时的考量因素予以解读和列举，以便法律工作者理解和应用。在程序法方面，应对法官自由裁量权进行原则性的规定，将侵权责任法、知识产权法等领域有关裁量性赔偿的具体规则提炼、上升为统一的、一般性的规定。在现阶段，应尽快总结经验，修改、完善原有的司法解释，通过司法解释对生态环境系统服务功能损失裁量性赔偿的启动规则、认定规则、赔偿计算规则等作出规定。

第二，从程序上控制滥用裁量权。应当适当限制法官在生态环境损害赔偿案件审判中过度行使释明权。应根据行为所处的诉讼阶段及对当事人造成不利后果的程度，针对不当释明，设置相应的救济措施，保障当事人的诉讼权利和实体利益，维护诉讼公正。因此，须对法官释明程序的规定进行细化，统一法院内部系统的释明尺度，且给予被告在释明程序中对等的救济性权利。此外，要求法官公开自由心证的形成过程，通过提高程序透明度以消除、减少当事人对裁判结果的不信任。[1] 最后，应进一步保障、加强当事人在司法鉴定评估程序中的选择权、确认权，对法官自由裁量权进行合理的制约和监督。

第三，以环境司法专门化推进法官职业化。环境司法专门化是立足于解决环境问题案件的司法实践，之所以"专门"，是因为环境问题案件与其他类型案件存在本质差异，需要对司法实践进行分工专门对待。[2] 环境司法专门化也是一个丰富的概念，并不能单纯地等同于审判机构专门化[3]，而是包括机构、

---

① Nicola Gennaioli & Andrei Shleifer: "Judicial Fact Discretion". Journal of Legal Studies, 2008, 27, pp. 1-35.
② 张璐：《环境司法专门化中的利益识别与利益衡量》，《环球法律评论》2018年第5期，第50—66页。
③ 吕忠梅：《环境司法专门化：现状调查与制度重构》，法律出版社2017年版，第124页。

机制、程序、理论、团队等多方面的专门化。[①] 环境司法专门化的过程，需要法官对个案进行法律解释、推理论证、价值判断。法官需要具备相应的解释法律的能力和判决书说理能力。正如哈耶尼所说，法律的操作者比其操作的法律更加重要。[②] 裁判文书的规范化和说理程度，是法官职业化程度的一个重要检验指标。

4. 提升司法专业能力

一方面，要在司法体制内健全完善生态产品的专家库，除专门聘请环境法学领域高端人才专家组成专家库之外，还要邀请林业、水利、环保、渔业等专家组建"外脑"人才库担任咨询顾问，来增强环保法庭对于专业问题的解决能力，但由于缺乏统一规定，专家适用范围不明确，专家库容易"形同虚设"。

首先，专家库的建立应当由省高院统筹规范，根据本省各地不同情况自上而下建设，而不是由各地环境资源法庭设立，以避免出现专家库数量过多的混乱情况。如浙江在进行相关改革时，根据高校、行政机关、研究机构和社会团体推荐组建了专家辅助平台，既涵盖了法学领域，也几乎涵盖了生态环境领域，但也缺乏一些理工科领域的人才，如工程力学、建筑节能、生物化学等领域。专家库建立的目的就是解决环境资源案件中某一专业问题，所以应当适当扩大专家库的范围，并根据现实需要及时更新专家库。同时，每个领域的专家应当不低于3人，以满足人民陪审员法规定的抽选要求。其次，应当出台专门的规范性文件来确定适用专家的范围。专家可参与辅助哪些环境资源案件，需要根据案件实际情况判断。对于简单的环境资源类案件，则不需要引入专家，以免出现司法成本过高、司法资源浪费等问题。最后，为解决环境专家作为人民陪审员参与度不高的问题，应对环境专家陪审员参与

---

① 张忠民:《环境司法专门化发展的实证检视：以环境审判机构和环境审判机制为中心》,《中国法学》2016年第6期，第177—196页。
② 李祖军:《自由心证与法官依法独立判断》,《现代法学》2004年第5期，第102—108页。

审理作出细致化规定。

另一方面，还要探索配置专家辅助有关生态产品的司法诉讼审判。《民事诉讼法》第79条规定了申请有专门知识的人出庭制度，《民事诉讼法解释》第122条进一步对专家辅助人的出庭及发表意见视为当事人陈述作了规定。严格来讲，专家辅助人不是规范的法定名词，而是现行法律中规定的"有专门知识的人"。术业有专攻，仅凭法官一人的努力，无法完美应对类型纷杂多变的环境资源类案件中涌现出的各种专业技术类问题带来的考验，对此，法官在遇到环境污染、资源开发与利用、环境评估等日趋多样的专业问题时，可以借助专家在环境资源领域的专业背景知识，将专业的力量引入环境资源案件司法机制，通过法官的法律意见与专家的行业意见的有机结合，增强环境资源法庭对技术问题的解决能力。在环境司法领域，专家辅助人格外受重视，如《最高人民法院关于审理环境侵权责任纠纷案件适用法律若干问题的解释》和《环境民事公益诉讼司法解释》中，都对专家辅助人出庭作出了规定。而且，为了保证专家辅助人制度在环境资源类案件审判中发挥作用，最高人民法院和部分省法院都建立了自己的专家辅助人库，环境司法专门化背景下的专家辅助人制度有其特殊的严格要求，更重视专业技术水平和工作资历的硬性考察，即专家辅助人必须具备环境科学相关领域的学历背景，并且有多年从事相关领域教学、研究或实践经验，以便为重大疑难的环境资源类案件提供更为权威性、专业性的智力支持。比如，在被媒体称为"天价环保公益诉讼案"的泰州市环保联合会诉江苏常隆等6家单位的环境污染侵权公益诉讼案的审理中，法院将专家辅助人的技术咨询意见纳入判决书。由此可见，专家辅助人对法官查明案件事实、形成心证具有极大的作用，尤其是当专家辅助人是该领域的领军人物时，对法官判断案件事实的影响更具有决定性。因此，浙江省在实现环境司法审判现代化的进程中，可以探索配置专家辅助环境资源审判机制，弥补审判人员在技术领域的不足，为案件的公正审判增加一道专业保障。

5. 充分利用新兴技术

大数据时代，数字化改革席卷社会生活的方方面面。司法也应与时俱进，将互联网与诉讼服务有效衔接，加强数字法治建设。之所以进行数字化司法改革，推进立案登记智能化，是为了回应民众日益增长的诉讼需求，也是为了加快立案速度，防止案件大量积压，减少法官的审判工作量，提高诉讼效率。

一方面，推行生态产品价值实现纠纷案件的立案登记智能化。目前，我国注重发展电子法院，全面推行网上立案，以提升立案的便捷性和整体效率。对于生态产品价值实现纠纷案件而言，存在很多跨区域、跨流域的情形，遵循传统的立案登记方式，难免影响立案的整体效率。因此，可以推行网上电子立案，由当事人或其诉讼代理人在法院指定的网络平台提交起诉状等相关诉讼材料，再由法院的立案庭在线审查并决定是否立案。要充分运用互联网信息技术，积极为民众提供一系列立案登记智能服务。对于接收诉讼案件较多的法院，除了推行网上电子立案，也可以在立案大厅设置自助立案登记系统，生态产品价值实现纠纷案件案情通常较为复杂，相关证据也存在专业性强、数量多等特点，根据生态产品价值实现司法案件特点及纠纷解决的既有司法经验，对法院受案范围、诉讼风险告知、诉讼费用标准等立案基本常识及起诉立案的相关流程予以明示，借助信息技术完善电子设备程序，实现在自助立案机器前完成诉讼材料的扫描与提交，机器按照预先设定的立案标准对材料予以审查，通过审查后，按照步骤进行缴费，当事人领取机器最终打印的立案登记票据，可在智能机器上完成案件登记立案。

另一方面，可以通过建立健全在线诉讼机制，以提升生态产品价值的司法实现能力，提升生态产品价值的司法效率。在数字化司法改革背景下，在线诉讼这一独立、有效的诉讼方式可能会成为未来司法活动的主流。目前，我国基本建立起较为系统完整的在线诉讼体系，在线诉讼也已经覆盖诉讼活动的全流程，并且采取较为温和的推进方式和适用模式，[1] 但是仍然存在行为规范化欠缺、实践主体差异明显、司法活动保守性遭遇挑战、庭审反馈机制不健全等一系列问题。目前，线下诉讼活动得以有效展开，在线诉讼活动也应重点关注，突破传统诉讼模式的审判机理，探索与在线诉讼相适应的审判机理，实现两种诉讼机制并存。在此基础上，以尊重当事人的程序选择权为原则，积极推行在线诉讼方式，逐渐建立起"以在线诉讼为原则，以线下诉讼为例外"的诉讼模式。[2] 对于在线诉讼机制，在制度方面要配套完善的在线审理的庭审规则，如控辩平等规则、提示和重复规则、审理模式的转换规则、异议规则、法庭指挥权固守规则等。[3] 而在技术方面，要提高在线诉讼平台的易操作性和安全性，充分运用科学技术，优化网络运行环境，提升网络维护水准和运行速度，确定在线审判技术标准和考核要求，避免因网络技术问题影响在线诉讼的整体效率，给司法活动带来负面影响。

（二）多元化诉讼机制的融合衔接

生态产品作为公众共用物，其所承载的各种产权本质多是私益与公益的综合体[4]，在对其价值实现过程中也必然存在各种私益与整体利益之间的冲突纠纷。生态产品及其价值实现的公私交错特性，使得与之配套的司法纠纷解决也呈现出一种公私交错的现象，基于侵害权益不同、争议焦点不同、起诉主体不同等，既可能是公益诉讼，也可能是私益诉讼；既可能是基于行政法、刑法等公法提起的诉讼，也可能是基于民法、商法等私法提起的诉讼。需要承认司法纠纷的公私交错性，实现生态产品价值实现司法诉讼中各种诉讼机制的融合衔接。

---

[1] 左卫民：《后疫情时代的在线诉讼：路向何方》，《现代法学》2021 年第 6 期，第 35—46 页。

[2] 左卫民：《中国在线诉讼：实证研究与发展展望》，《比较法研究》2020 年第 4 期，第 161—172 页。

[3] 韩旭：《后疫情时代法院在线审理刑事案件之隐忧及纾解》，《浙江工商大学学报》2022 年第 1 期，第 44—54 页。

[4] 张毅：《论公众共用物共享权的分析路径》，《北京理工大学学报（社会科学版）》2021 年第 6 期，第 151—160 页。

第一，对生态产品价值实现的司法诉讼机制予以健全完善，明晰各种诉讼机制的异同。生态产品价值实现中的各种司法诉讼在诉讼利益、司法本质、权益归属等方面均有差异，但是在生态环境司法实践中，并不能进行明确的、完全的界分，因为其在案件事实、焦点分析、诉讼主体、证据证明等方面存在共通性。基于此共通性，生态产品价值实现的司法诉讼机制的健全完善路径大致类似，最关键的就是注重技术理性和司法理性的融合，提高 GEP 核算在司法诉讼中的地位，实现可测量、数字化、精细化的生态司法，提高判决的可操作性，因此需健全完善各种司法诉讼机制。也正是此共通性的存在，为各种诉讼机制之间进行衔接协调提供了基础。若是直接采取分离式的司法诉讼模式，必然会导致司法纠纷的整体性肢解，与此同时还会诱发诉讼效率降低、司法资源浪费、裁判结果冲突等问题[1]，唯有采取衔接融合后的"一诉模式"，才能真正实现生态产品价值实现司法纠纷的充分解决。

第二，构建以公益诉讼为中心的生态产品价值实现司法诉讼机制衔接路径。在承认各类司法诉讼机制具有共通性的基础上，认识到"一诉模式"的司法优势，采取循序渐进式的衔接路径。公益诉讼属于生态产品价值实现司法纠纷解决的常见体制，而且在生态环境领域，公益诉讼的研究和实践更为深入，在立法层面有规范的制度体系，并呈现出"公权主导"倾向，司法实践表现出"公权主导"和"民主行辅"现象[2]，以此为突破口，使得司法诉讼机制的衔接更为流畅，权威性更强。衔接化的实现并非要用共性掩盖异性，而是对共性和异性都予以充分认可。在此基础上，通过诉的合并实现各种诉讼机制之间的衔接融合，进行合并审理，进而间接实现"一诉模式"。该衔接路径表现为"分离式诉讼（或二元化诉讼）→基于诉的合并，进行合并审

---

① 欧恒、张琪：《环境民事公私益诉讼融合的问题与路径》，《环境保护》2020 年第 16 期，第 30—34 页。
② 梁平、潘帅：《环境公益诉讼模式的重构——基于制度本质的回归》，《河北大学学报（哲学社会科学版）》2022 年第 2 期，第 126—134 页。

理→一元化的专门诉讼程序"，在司法诉讼的具体审理程序中则采用"前阶共同（基础）事实＋后阶各损害事实"的二阶事实法律关系构造模型[1]，如此方能实现生态产品价值实现各种司法诉讼机制的衔接，实现生态产品价值实现司法纠纷的一次性、便捷化解决。

第三，关注与生态环境损害赔偿诉讼的衔接，尤其是生态环境损害赔偿磋商制度。生态环境损害赔偿诉讼是生态产品价值实现诉讼纠纷解决的重要诉讼类型，该类纠纷类型目前整体处于健全完善的关键阶段。在整个诉讼纠纷解决体系内，生态环境损害赔偿诉讼占据着重要的核心地位，有些情形下，如果通过生态环境损害赔偿诉讼予以纠纷解决，还会附带解决因生态产品所承载的生态环境系统服务功能受损而引发的民事侵权问题。另外，生态环境损害赔偿诉讼作为一种诉讼纠纷解决的解决方式，还要关注其与非诉纠纷解决方式之间的衔接，最常见的就是生态环境损害赔偿磋商。这是由行政机关发起的，就生态环境损害在开展生态环境损害调查、鉴定评估、修复方案编制等工作的基础上主动与造成环境污染、生态破坏的责任主体磋商，达成赔偿磋商协议并承担损害赔偿责任的机制。该制度在中国的发展始于中共中央办公厅、国务院办公厅于2015年12月发布的《生态环境损害赔偿制度改革试点方案》（以下简称《试点方案》）。[2] "生态环境损害赔偿磋商制度"也是《试点方案》提出的新概念，即赔偿权利人与赔偿义务人根据生态环境损害评估报告就损害的事实和程度、修复的启动时间和期限、赔偿责任的方式和期限等具体问题进行协商，综合修复方案的技术可行性、成本效益的优化、赔偿义务人的赔偿能力及第三方治理的可行性，达成符合赔偿目的的协议。[3] 生

---

[1] 张旭东：《环境民事公私益诉讼并行审理的困境与出路》，《中国法学》2018年第5期，第278—302页。

[2] 中共中央办公厅、国务院办公厅：《生态环境损害赔偿制度改革试点方案》（中办发〔2015〕57号），2015年12月3日，最后访问时间：2022年9月9日，http://www.gov.cn/gongbao/content/2015/content_2978251.htm。

[3] 李一丁：《生态环境损害赔偿行政磋商：性质考辨、意蕴功能解读与规则改进》，《河北法学》2020年第7期，第82—95页。

态环境损害赔偿制度逻辑集中体现于其内在的法律关系。赔偿权利人与赔偿义务人在赔偿磋商活动中就生态环境要素的权益展开赔偿磋商所形成的权利、义务关系构成了生态环境损害赔偿磋商法律关系。在生态环境损害赔偿磋商法律关系中，赔偿权利人与赔偿义务人构成了赔偿磋商法律关系的主体，各主体间通过磋商程序达成赔偿协议，确定了赔偿磋商的第一性法律关系，而赔偿磋商的保障措施通过第二性法律关系保障赔偿协议得以履行。将生态环境损害赔偿磋商设定为前置程序，只有在无法进行磋商或者磋商失败时才提起诉讼，核心理由在于穷尽行政手段，充分运用行政机关的职权和职责，避免司法程序过分前置，以便保留法院作为最后解决行政纠纷的功能。法律建立行政机关，赋予行政机关保护生态环境的职责和职权，建立环境执法机制，就是考虑到行政权具有主动、高效、事前规制、集中规制的优势。被授予发起生态环境赔偿磋商权力的机关主要是行政机关，行政机关应当通过各种行政机制，综合行使各种行政职权，以行政调查、行政强制、行政命令等方式，实现保护生态环境的目的，要求造成环境污染、生态破坏的行为人承担责任，包括清除污染、修复生态的责任。而且，从制度的实施效果来看，行政机关在违法行为的调查及证据收集方面具有便利性和优势，由其通过磋商对受损生态环境进行救济将会更加经济高效。因此，《试点方案》明确了生态环境损害磋商与诉讼的"磋商前置"关系，而在具体的磋商过程中所使用的证明环境污染、生态破坏的证据，也应当是行政执法过程中依法收集的证据。这些证据可以用于磋商，然而当磋商失败进入诉讼环节之后，这些证据也应当满足诉讼要求。①

除此之外，在生态产品价值司法实现过程中，还需要紧密协调法院与公安机关、检察机关等司法机关在生态环境权益保护中的职责。环境司法专门

---

① 王旭光：《论生态环境损害赔偿诉讼的若干基本关系》，《法律适用》2019年第21期，第11—22页。

化全过程除了法院的审判，还需要公安、检察机关的配合，针对环境诉讼案件的复杂性和扩散性，有学者提出，在建设环境诉讼专门审判机构之外，再增设环境诉讼专门检察机关、环境诉讼专门公安机关，施行办案机关专门化，以突破系统之间的办案壁垒，提高环境诉讼案件依法办理的协调性。国内其他地区针对环境诉讼办案机关专门化已经进行了实践与尝试，自云南昆明中级人民法院组建环境保护法庭以来，昆明市人民检察院成立了环境资源检察处，专门负责昆明全市内有关环境诉讼案件的检察工作；昆明市公安局成立了环保分局，专门负责全市范围内环境案件的侦查立案工作。在未来浙江省的生态文明建设中，对生态环境保护的要求会越来越严格，牵涉的环境法律问题也会越来越复杂，因此，一起环境诉讼案件往往需要司法机关全过程的协调配合。

二、外部多元化落实

（一）发挥多层次规范的基础作用

法律规范是司法运行的制度依据，对生态产品价值司法实现的多元路径进行综合考虑，配套多层面的司法规范尤为关键。需要清楚的是，立法是个循序渐进的过程，非一日之功，我国生态产品价值司法实现的规范构建应当遵循循序渐进、逐步推进的原则，综合考虑生态产品的存量、分布等生态现状及司法运行、经济发展等多种因素，注重相关规范制度的阶段性和渐进性，要从自愿性向强制性进行渐进式过渡。初期可以软硬兼施，具体而言，就是既具备缺乏法律拘束力但有实际效力的软法规范，也要具备权利义务明确对应、强制性规范较多的硬法规范，但必须注意实现软法与硬法的有效衔接。后期逐渐完善立法，实现规范性立法、管理型立法与促进型立法的相互衔接、限制性规范与鼓励性规范的并举。[①]

生态产品价值司法实现的相关规范整体较为零散，分布在我国生态产品价值实现制度体系内。我国从 1980 年就开始在相关法律制度层面展开了实践探索，大致分为萌芽起步、努力探索、全面发力三个阶段。有学者预估，在未来的 5—10 年内，生态产品价值实现的具体实践工作将进入一个全新的发展阶段。[②] 因此，建立健全生态产品价值司法实现的规范，仍然建立在生态产品价值实现法律制度体系健全完善的基础上。体系是科学和理性的象征，法律规范必须体系健全，才能实现对法的秩序价值和正义价值的维护。[③] 法不在多，甚至怕多，"法深无善治"，法律不理琐事，关键在于要得到人民的信任，要做好法律体系内部的衔接，使得法真正为人所用、落到实处，法律实践工作亦能持续发展。体系化的实现既要总结过去，即"循旧"，也要催生新知，即"立新"。

一方面，"循旧"要总结过去，整合生态产品价值实现的制度规范。"生态产品"是我国的独创概念，我国对于生态产品价值实现的制度规范主要分布在调查监测、价值评价、经营开发、保护补偿等方面，呈现出法律与政策长期交织的制度体系形态，二者之间的互动协调形成了有关于生态产品价值实现的制度建构。

检视生态产品价值实现的制度构造，法律层面关涉生态产品价值实现的相关规定仍然以法律条文为主，虽然整体呈现出法律文本愈来愈多、涉及范围愈来愈广、规范视角越来越全的良好法制状态，但仍然难以撼动政策在此构造中的主要地位。早期的规范尚未实现政策法律化，新的政策不断产生，尤其是在《意见》之后，为贯彻落实该政策文件，也为了保障推动生态产品

---

① 范少虹：《绿色金融法律制度：可持续发展视阈下的应然选择与实然构建》，《武汉大学学报（哲学社会科学版）》2013 年第 2 期，第 75—79 页、第 128—129 页。

② 靳诚、陆玉麒：《我国生态产品价值实现研究的回顾与展望》，《经济地理》2021 年第 10 期，第 207—213 页。

③ 梁迎修：《方法论视野中的法律体系与体系思维》，《政法论坛》2008 年第 1 期，第 61—67 页。

价值实现机制的全面建立，浙江省、河南省、福建省、山东省、海南省、江西省、吉林省等纷纷出台了与生态产品价值实现相关的政策文件。在生态产品价值实现过程中，法律和政策发挥着不同的功能，法律聚焦于制度性、普遍性的规定，而政策具有工具性、补充性的功能，二者在"阶级本质、经济基础、指导思想、基本原则、社会目标等根本方面是高度一致的"[①]。由法律和政策所形成的生态产品价值实现制度架构属于生态产品价值实现法律体系的外围内容。

另一方面，"立新"就是要催生新知，确定生态产品价值实现的法律中心。生态产品价值实现的构建不仅是确立外围内容，还要注重顶层设计，确定生态产品价值实现的法律中心。

一是强化法律与政策间的协调互动。从长期来看，在建立健全生态产品价值实现的法律体系过程中，政策规定会逐渐向法律转化，但是并非所有的政策都要实现法律化，部分政策仍需保持原态，发挥政策的灵活机动性，以此充分确保法律效果与社会效果的统一。因此，法律与政策并行协同在未来一段时间内仍是生态产品价值司法实现的基本法制构造，应依据现实需求和功能属性，选择性地进行政策法律化。

二是进行生态产品价值实现的专门立法。生态产品价值实现的专门法律制度构成了法律体系的重要组成部分，而且其具备更权威的立法层级，为其他与生态产品价值实现相关法律制度的建立完善发挥上位法的依托作用和全局性的统筹作用，推动生态产品价值领域法律制度"开枝散叶"，进而实现综合性、系统性的法律体系的构建。因此，应加快立法进程，出台全局性的法律制度，作为推进生态产品价值实现的主要法律依据。在专门立法中，司法实现乃是重要一环，结合立法规律和立法技术，应当针对生态产品价值的司法实现作出专章规定。

[①]　张文显:《法理学》，高等教育出版社、北京大学出版社 1999 年版，第 382 页。

（二）多层级主体联动的关键作用

生态产品价值的司法实现还需要发挥政府、社会、企业等多主体的作用，由多主体型构一个推动生态产品价值司法实现的多层级主体体系，该主体体系可以保障生态产品价值的司法实现，成为司法实现阶段的后续保卫队。

生态产品价值实现新型法治路径的构建是一项巨大的系统工程，如前所述，其具有要素多元、手段多元和主体多元的特征。法治是人民的事业，也是人民的活动[①]，仅仅依靠立法、执法、司法的力量并不能实现生态产品价值实现法治路径的全面构建，还需要发挥社会主体的作用与活力，建设人人有责、人人尽责、人人享有的社会治理共同体，以此构建一个"党委领导、政府主导、企业主体、社会组织和公众共同参与"的多层级的社会治理联动系统，推动和保障生态产品价值的司法实现。

一方面，坚持党在生态产品价值实现社会治理机制中的领导地位。在生态文明建设中坚持党的领导是习近平生态文明思想的关键内容，党的领导也是推动生态环境治理现代化的核心动能，是中国特色社会主义生态文明制度的最大优势，是建设生态文明法治体系的根本政治保证。提出和推进生态文明建设也是中国共产党在治国理政的实践中不断加深对人与自然和谐关系的认识后，开展科学执政、民主执政、依法执政的具体体现路径。[②]生态环境部法规与标准司司长别涛就曾明确指出，党的十八大以来，涉及生态环保的党内法规取得了重大的进展，为贯彻落实习近平生态文明思想提供了重要的制度保障，对国家的生态环境法律法规具有重要的引领、补充、支持作用，生态环境领域的制度改革措施已有60多项，绝大多数改革措施都是以党内法规形式出现的。[③]生态文明法治建设是生态文明建设的关键部分，党中央亦为此

---

① 龚廷泰：《"整体性法治"视域下市域社会治理的功能定位和实践机制》，《法学》2020年第11期，第125—138页。

② 张斯珉：《人类文明新形态的生态意义》，《甘肃社会科学》2022年第6期，第10—17页。

③ 生态环境部：《涉及生态环保的党内法规取得重大进展》，人民网，2020年6月30日，2023年9月9日，https://www.163.com/dy/article/FGCT3TIO05346936.html。

做出了重要贡献，发挥了关键作用，我国在构建生态环境治理体系基本原则体系、组织实施体系等时都着重强调党的领导，将坚持党的领导放在首位。[1]党的领导是全面依法治国的根本保证，也是生态产品价值实现的根本保证。党中央为强化生态环境保护实效、推进生态文明建设，已经相继出台多部政策法规，领导立法机关制定和修订生态环境法律数十部，这些党内法规、政策文件的出台都为生态文明建设推进提供了重要的政治保障和制度保障。对生态产品价值实现具有关键推动作用的法律法规是中共中央办公厅、国务院办公厅于2021年印发的《意见》。因此，在生态产品价值实现法治路径的建构中，必须始终着眼于加强党的全面领导，既要健全总揽全局、协调各方的党的领导制度体系，也要健全党领导社会治理的制度和工作机制，还要在治理过程中发挥党组织的战斗堡垒作用，为生态产品价值实现提供坚强保障。[2]尤其是关于党内法规的建设，理应对党内法规在生态产品价值实现领域的定位予以明晰，强调其作为推动国家治理能力现代化的重要标志，是中国特色社会主义法治规范的重要类型，与国家法律一样发挥着推进生态产品价值实现功能，以此实现生态环境领域的现代化治理，以党内法规为缓冲地带，推动"生态产品"及"生态产品价值实现"从"政言政语"到"法言法语"的转化，以此指导生态产品价值的司法实现。

另一方面，坚持政府在生态产品价值实现社会治理机制中的主导角色。政府在社会治理机制中处于关键核心地位，既是责任主体，肩负着实现党中央决策部署、落实法律制度、参与社会治理的职责，还是主导主体，以身作则参与社会治理，以此实现对其他社会治理参与主体的指挥引领作用。政府参与生态产品价值实现的社会治理的基本方式就是执法，而其基本要求就是

---

[1] 蔡华杰：《习近平生态文明思想中坚持"党的领导"命题诠释》，《马克思主义与现实》2022年第5期，第20—27页。
[2] 叶静漪、李少文：《新时代中国社会治理法治化的理论创新》，《中外法学》2021年第4期，第845—864页。

"依法善治"，因此这种政府属于"有为政府""有限政府"，其行为必然要被纳入规范化的法律架构之中。[①] 坚持政府主导的关键在于实现生态环境司法与生态环境执法之间的衔接，生态环境行政执法是实现我国生态环境治理体系和治理能力现代化的关键。近年来，我国生态环境管理体制和执法机制逐渐健全完善，依法行政、高效行政，生态环境的治理能力逐渐提升。我国自20世纪80年代起开始对生态环境管理体制建设予以重视，呈现出主体由弱变强、职能由条块分割到纵横统一的优化趋势。[②] 在健全完善中央生态环境管理体制的同时，也关注地方生态环境管理问题，鉴于传统以属地政府管理为主、上级主管部门指导为辅的双重领导模式暴露出的弊端，在行政执法权下放、执法重心下移的总体趋势下，我国生态环境领域的执法权配置在纵向层级之间的流动呈现出下放与上收并存的双向轨迹。[③] 自2016年起，全国逐步推行省以下环保机构监测监察执法垂直管理制度改革，细化地方政府的生态环境保护职责、破除地方保护主义对环境执法的干预、实现生态环境监管制度的结构化。[④] 通过推进多轮多层次的机构改革，逐渐增强政府生态环境的保护职能、理顺不同机构的职责关系。同时，基于生态环境问题的复杂性、跨区域性、流动性等特点，探索构建跨部门、跨区域生态环境执法机制，加强央地合作、部门合作、区域合作等，进一步深化综合执法、提升生态环境执法效能，实现了"从分散冲突的机构职能体系向反映生态文明理念和以人民生态环境利益保障为中心的机构职能体系转变"[⑤]，这也是生态环境行政执法体制改革的核心内容。在生态环境领域，行政救济优先于司法救济的理念逐渐强化。

---

① 秦媛媛、刘同君：《论政府法治论视角下的社会治理方法与路径》，《江苏大学学报（社会科学版）》2020年第6期，第102—111页。
② 刘明明：《改革开放40年中国环境执法的发展》，《江淮论坛》2018年第6期，第27—33页。
③ 龚宏龄、吕普生：《环境执法权为何"逆流而上"？——基于环保案例的质性分析》，《中国行政管理》2021年第10期，第97—105页。
④ 刘超、伍森：《垂改背景下县级生态环境部门的法制困境与法典回应》，《南京工业大学学报（社会科学版）》2022年第5期，第1—17页、第115页。
⑤ 杜辉：《生态环境执法体制改革的法理与进阶》，《江西社会科学》2022年第8期，第131—140页、第208页。

总而言之，相较于司法手段，行政手段在生态产品价值实现推进过程中占据重要地位，但是行政手段也并非完美手段，存在执法范围不明确、跨区域执法依据不统一、基层执法能力不足、执法机关与监管机构之间衔接不畅等弊端，在实现现代环境法治目标和提高环境法治水平的基础上，在环境行政与环境司法之间需建立必要的协调配合的制度和机制。

坚持党委领导和政府主导，是围绕生态产品价值的司法实现构建了一个自上而下的社会治理机制，确保生态产品价值实现法治路径的公平有序。此外，还需要围绕生态产品价值的司法实现形成一个自下而上的社会治理机制，这就要吸纳企业、社会组织和公众等主体参与其中，构建多元共治的生态产品价值司法实现的社会治理体系。在生态产品价值实现过程中，企业、社会组织和公众都参与其中，扮演着不同的角色，发挥着不同的作用，即便是不直接参与其中的社会公众，也以享受生态红利、承担生态风险等方式间接参与其中。首先，就企业而言，其在资源、技术、人才等方面所具有的治理优势，决定了其在社会治理中的重要地位，对自下而上联动的实现发挥着关键作用。政府应强化企业在生态产品价值实现中的社会责任，并且配套相应的奖惩机制，以保证企业充分参与其中。其次，就社会组织而言，其在生态产品价值实现社会治理中属于新的主体类型，尚待培育和成长，而激发社会组织活力是创新社会治理体制的重要内容。因此，必须要明确社会组织的功能和角色地位，实现社会组织与其他治理主体之间的优势互补。[1]借助社会组织的传播力度，进行生态产品价值实现的宣传行动。最后，社会公众是社会治理中的基本主体。社会治理的根本途径就是要鼓励人民群众参与其中，社会公众参与的积极性高、广泛性强和有效性高，是社会治理效果的充分体现。[2]

---

[1] 张炜达、郭朔宁:《社会治理法治化:生成逻辑、价值意蕴与中国方案》,《西北大学学报（哲学社会科学版）》2022 年第 3 期, 第 118—128 页。
[2] 蔡宝刚:《聚焦社会:社会主体参与社会治理的法治观照》,《求是学刊》2021 年第 6 期, 第 101—111 页。

结　语

我们只有一个地球，它是我们赖以生存的唯一家园。人与自然形成了相融相爱、和谐共生的生命共同体。"大自然是包括人在内一切生物的摇篮"，"生态是统一的自然系统"，良好的生态环境不仅是人类生命健康的根本，也是经济社会可持续发展的基础，既关系着当代，也关系着未来。近代以来，人类过度追求经济发展，忽视了生态环境保护，虽然在短期内获得了巨大的经济效益，却导致了长期的环境问题。人与自然的深层次矛盾日益凸显，人与自然生命共同体面临着严峻考验。

生态兴则文明兴，生态衰则文明衰。生态环境保护功在当代，利在千秋。优质的生态产品是最普惠的民生福祉，也是维系人类生存发展的必需品。生态产品价值实现机制的构建完善既是对生态产品的保护，也是对环境权益的保护，更是对生态文明理念的贯彻落实。法治是治国理政的基本方式，是国家治理的基本方式。在推进生态文明建设的进程中，要坚持以最严格的法治保障人类生存发展的物质基础和生活生产环境，以最严密的法律制度保护生态环境，以生态环境法治保障多元共生的生态系统，持续推进构建生态文明法治体系。[1]

---

[1]　王干、林家鑫：《人与自然生命共同体视域下的环境法治困境与应对》，《学习与实践》2022 年第 6 期，第 80—87 页。

　　生态产品价值实现是贯彻"绿水青山就是金山银山"理念，将自然资源转化为生态效益、经济效益的重要途径。推进生态经济实现，加快生态文明建设，一方面可以推动市场竞争，提高资源利用效率；另一方面有利于生态环境保护，实现生态红利。总而言之，生态资源的资本化、产品化有助于实体经济与生态经济的协调发展。生态产品作为集经济利益和生态环境利益于一体的客体，需要通过法制创新来兼顾、协调两种利益，用法治保障生态产品的市场性和生态性。整体而言，对于生态产品价值实现而言，法治保障对其机制建构、路径选择、整体效能等都具有至关重要的作用，静态的法律制度和动态的法治进程犹如生态产品价值实现的两翼，既可以为其保驾护航，也可以推动其进程。

　　2018 年 4 月，在深入推动长江经济带发展座谈会上，习近平总书记强调，要积极探索推广绿水青山转化为金山银山的路径，选择具备条件的地区开展生态产品价值实现机制试点，探索政府主导、企业和社会各界参与、市场化运作、可持续的生态产品价值实现路径。面对多元主体参与的生态产品价值实现路径，与之相匹配的法治保障路径也应回应所保障对象的多元性特点，充分考虑这种多元性。从这个意义上讲，浙江省生态产品价值实现法治保障应当探索多元化路径。此处的"多元"既关注参与主体的多元，也关注保障对象的多元。相对而言，此处"多元化路径"中的"多元"更加强调针对多元的保障对象，以及与之匹配的路径的多元化。这种多元化路径是生态产品价值实现法治保障的内在要求，对浙江省生态环境保护和绿色发展具有广泛而深远的意义。而且，通过转变浙江模式的经济发展思路，我们可以调整发展战略，引入生态化、绿色化的可持续发展理念，用共同富裕的目标激励生态产品价值实现，用生态产品价值机制助推共同富裕实现。探索构建体现"绿水青山就是金山银山"理念、助推经济发展、助力共同富裕的生态产品价值实现法治保障的浙江模式，为全国生态产品价值实现提供了浙江样板。

　　中国当下及未来的发展方向，已不再是只关注实体经济的粗放式发展，而是转向关注生态经济的可持续发展。中国式现代化语境中"双碳"目标与生态产品价值实现在推进生态经济、加快生态文明建设中具有关键作用，两种政策的共通性决定了其存在双向互动的促进关系。中国式现代化既为生态产品价值实现的法治路径构建提供了机遇，也提出了挑战，关键在于借助"双碳"目标的时间节点明确、目标任务细化、主体对象聚焦等优势，把握机遇，化危机为机遇，从立法、执法、司法、守法四个角度全面、系统地构建生态产品价值实现新型法治路径。该法治路径在保障生态产品价值实现的同时，也发挥着对中国式现代化的法治保障作用，助力我国的生态文明建设、美丽中国建设。

参考文献

［1］ 刘向敏. 生态产品价值实现视域下矿山废弃地生态修复与重建［J］. 中国矿业, 2020（11）：72-75, 81.

［2］ 李金昌. 生态经济学的产生和发展［J］. 环境保护, 1983（1）：2-5.

［3］ 任耀武, 袁国宝. 初论"生态产品"［J］. 生态学杂志, 1992（6）：50-52.

［4］ 李宏伟, 薄凡, 崔莉. 生态产品价值实现机制的理论创新与实践探索［J］. 治理研究, 2020（4）：34-42.

［5］ 刘江宜, 牟德刚. 生态产品价值及实现机制研究进展［J］. 生态经济, 2020（10）：207-212.

［6］ 方印, 柯莉. 生态产品价值市场化实现：需求导向、定价方式及制度配置［J］. 价格月刊, 2022（11）：28-37.

［7］ 白荣君, 李军媛. 南水北调中线水源地生态补偿机制的制度保障研究——以秦岭地区陕南三市为例［J］. 生态经济, 2022（11）：209-214.

［8］ 黄向. 自然保护地双机构管理模式的生态正义研究——生命权力运作的视角［J］. 思想战线, 2022（6）：160-168.

［9］ 何寿奎, 徐建卿. 乡村振兴与生态资本价值实现融合的内在逻辑、机制

与路径研究 [J]. 云南民族大学学报（哲学社会科学版），2022（5）：117-124.

[10] 李树训. 新时代环境法治观的转向：空间思维的应用 [J]. 西北民族大学学报（哲学社会科学版），2023（1）：82-93.

[11] 窦亚权，杨琛，赵晓迪，等. 森林生态产品价值实现的理论与路径选择 [J]. 林业科学，2022（7）：1-11.

[12] 王金南，王志凯，刘桂环，等. 生态产品第四产业理论与发展框架研究 [J]. 中国环境管理，2021（4）：5-13.

[13] 张文明，张孝德. 生态资源资本化：一个框架性阐述 [J]. 改革，2019（1）：122-131.

[14] 张林波，虞慧怡，李岱青，等. 生态产品内涵与其价值实现途径 [J]. 农业机械学报，2019（6）：173-183.

[15] 庄贵阳. 新时代中国特色生态文明建设的核心要义 [J]. 企业经济，2018（6）：5-10，2.

[16] 陈宝山. 生态财产权的类型化建构与制度表达 [J]. 华中农业大学学报（社会科学版），2021（3）：152-161，191.

[17] 卢瑶，熊友华. 生态环境损害赔偿制度的理论基础和完善路径 [J]. 社会科学家，2019（5）：131-138.

[18] 王前进，王希群，陆诗雷，等. 生态补偿的经济学理论基础及中国的实践 [J]. 林业经济，2019（1）：3-23.

[19] 李琳森，张旭锐. 基于供给侧改革的森林生态标志产品研究 [J]. 林业经济问题，2018（1）：15-20，101.

[20] 刘卫先. 我国环境法学研究中的路径依赖及其克服 [J]. 政法论丛，2016（5）：59-68.

[21] 耿言虎. 自然的过度资本化及其生态后果——云南"橡胶村"案例研究 [J]. 河海大学学报（哲学社会科学版），2014（2）：31-36，91.

［22］ 刘顺，胡涵锦．自然资本化：福斯特生态学马克思主义批判的关键命题［J］．中国地质大学学报（社会科学版），2014（1）：75-81.

［23］ 周一虹，郭建超．基于甘肃甘南草原旅游服务的生态产品价值实现研究［J］．会计之友，2020（11）：138-143.

［24］ 黎元生．生态产业化经营与生态产品价值实现［J］．中国特色社会主义研究，2018（4）：84-90.

［25］ 高晓龙，林亦晴，徐卫华，等．生态产品价值实现研究进展［J］．生态学报，2020（1）：24-33.

［26］ 金兴华，严金强．生态产品价值：虚拟特性、量化基础与硬化过程［J］．青海社会科学，2021（4）：60-66.

［27］ 虞慧怡，张林波，李岱青，等．生态产品价值实现的国内外实践经验与启示［J］．环境科学研究，2020（3）：685-690.

［28］ 李忠．长江经济带生态产品价值实现路径研究［J］．宏观经济研究，2020（1）：124-128，163.

［29］ 胡咏君，吴剑，胡瑞山．生态文明建设"两山"理论的内在逻辑与发展路径［J］．中国工程科学，2019（5）：151-158.

［30］ 王斌．生态产品价值实现的理论基础与一般途径［J］．太平洋学报，2019（10）：78-91.

［31］ 王茹．基于生态产品价值理论的"两山"转化机制研究［J］．学术交流，2020（7）：112-120.

［32］ 龙耀．利润补差＋公众诉求：生态效益补偿新探索［J］．农业经济问题，2018（7）：108-117.

［33］ 陈清，张文明．生态产品价值实现路径与对策研究［J］．宏观经济研究，2020（12）：133-141.

［34］ 姚震，陶浩，王文．生态文明视野下的自然资源管理［J］．宏观经济管理，2020（8）：49-54.

［35］ 李宇亮,陈克亮. 生态产品价值形成过程和分类实现途径探析［J］. 生态经济, 2021（8）: 157-162.

［36］ 朱新华,李雪琳. 生态产品价值实现模式及形成机理——基于多类型样本的对比分析［J］. 资源科学, 2022（11）: 2303-2314.

［37］ 王孔雀,胡仪元. 生态经济的制度机制研究［J］. 生态经济, 2004（S1）: 76-79.

［38］ 靳诚,陆玉麒. 我国生态产品价值实现研究的回顾与展望［J］. 经济地理, 2021（10）: 207-213.

［39］ 丘水林,靳乐山. 生态产品价值实现的政策缺陷及国际经验启示［J］. 经济体制改革, 2019（3）: 157-162.

［40］ 唐潜宁. 生态产品的市场供给制度研究［J］. 人民论坛·学术前沿, 2019（19）: 112-115.

［41］ 李胖,姚震,陈安国. 自然资源生态产品价值实现机制［J］. 中国金融, 2021（1）: 78-79.

［42］ 吴良志. 论优质生态产品有效供给的法治保障［J］. 学习与实践, 2020（5）: 84-89.

［43］ 陈宝山,黄锡生. 生态产品财产权的类型化建构与制度表达［J］. 经济体制改革, 2021（6）: 178-184.

［44］ 于法稳. 中国生态经济研究:历史脉络、理论梳理及未来展望［J］. 生态经济, 2021（8）: 13-20, 27.

［45］ 罗琼. "绿水青山"转化为"金山银山"的实践探索、制约瓶颈与突破路径研究［J］. 理论学刊, 2021（2）: 90-98.

［46］ 谷中原,李亚伟. 政府与民间合力供给生态产品的实践策略［J］. 甘肃社会科学, 2019（6）: 41-48.

［47］ 杨锐,钟乐,赵智聪. 基于消费端的自然保护地指标交易机制:生态产品的价值实现［J］. 生态学报, 2020（18）: 6687-6693.

［48］ 方印，李杰. 生态产品价格形成机制及其法律规则探思——基于生态产品市场化改革背景［J］. 价格月刊，2021（6）：1-10.

［49］ 张文明. 完善生态产品价值实现机制——基于福建森林生态银行的调研［J］. 宏观经济管理，2020（3）：73-79.

［50］ 中村宗雄，中村英郎. 诉讼法学方法论——中村民事诉讼理论精要［M］. 陈刚，段文波，译. 北京：中国法制出版社，2009.

［51］ E. 博登海默. 法理学：法律哲学与法律方法［M］. 邓正来，译. 北京：中国政法大学出版，1999.

［52］ 哈贝马斯. 在事实与规范之间——关于法律和民主法治国的商谈理论［M］. 童世骏，译. 北京：生活·读书·新知三联书店，2003.

［53］ 曾贤刚，虞慧怡，谢芳. 生态产品的概念、分类及其市场化供给机制［J］. 中国人口·资源与环境，2014（7）：12-17.

［54］ 孙庆刚，郭菊娥，安尼瓦尔·阿木提. 生态产品供求机理一般性分析——兼论生态涵养区"富绿"同步的路径［J］. 中国人口·资源与环境，2015（3）：19-25.

［55］ 张雪溪，董玮，秦国伟. 生态资本、生态产品的形态转换与价值实现——基于马克思资本循环理论的扩展分析［J］. 生态经济，2020（10）：213-218，227.

［56］ 王爱国，周信智. "绿水青山转化为金山银山"的理论逻辑和实践路径［J］. 东岳论丛，2023（1）：56-64.

［57］ 范进学. "法学"是什么？——比较法视域中的"法学"含义诠释［J］. 法学论坛，2006（4）：32-37.

［58］ 邓小云. 论生态产品的旨趣及其法制化路径［J］. 江海学刊，2015（6）：206-211.

［59］ 张璐，王浩名. 数字经济时代生态产品价值实现的法律构造——以"蚂蚁森林"为例［J］. 南京社会科学，2023（7）：66-77.

［60］ 曹凑贵. 生态学概论［M］. 2 版. 北京：高等教育出版社，2006.

［61］ 中国科学院可持续发展战略研究组. 2009 中国可持续发展战略报告：探索中国特色的低碳之路［M］. 北京：科学出版社，2009.

［62］ 杨朝霞. 生态文明观的法律表达［M］. 北京：中国政法大学出版社，2019.

［63］ 贾爱玲. "环境问题" 法律救济研究：以侵权责任法为视角［M］. 北京：法律出版社，2020.

［64］ 钱正英，沈国舫，刘昌明. 建议逐步改正 "生态环境建设" 一词的提法［J］. 科技术语研究，2005（2）：20–21.

［65］ 郭晓虹. "生态" 与 "环境" 的概念与性质［J］. 社会科学家，2019（2）：107–113.

［66］ 张百灵. 生态产品政府责任研究［M］. 北京：中国社会科学出版社，2020.

［67］ 戴波，段海红. 生态标志及生态产品推广问题研究［J］. 生态经济，2011（1）：128–130，138.

［68］ 傅伯杰，于丹丹. 生态系统服务权衡与集成方法［J］. 资源科学，2016（1）：1–9.

［69］ 侯鹏，王桥，申文明，等. 生态系统综合评估研究进展：内涵、框架与挑战［J］. 地理研究，2015（10）：1809–1823.

［70］ 李爱年，彭丽娟. 生态效益补偿机制及其立法思考［J］. 时代法学，2005（3）：65–74.

［71］ 中共中央马克思恩格斯列宁斯大林著作编译局. 马克思恩格斯文集（第五卷）［M］. 北京：人民出版社，2009.

［72］ 杜辉，陈德敏. 环境法范式变革的哲学思辨——从认识论迈向实践论［J］. 大连理工大学学报（社会科学版），2012（1）：116–121.

［73］ 邱本. 部门法哲学研究［M］. 北京：中国社会科学出版社，2018.

［74］ 胡敏中. 重思"主客二分"——基于主客体关系［J］. 学术研究，2021（1）：7-15.

［75］ 吕忠梅. 环境法律关系特性探究［J］. 环境法评论，2018（0）：3-21.

［76］ 李爱年，屈振辉. 环境法学的研究方法研究［M］. 长沙：湖南师范大学出版社，2019.

［77］ 张守文. 新发展理念与"发展型法治"的构建［J］. 人民论坛·学术前沿，2021（13）：34-43.

［78］ 肖国兴. 自然资本投资法：可持续发展的必由之路［J］. 中州学刊，2007（6）：75-77.

［79］ 沈振宇，王秀芹. 自然资源资本化研究［J］. 生态经济，2001（3）：28-31.

［80］ 蔡守秋，吴贤静. 从"主、客二分"到"主、客一体"［J］. 现代法学，2010（6）：3-19.

［81］ 黄锡生，何雪梅. 生态价值评估制度探究——兼论资产评估法的完善［J］. 重庆大学学报（社会科学版），2009（1）：120-125.

［82］ 吴卫星. 环境权理论的新展开［M］. 北京：北京大学出版社，2018.

［83］ 柳兰芳. 改革开放以来中国生态经济形成的逻辑分析［J］. 天津行政学院学报，2019（6）：28-34.

［84］ 梁斌，戴安良. 绿色发展下经济生态与政治生态的统一［J］. 江西社会科学，2016（12）：26-31.

［85］ 单飞跃，卢代富，等. 需要国家干预经济法视域的解读［M］，北京：法律出版社，2005.

［86］ 路德维希·拉赫曼. 资本及其结构［M］. 刘纽，译. 上海：上海财经大学出版社，2015.

［87］ 亚当·斯密. 国富论［M］. 高铭，译. 天津：中国华侨出版社，2013.

［88］中共中央马克思恩格斯列宁斯大林著作编译局. 资本论（第一卷）［M］. 北京：人民出版社，1997.

［89］高吉喜，李慧敏，田美荣. 生态资产资本化概念及意义解析［J］. 生态与农村环境学报，2016（1）：41–46.

［90］中共中央马克思恩格斯列宁斯大林著作编译局. 资本论（第三卷）［M］. 北京：人民出版社，2004.

［91］方印，李杰，刘笑笑. 生态产品价值实现法律机制：理想预期、现实困境与完善策略［J］. 环境保护，2021（9）：30–34.

［92］莱斯特·R. 布朗. 生态经济——有利于地球的经济构想［M］. 林自新，戢守志，等，译. 北京：东方出版社，2002.

［93］李帅. 习近平关于法治建设条件的重要论述探析［J］. 湖南人文科技学院学报，2023（3）：1–5.

［94］邓琦. 论商主体在生态经济中的生态责任构建［J］. 商业研究，2021（2）：148–152.

［95］杨皓然. 习近平新时代生态经济体系的理论逻辑与实践探索［J］. 攀登，2019（6）：1–7.

［96］陈培永. "法律上层建筑"与"经济基础"关系的再思考［J］. 社会科学家，2021（2）：14–20.

［97］孟德斯鸠. 论法的精神［M］. 张雁深，译. 北京：商务印书馆，1995.

［98］蔡守秋. 论我国法律体系生态化的正当性［J］. 法学论坛，2013，28（2）：5–20.

［99］任洪涛. 生态利益有效供给的法律治理之道［J］. 广西社会科学，2015（5）：98–103.

［100］严颂. 论和谐社会与法治［J］. 政治与法律，2005（3）：9–15.

［101］周生贤. 积极建设生态文明［J］. 环境科学研究，2009（12）：3.

［102］ 叶海涛. 习近平生态文明思想的逻辑体系研究——基于党的十八大以来生态文明建设的实践与理论［J］. 哲学研究, 2022（8）: 5-13.

［103］ 李星林, 罗胤晨, 文传浩. 产业生态化和生态产业化发展: 推进理路及实现路径［J］. 改革与战略, 2020（2）: 95-104.

［104］ 梁木生. 论所有者经济目的的积极意义［J］. 哈尔滨学院学报（社会科学）, 2001（2）: 21-23.

［105］ 丰霏. 司法权的功能再述［J］. 浙江社会科学, 2021（9）: 59-66, 157.

［106］ 孙笑侠, 吴彦. 论司法的法理功能与社会功能［J］. 中国法律评论, 2016（4）: 73-88.

［107］ 张明楷. 法益初论［M］. 北京: 中国政法大学出版社, 2003.

［108］ 柯坚. 破解生态环境损害赔偿法律难题——以生态法益为进路的理论与实践分析［J］. 清华法治论衡, 2012（2）: 68-84.

［109］ 谢玲. 论环境刑法的正当性根据——基于环境伦理和传统刑法理论之考察［J］. 湖南师范大学社会科学学报, 2021（4）: 60-68.

［110］ 董兴佩. 法益: 法律的中心问题［J］. 北方法学, 2008（3）: 27-34.

［111］ 孙佑海, 王倩. 民法典侵权责任编的绿色规制限度研究——"公私划分"视野下对生态环境损害责任纳入民法典的异见［J］. 甘肃政法学院学报, 2019（5）: 62-69.

［112］ 王海晶. 生态环境服务功能损失赔偿条款适用研究［D］. 武汉: 中南财经政法大学, 2020.

［113］ 谢高地, 张彩霞, 张昌顺, 等. 中国生态系统服务的价值［J］. 资源科学, 2015（9）: 1740-1746.

［114］ 孙笑侠. 论司法多元功能的逻辑关系——兼论司法功能有限主义［J］. 清华法学, 2016（6）: 5-21.

［115］盛玉华. 环境司法中的利益识别与权衡［J］. 广东社会科学，2023
（3）：246-256.

［116］王国安. 发挥审判工作为社会主义市场经济服务的整体功能作用［J］. 当
代法学，1995（3）：32-34.

［117］石国亮. 政党价值观与政党其它要素的辩证关系［J］. 安徽师范大学
学报（人文社会科学版），2009（2）：139-143.

［118］白暴力，程艳敏，白瑞雪. 新时代中国特色社会主义生态经济理论及
其实践指引——绿色低碳发展助力我国"碳达峰、碳中和"战略实
施［J］. 河北经贸大学学报，2021（4）：26-36.

［119］王舒曼，王玉栋. 自然资源定价方法研究［J］. 生态经济，2000（5）：
25-26.

［120］彭文英，滕怀凯. 市场化生态保护补偿的典型模式与机制构建［J］. 改
革，2021（7）：136-145.

［121］文传浩，李春艳. 论中国现代化生态经济体系：框架、特征、运行与
学术话语［J］. 西部论坛，2020（3）：1-14.

［122］刘世庆，邵平桢，林睿，等. 科学发展观与西部大开发［J］. 西南金
融，2005（9）：8-10.

［123］张夺，王桂敏. 中国特色社会主义生态政治经济学的思想论纲与研究
展望［J］. 西安财经大学学报，2022（4）：26-34.

［124］中共中央马克思恩格斯列宁斯大林著作编译局. 马克思恩格斯选集
（第十九卷）［M］. 北京：人民出版社，1960.

［125］张孝德，杜鹏程. 乡村生态文明建设的使命、道路与前景——基于文
明形态与"现代化悖论"理论的分析［J］. 中国农业大学学报（社会
科学版），2022（6）：5-19.

［126］荣枢. 论中国特色社会主义生态文明的认识趋向［J］. 思想理论教育
导刊，2020（1）：45-49.

［127］ 柯伟，张劲松. 质量量化：生态供给侧的结构性困境与改革［J］. 学习论坛，2017（5）：47-52.

［128］ 欧阳志云，王如松，赵景柱. 生态系统服务功能及其生态经济价值评价［J］. 应用生态学报，1999（5）：635-640.

［129］ 陈雷，李拥军. 论现代司法的社会功能［J］. 商业时代，2012（2）：108-109.

［130］ 王智杰. 司法裁判的社会功能失灵及其应对——基于社会价值之反向重塑的思考［J］. 政法学刊，2021（6）：86-93.

［131］ 宋保振. 司法的社会功能及其实现［J］. 济南大学学报（社会科学版），2020（6）：38-45，158.

［132］ 孙雪妍. 气候司法法理功能的再思考［J］. 清华法学，2022（6）：194-206.

［133］ 吕忠梅.《环境保护法》的前世今生［J］. 政法论丛，2014（5）：51-61.

［134］ 杨朝霞. 中国环境立法50年：从环境法1.0到3.0的代际进化［J］. 北京理工大学学报（社会科学版），2022（3）：88-107.

［135］ 黄锡生，史玉成. 中国环境法律体系的架构与完善［J］. 当代法学，2014（1）：120-128.

［136］ 刘长兴. 中国环境立法年度观察报告（2021）［J］. 南京工业大学学报（社会科学版），2022（2）：95-110，112.

［137］ 曹明德，马腾. 风险社会中生态环境法律体系的变迁［J］. 国外社会科学，2021（3）：58-70，159.

［138］ 吕忠梅. 发现环境法典的逻辑主线：可持续发展［J］. 法律科学（西北政法大学学报），2022（1）：73-86.

［139］ 柯坚，付杰思. 环境法法典化背景下个人主体的实然与应然［J］. 河南师范大学学报（哲学社会科学版），2022（2）：52-64.

［140］张新宝. 行政法规不宜规定具体侵权责任［J］. 法学家，2007（5）：133-139.

［141］崔卓兰，于立深. 行政规章研究［M］. 长春：吉林人民出版社，2002.

［142］孔祥俊. 法律方法论：法律规范的选择与适用（第一卷）［M］. 北京：人民法院出版社，2006.

［143］周旺生. 立法学［M］. 2 版. 北京：法律出版社，2000.

［144］姜明安. 行政法与行政诉讼法［M］. 北京：北京大学出版社，高等教育出版社，2019.

［145］顾培东. 社会冲突与诉讼机制［M］. 2 版. 北京：法律出版社，2016.

［146］王利明.《民法典》中环境污染和生态破坏责任的亮点［J］. 广东社会科学，2021（1）：216-225，256.

［147］恩斯特·A. 克莱默. 法律方法论［M］. 周万里，译. 北京：法律出版社，2019.

［148］梁慧星. 民法解释学［M］. 4 版. 北京：法律出版社，2019.

［149］王泽鉴. 法律思维与民法实例［M］. 北京：中国政法大学出版社，2001.

［150］张志铭. 法律解释学［M］. 北京：中国人民大学出版社，2015.

［151］洪浩. 法律解释的中国范式——造法性司法解释研究［M］. 北京：北京大学出版社，2017.

［152］陈兴良. 罪刑法定主义［M］. 北京：中国法制出版社，2010.

［153］曹明德. 环境与资源保护法［M］. 北京：中国人民大学出版社，2013.

［154］汪劲. 环保法治三十年：我们成功了嘛？［M］. 北京：北京大学出版社，2011.

［155］廖建凯，黄琼．环境标准与环境法律责任之间的关系探析［J］．环境技术，2005（2）：37-39.

［156］常纪文，王宗廷．环境法学［M］．北京：中国方正出版社，2003.

［157］韩德培．环境保护法教程［M］．北京：法律出版社，2003.

［158］彭本利，蓝威．环境标准基础理论问题探析［J］．玉林师范学院学报，2006（1）：82-86.

［159］朱芒．论行政规定的性质——从行政规范体系角度的定位［J］．中国法学，2003（1）：32-46.

［160］何鹰．强制性标准的法律地位——司法裁判中的表达［J］．政法论坛，2010（2）：179-185.

［161］施志源．环境标准的法律属性与制度构成——对新《环境保护法》相关规定的解读与展开［J］．重庆大学学报（社会科学版），2016（1）：159-163.

［162］王灿发．环境法教程［M］．北京：中国政法大学出版社，1997.

［163］蔡守秋．论环境标准与环境法的关系［J］．环境保护，1995（4）：22-23.

［164］汪劲．环境法学［M］．北京：北京大学出版社，2006.

［165］常纪文．环境标准的法律属性和作用机制［J］．环境保护，2010（9）：35-37.

［166］曹金根．环境标准法律制度的困境与出路［J］．河南社会科学，2015（11）：15-19.

［167］赵玲琳，任荣明．欧盟的环境贸易政策及其启示［J］．探索与争鸣，2005（1）：37-39.

［168］陈德敏，郑泽宇．中国企业投资"一带一路"沿线国家生态环境风险的法律规［J］．新疆社会科学，2020（2）：83-90，147-148.

［169］王旭伟．实然与应然：环境与健康标准的法律地位分析［J］．江西社

会科学，2019（9）：171-182.

[170] 张青波. 行政组织法视角下环境标准制度的反思与完善［J］. 交大法学，2022（2）：86-98.

[171] 杜辉. 挫折与修正：风险预防之下环境规制改革的进路选择［J］. 现代法学，2015（1）：90-101.

[172] 王春磊. 环境标准法律效力再审视——以环境义务为基点［J］. 甘肃社会科学，2016（6）：128-132.

[173] 张式军，徐欣欣. 环境质量标准侵权法效力否议——兼评环境质量标准与污染物排放标准的侵权法效力之争［J］. 常州大学学报（社会科学版），2018（1）：20-31.

[174] 金瑞林. 环境法学［M］. 3 版. 北京：北京大学出版社，2013.

[175] 刘卫先. 论达标排污致他人损害的责任承担［J］. 中国地质大学学报（社会科学版），2018（3）：70-85.

[176] 尤明青. 论环境质量标准与环境污染侵权责任的认定［J］. 中国法学，2017（6）：283-300.

[177] 王旭伟，姚建宗. 环境标准的侵权法效力观释评及其制度重塑［J］. 江海学刊，2021（4）：154-162，255.

[178] 王彬. 再论指导性案例的效力——以法律论证理论为分析路径［J］. 内蒙古社会科学（汉文版），2017（2）：107-114.

[179] 方乐. 指导性案例司法适用的困境及其破解［J］. 四川大学学报（哲学社会科学版），2020（2）：147-160.

[180] 雷磊. 重构"法的渊源"范畴［J］. 中国社会科学，2021（6）：147-167，207.

[181] 马光泽. 论指导性案例的效力类型——基于对"应当参照"误解的澄清［J］. 北京社会科学，2022（4）：85-94.

[182] 凌斌. 什么是法教义学：一个法哲学追问［J］. 中外法学，2015（1）：

224–244.

［183］丁国峰. 十八大以来我国生态文明建设法治化的经验、问题与出路［J］. 学术界，2020（12）：161–171.

［184］董邦俊. 环境保护检察专门化之新时代展开［J］. 法学，2022（11）：135–153.

［185］胡建淼. 法律适用学［M］. 杭州：浙江大学出版社，2010.

［186］何江. 为什么环境法需要法典化——基于法律复杂化理论的证成［J］. 法制与社会发展，2019（5）：54–72.

［187］张梓太，程飞鸿. 论环境法法典化的深层功能和实现路径［J］. 中国人口·资源与环境，2021（6）：10–18.

［188］徐以祥. 论我国环境法律的体系化［J］. 现代法学，2019（3）：83–95.

［189］彭峰. 中国环境法法典化的困境与出路［J］. 清华法学，2021（6）：174–187.

［190］周珂，谭柏平，欧阳彬. 环境法［M］. 5 版. 北京：中国人民大学出版社，2016.

［191］朱最新. 区域协同立法的运行模式与制度保障［J］. 政法论丛，2022（4）：141–150.

［192］马家龙. 市场化多元化生态保护补偿的浙江实践及启示［J］. 中国国土资源经济，2020（1）：4–10.

［193］陈佩佩，张晓玲. 生态产品价值实现机制探析［J］. 中国土地，2020（2）：12–14.

［194］周伯煌，付景新. 我国林权纠纷非诉解决机制的困境及其突破［J］. 世界林业研究，2010（4）：56–60.

［195］张西恒. 近年来国内环境纠纷多元化解机制研究述评［J］. 郑州大学学报（哲学社会科学版），2018（2）：30–34，158.

［196］吴昂．论生态环境法典编纂中纠纷解决机制的构建［J］．中国法律评
论，2022（2）：50-59.

［197］秦传熙，丁鑫．环境民事公益诉讼诉前调解机制之制度价值和体系架
构［J］．人民司法，2020（22）：46-51.

［198］郭超，王伟，古清月，等．非法采矿类公益诉讼案生态环境损害鉴定
评估的审查要点探析［J］．环境保护，2022（18）：54-58.

［199］高世楫．建立生态产品调查监测机制 支撑生态产品价值实现［J］．中
国经贸导刊，2021（11）：48-50.

［200］张琪静．国家公园自然资源统一确权登记的功能及其实现［J］．环境
保护，2021（23）：46-50.

［201］黄宇驰，姚明秀，王卿，等．生态产品价值实现的理论研究与实践进
展［J］．中国环境管理，2022（3）：52.

［202］张厚美．生态产品价值实现，尚需破解几道题？［J］．中国生态文明，
2021（5）：29-31.

［203］秦国伟，董玮，宋马林．生态产品价值实现的理论意蕴、机制构成与
路径选择［J］．中国环境管理，2022（2）：70-75，69.

［204］黄如良．生态产品价值评估问题探讨［J］．中国人口·资源与环境，
2015（3）：26-33.

［205］李凡，颜晗冰，吕果，等．生态产品价值实现机制的前提研究——以
南京市高淳区生态系统生产总值（GEP）核算为例［J］．环境保护，
2021（12）：51-58.

［206］王广涛，王英超．生态系统价值核算指标体系探析［J］．皮革制作与
环保科技，2022（4）：171-173.

［207］任杰，钱发军，刘鹏．河南省黄河流域生态产品价值核算体系研
究［J］．经济研究导刊，2022（4）：130-132.

［208］《热带林业》编辑部．海南将建立生态产品价值核算结果发布制度［J］．热

带林业，2022（1）：42.

[209] 沈满洪. 生态经济学［M］. 2 版. 北京：中国环境出版社，2016.

[210] 秦艳红，康慕谊. 国内外生态补偿现状及其完善措施［J］. 自然资源学报，2007（4）：557-567.

[211] 车东晟. 政策与法律双重维度下生态补偿的法理溯源与制度重构［J］. 中国人口·资源与环境，2020（8）：148-157.

[212] 郑雪梅. 生态补偿横向转移支付制度探讨［J］. 地方财政研究，2017（8）：40-47.

[213] 杨卫军，冯芊芊. 中国共产党生态文明思想的历史演进［J］. 湖北工程学院学报，2021（4）：38-43，48.

[214] 王玲. 中国传统文化的生态思想精要及其法治价值管窥［J］. 山东社会科学，2019（5）：169-174.

[215] 靳永茂，吕军利. 中国共产党生态思想的现实基础与理论渊源［J］. 中学政治教学参考，2016（33）：5-7.

[216] 左雪松. 新中国七十年来中国共产党生态思想历史演进的回顾和启示［J］. 中南大学学报（社会科学版），2019（6）：1-8.

[217] 中共中央文献研究室. 新时期环境保护重要文献选编［M］. 北京：中央文献出版社，2001.

[218] 江泽民. 江泽民文选（第一卷）［M］. 北京：人民出版社，2006.

[219] 王雨辰. 生态文明思想源流与当代中国生态文明思想［M］. 武汉：湖北人民出版社，2019.

[220] 习近平. 习近平谈治国理政（第三卷）［M］. 北京：外文出版社，2020.

[221] 陈栋，饶旭鹏. 习近平生态文明思想实践新视野［J］. 西南交通大学学报（社会科学版），2022（4）：1-8.

[222] 习近平. 习近平谈治国理政（第一卷）［M］. 北京：外文出版社，

2018.

[223] 张忠民，李鑫潼. 生态文明的中国法治与法典表达［J］. 法治社会，
2022（4）：16-29.

[224] 刘超. 习近平法治思想的生态文明法治理论之法理创新［J］. 法学论
坛，2021（2）：25-35.

[225] 吕忠梅. 习近平法治思想的生态文明法治理论之核心命题：人与自然
生命共同体［J］. 中国高校社会科学，2022（4）：4-15，157.

[226] 于文轩，胡泽弘. 习近平法治思想的生态文明法治理论之理念溯源与
实践路径［J］. 法学论坛，2021（2）：18-24.

[227] 田启波. 生态文明的四重维度［J］. 学术研究，2016（5）：33-37，177.

[228] 中共中央马克思恩格斯列宁斯大林著作编译局. 马克思恩格斯选集
（第二卷）［M］. 北京：人民出版社，2012.

[229] 孙伟平. 论实现社会主义核心价值观与制度的良性互动［J］. 思想理
论教育，2019（9）：28-32.

[230] 邓蕾. 都市青少年生态文明意识和行为研究［J］. 青年探索，2015
（1）：100-104.

[231] 肖宇，胡雯. 习近平生态文明思想的价值逻辑：以人民为中心［J］. 乌
鲁木齐职业大学学报，2022（3）：14-17.

[232] 黑格尔. 小逻辑［M］. 贺麟，译. 北京：商务印书馆，1980.

[233] 王庆丰. 辩证法研究的理论自觉［J］. 马克思主义理论教学与研究，
2021（2）：49-55.

[234] 中共中央马克思恩格斯列宁斯大林著作编译局. 马克思恩格斯选集
（第一卷）［M］. 北京：人民出版社，2012.

[235] A. 施密特. 马克思的自然概念［M］. 欧力同，吴仲昉，译. 北京：
商务印书馆，1988.

[236] 樊聪. 实践观视域下人与环境关系问题探究——基于《关于费尔巴哈

的提纲》的分析［J］. 西部学刊，2022（11）：53-57.

［237］中国 21 世纪议程中心. 论中国的可持续发展［M］. 北京：海洋出版
社，1994.

［238］陈泉生. 可持续发展与法律变革［M］. 北京：法律出版社，2000.

［239］刘思华. 对建设社会主义生态文明论的再回忆——兼论中国特色社会
主义道路"五位一体"总体目标［J］. 中国地质大学学报（社会科学
版），2013（5）：33-41.

［240］吕忠梅. 环境法典编纂视阈中的人与自然［J］. 中外法学，2022（3）：
606-625.

［241］刘国新，易小明. 精准扶贫的分配正义之维［J］. 广西师范大学学报
（哲学社会科学版），2019（6）：27-35.

［242］史玉成. 生态利益衡平：原理、进路与展开［J］. 政法论坛，2014
（2）：28-37.

［243］吕忠梅. 环境法典编纂方法论：可持续发展价值目标及其实现［J］. 政
法论坛，2022（2）：18-31.

［244］解红勋. 习近平生态文明思想的三重价值内涵［J］. 内蒙古师范大学
学报（哲学社会科学版），2022（4）：40-45，69.

［245］易小明，赵永刚. 论效率的公平之维及其限度——以差异性正义与同
一性正义理论为视角［J］. 天津社会科学，2010（6）：39-42.

［246］易小明，刘国新. 分配正义与城乡基本公共服务均等化——基于同一
性正义与差异性正义的分析［J］. 甘肃理论学刊，2015（3）：116-
121，2.

［247］易小明. 分配正义的两个基本原则［J］. 中国社会科学，2015（3）：
4-21，205.

［248］谷口安平. 程序的正义与诉讼［M］. 王亚新，刘荣军，译. 北京：
中国政法大学出版社，1996.

［249］ 仇赟. 程序正义：理论、内涵与独立价值［J］. 学理论，2021（12）：31-34.

［250］ 约翰·罗尔斯. 正义论［M］. 何怀宏，廖申白，译. 北京：中国社会科学出版社，1988.

［251］ 张喻忻，周开松，覃志军. 对程序正义与实体正义关系的法理学思考［J］. 江西社会科学，2004（11）：103-105.

［252］ 邢瑞敏，樊小贤. 自然—人—社会：从《关于费尔巴哈的提纲》看马克思实践观的生态视角［J］. 延边党校学报，2021（6）：29-33.

［253］ 周文彰. "从实际出发"为什么这么难？——是从"客观实际"出发还是从"主体化的实际"出发［J］. 红旗文稿，2010（6）：14-16，1.

［254］ 林泽研. 马克思实践观视域下中国绿色发展的路径选择［J］. 理论观察，2021（7）：49-53.

［255］ 克里斯托弗·沃尔夫. 司法能动主义——自由的保障还是安全的威胁［M］. 黄金荣，译. 北京：中国政法大学出版社，2004.

［256］ 周珂. 适度能动司法推进双碳达标——基于实然与应然研究［J］. 政法论丛，2021（4）：13-22.

［257］ 杨建军. 司法能动主义在全球的发展［J］. 山东警察学院学报，2014（4）：30-40.

［258］ P. N. 伯格瓦蒂，仁堪. 司法能动主义与公众利益诉讼［J］. 环球法律评论，1987（1）：35-41.

［259］ 徐霄飞. "司法能动主义"的兴起与扩散——以"司法能动主义"内涵的探寻与厘清为核心［J］. 政治与法律，2013（4）：104-114.

［260］ 张志铭. 中国司法的功能形态：能动司法还是积极司法？［J］. 中国人民大学学报，2009（6）：37-41.

［261］ 罗飞云. 论权利的司法生成［J］. 法学论坛，2004（1）：83-87.

［262］ 顾培东. 能动司法若干问题研究［J］. 中国法学，2010（4）：5-26.

［263］ 李辉. 罪刑法定原则与我国的能动司法——从盐城"2·20"特大水污染案切入［J］. 甘肃政法学院学报，2010（1）：59-65.

［264］ 吴英姿. 风险时代的秩序重建与法治信念——以"能动司法"为对象的讨论［J］. 法学论坛，2011（1）：30-39.

［265］ 公丕祥. 当代中国能动司法的意义分析［J］. 江苏社会科学，2010（5）：100-109.

［266］ 赵钢. "能动司法"之正确理解与科学践行——以民事司法为视角的解析［J］. 法学评论，2011（2）：3-14.

［267］ 汪光焘. 坚持我国法律制度 开展能动司法［J］. 中国环境法治，2012（1）：5-10.

［268］ 姚莉. 当代中国语境下的"能动司法"界说［J］. 法商研究，2011（1）：129-135.

［269］ 解永照，王国龙. 能动司法与规则治理［J］. 学术界，2012（7）：51-62，286.

［270］ 李明耀，黄金梓. 我国法院环境能动司法模式及完善［J］. 江西社会科学，2016（10）：181-187.

［271］ 丁国民，高炳巡. 论我国环境公益诉讼的归位与诉讼模式的选择［J］. 中国社会科学院研究生院学报，2016（6）：121-127.

［272］ 黄锡生，任洪涛. 我国环境审判的实践困境与对策研究［J］. 求索，2013（8）：226-228.

［273］ 任俊龙. 略论环境司法专门化［J］. 求实，2012（S2）：79-80.

［274］ 朱建新，陈迎. 环境案件专业化审判的实践路径［J］. 法律适用，2014（4）：15-20.

［275］ 徐刚. 中国环境案件审判体制改革的法治逻辑反思［J］. 中国人口·资源与环境，2014（S2）：103-106.

［276］ 汪明亮，李灿. 环境案件"三审合一"模式的实践考察与完善进

路［J］. 河北法学，2022（3）：72-91.

［277］邓少旭. 我国环境民事公益诉讼构造研究［D］. 武汉：武汉大学，
2020.

［278］崔庆林. 环境刑法规范适用论［D］. 昆明：昆明理工大学，2017.

［279］张勇. 刑事和解中检察机关能动司法的制度规范与保障［J］. 中共浙
江省委党校学报，2010（4）：80-85.

［280］由然. 反思环保法庭制度化发展之正当性［J］. 重庆大学学报（社会
科学版），2018（4）：187-198.

［281］宋远升. 司法能动主义与克制主义的边界与抉择［J］. 东岳论丛，
2017（12）：147-155.

［282］刘政. 我国能动司法若干问题的思考［J］. 法学论坛，2012（1）：
72-78.

［283］秦天宝. 司法能动主义下环境司法之发展方向［J］. 清华法学，2022
（5）：147-162.

［284］王国飞. 碳排放数据造假民事公益诉讼规制研究［J］. 理论月刊，
2023（7）：125-139.

［285］李克杰. 我国狭义法律类型化的困局与化解［J］. 东方法学，2016
（6）：66-79.

［286］亚图·考夫曼. 类推与"事物本质"［M］. 吴从周，译. 台北：学林
文化事业有限公司，1999.

［287］吴从周. 论法学上之"类型"思维［C］. 法理学论丛——纪念杨日
然教授学术论文集［C］. 台北：月旦出版社股份有限公司. 1997.

［288］麦考密克，魏因贝格尔. 制度法论［M］. 周叶谦，译. 北京：中国
政法大学出版社，2004.

［289］卡尔·拉伦茨. 法学方法论［M］. 陈爱娥，译. 北京：商务印书馆，
2005.

［290］ 齐文远，苏彩霞．刑法中的类型思维之提倡［J］．法律科学（西北政
法大学学报），2010（1）：69-81.

［291］ 林立．法学方法与德沃金［M］．北京：中国政法大学出版社，2002.

［292］ 马建堂．生态产品价值实现路径、机制与模式［M］．北京：中国发
展出版社，2019.

［293］ 廖茂林，潘家华，孙博文．生态产品的内涵辨析及价值实现路径［J］．经
济体制改革，2021（1）：12-18.

［294］ 张林波，虞慧怡，郝超志，等．生态产品概念再定义及其内涵辨
析［J］．环境科学研究，2021（3）：655-660.

［295］ 刘伯恩．生态产品价值实现机制的内涵、分类与制度框架［J］．环境
保护，2020（13）：49-52.

［296］ 黄茂荣．法学方法与现代民法［M］．北京：中国政法大学出版社，
2001.

［297］ 蔡守秋，吴贤静．论生态人的要点和意义［J］．现代法学，2009（4）：
79-91.

［298］ 税兵．自然资源国家所有权双阶构造说［J］．法学研究，2013（4）：
4-18.

［299］ 李淑文．环境伦理：对人与自然和谐发展的伦理观照［J］．中国人口.
资源与环境，2014（S2）：169-171.

［300］ 臧振华，徐卫华，欧阳志云．国家公园体制试点区生态产品价值实现
探索［J］．生物多样性，2021（3）：275-277.

［301］ 陶建群，杨武，王克．钱江源国家公园体制试点的创新与实践［J］．人
民论坛，2020（29）：102-105.

［302］ 侯圣贺．国家公园特许经营合同的法律基础［J］．甘肃理论学刊，
2022（1）：87-96.

［303］ 张海霞．中国国家公园特许经营机制研究［M］．北京：中国环境出

版集团，2018.

［304］张平华，侯圣贺. 国家公园特许经营权的性质［J］. 山东社会科学，2021（2）：182-186，192.

［305］徐燮彪. 推进全域土地综合整治 创建老区小康新样板——余姚市梁弄镇开展全域土地综合整治纪事［J］. 浙江国土资源，2018（8）：52-54.

［306］蔡颖萍. 安吉践行"两山"转化的路径与机制分析［J］. 湖州职业技术学院学报，2020（4）：71-75.

［307］李璞，欧阳志云. 金融创新生态产品价值实现路径研究［J］. 开发性金融研究，2021（3）：88-96.

［308］方敏. 生态产品价值实现的浙江模式和经验［J］，环境保护，2020（14）：27.

［309］狄骥. 宪法论（第一卷）［M］. 钱克新，译. 北京：商务印书馆，1959.

［310］恩斯特·卡西尔. 人论［M］. 甘阳，译. 上海：上海世纪出版集团，2003.

［311］丘水林，靳乐山. 生态产品价值实现：理论基础、基本逻辑与主要模式［J］. 农业经济，2021（4）：106-108.

［312］任佳，郑文聚，王军. 创新运用"政府＋市场"模式实现生态产品价值——以哥斯达黎加为例［J］. 资源导刊，2020（7）：54-55.

［313］杜悦英. 立法与实践并进 生态补偿新局渐次铺开［J］. 中国发展观察，2021（Z1）：76-79.

［314］张捷，王海燕. 社区主导型市场化生态补偿机制研究——基于"制度拼凑"与"资源拼凑"的视角［J］. 公共管理学报，2020（3）：126-138，174.

［315］王思博，李冬冬，李婷伟. 新中国70年生态环境保护实践进展：

由污染治理向生态补偿的演变［J］.当代经济管理，2021（6）：36-42.

［316］王浩.论我国法治评估的多元化［J］.法制与社会发展，2017（5）：5-23.

［317］张宏.林业多元立体生态开发与林业经济发展［J］.山西农经，2022（10）：122-124.

［318］邬晓燕.中国生态修复的进展与前景［M］.北京：经济科学出版社，2017.

［319］吴乐，孔德帅，靳乐山.中国生态保护补偿机制研究进展［J］.生态学报，2019（1）：1-8.

［320］李依林.论生态补偿制度的价值体系［J］.浙江工商大学学报，2020（5）：96-105.

［321］李芳芳，杨赫.生态产品市场化价值研究［J］.青海金融，2022（7）：4-10.

［322］丁瑶瑶.生态环境迎来"统一大市场"［J］.环境经济，2022（13）：12-17.

［323］牛玲.碳汇生态产品价值的市场化实现路径［J］.宏观经济管理，2020（12）：37-42，62.

［324］殷斯霞，李新宇，王哲中.金融服务生态产品价值实现的实践与思考——基于丽水市生态产品价值实现机制试点［J］.浙江金融，2021（4）：27-32.

［325］李睿."双碳"视角下金融支持生态产品价值实现的路径研究［J］.北方金融，2022（9）：59-63.

［326］张岳，周应恒.绿色金融"漂绿"现象的成因与防范：来自日本的经验启示［J］.现代日本经济，2021（5）：79-94.

［327］周东洋.双碳目标下绿色金融发展仍需多方完善［N］.中国贸易报，

2021-12-21（3）.

［328］张小可，葛晶. 绿色金融政策的双重资源配置优化效应研究［J］. 产
业经济研究，2021（6）：15-28.

［329］隗斌贤. G20框架下我国绿色金融的创新发展［J］. 中共浙江省委党
校学报，2016（6）：64-72.

［330］殷红. 全球可持续金融原则比较与实践［J］. 中国金融，2021（16）：
40-41.

［331］信瑶瑶，唐珏岚. 碳中和目标下的我国绿色金融：政策、实践与挑
战［J］. 当代经济管理，2021（10）：91-97.

［332］李拥军. 论权利的生成［J］. 学术研究，2005（8）：79-83.

［333］张文显. 法哲学范畴研究［M］. 北京：中国政法大学出版社，2001.

［334］齐甜甜，华章琳. 奥康纳生态理论下乡村生态建设的理性再思辨［J］. 农
村经济与科技，2022（17）：74-77.

［335］徐双明. 基于产权分离的生态产权制度优化研究［J］. 财经研究，
2017（1）：63-74.

［336］徐爱国、李桂林. 西方法律思想史［M］. 北京：北京大学出版社，
2014.

［337］孙笑侠. 论法律与社会利益——对市场经济中公平问题的另一种思
考［J］. 中国法学，1995（4）：53-61.

［338］吴惟予. 生态环境损害赔偿中的利益代表机制研究——以社会公共利
益与国家利益为分析工具［J］. 河北法学，2019（3）：129-146.

［339］史玉成. 环境利益、环境权利与环境权力的分层建构——基于法益分
析方法的思考［J］. 法商研究，2013（5）：47-57.

［340］宋蕾. 生态产品价值实现的共生系统与协同治理［J］. 理论视野，
2022（7）：61-67.

［341］张丽佳，周妍，苏香燕. 生态修复助推生态产品价值实现的机制与路

径［J］．中国土地，2021（7）：4-8.

［342］傅伯杰．国土空间生态修复亟待把握的几个要点［J］．中国科学院院刊，2021（1）：64-69.

［343］彭建，李冰，董建权，等．论国土空间生态修复基本逻辑［J］．中国土地科学，2020（5）：18-26.

［344］曹宇，王嘉怡，李国煜．国土空间生态修复：概念思辨与理论认知［J］．中国土地科学，2019（7）：1-10.

［345］王盼．生态修复责任主体研究［J］．太原师范学院学报（社会科学版），2016（2）：48-51.

［346］吕忠梅．中国自主的环境法知识体系建构初论［J］．中共中央党校（国家行政学院）学报，2023（3）：57-68.

［347］黄修明．论儒家"孝治"司法实践中"孝"与"法"的矛盾冲突［J］．江西社会科学，2010（6）：56-60.

［348］郑少华，王慧．环境法的定位及其法典化［J］．学术月刊，2020（8）：129-141.

［349］江必新，程琥．论良法善治原则在法治政府评估中的应用［J］．中外法学，2018（6）：1473-1491.

［350］陈金钊．把法律作为修辞——法治时代的思维特征［J］．求是学刊，2012（3）：74-83.

［351］宿梦醒．非诉讼纠纷解决方式的逆向优势［J］．人民论坛，2017（17）：116-117.

［352］龙飞．替代性纠纷解决机制立法的域外比较与借鉴［J］．中国政法大学学报，2019（1）：81-95，207-208.

［353］王志华．我国碳排放交易市场构建的法律困境与对策［J］．山东大学学报（哲学社会科学版），2012（4）：120-127.

［354］张富利，林书海．我国碳排放权交易法律构造的疏失及完善［J］．生

态经济，2019（2）：24-30.

[355] 邵道萍. 论碳排放权交易的法律规制及其改进[J]. 现代经济探讨，2014（9）：77-82.

[356] 杨志军. 环境治理的困局与生态型政府的构建[J]. 大连理工大学学报（社会科学版），2012（3）：103-107.

[357] 宋璐，曾学龙，周晓涛. 生态型政府的构建及其路径[J]. 重庆社会科学，2014（11）：44-51.

[358] 张英，成杰民，王晓凤，等. 生态产品市场化实现路径及二元价格体系[J]. 中国人口·资源与环境，2016（3）：171-176.

[359] 刘秋生，樊震超，陈翔，等. "吉登斯悖论"下我国生态型政府建设研究[J]. 理论导刊，2018（1）：15-21.

[360] 刘超. 国家公园体制建设中环境私人治理机制的构建[J]. 中州学刊，2021（4）：48-55.

[361] 王建国. 法治体系是对法律体系的承继和发展[J]. 法学，2015（9）：97-106.

[362] 吕忠梅，张忠民，熊晓青. 中国环境司法现状调查——以千份环境裁判文书为样本[J]. 法学，2011（4）：82-93.

[363] 吴汉东. 知识产权损害赔偿的市场价值基础与司法裁判规则[J]. 中外法学，2016（6）：1480-1494.

[364] 唐力，谷佳杰. 论知识产权诉讼中的损害赔偿数额的确定[J]. 法学论丛，2014（2）：182-190.

[365] 崔逢铭. 著作权侵权损害裁量性赔偿研究[D]. 武汉：中南财经政法大学，2018.

[366] 黄毅. 损害赔偿额之酌定：基于诉讼公平的考量[J]. 法学论坛，2012（4）：146-153.

[367] 孟雁北. 环境侵权责任中的公共政策问题研究[J]. 首都师范大学学

报（社会科学版），2006（4）：97-100.

[368] 张保红. 公平责任新论［J］. 现代法学，2009（4）：52-59.

[369] 李强. 海洋侵权损害赔偿额的计算原则［J］. 生态经济，2014（3）：117-120.

[370] 张梓太，吴惟予. 我国生态环境损害赔偿立法研究［J］. 环境保护，2018（5）：25-30.

[371] 王磊. 论损害额酌定制度［J］. 法学杂志，2017（6）：110-117.

[372] 张学玲. 论我国法官自由裁量权及其规制［D］. 重庆：西南政法大学，2011.

[373] 郑晓剑. 比例原则在民法上的适用及展开［J］. 中国法学，2016（2）：143-165.

[374] 张璐. 环境司法专门化中的利益识别与利益衡量［J］. 环球法律评论，2018（5）：50-66.

[375] 吕忠梅，环境司法专门化：现状调查与制度重构［M］. 北京：法律出版社，2017.

[376] 张忠民. 环境司法专门化发展的实证检视：以环境审判机构和环境审判机制为中心［J］. 中国法学，2016（6）：177-196.

[377] 李祖军. 自由心证与法官依法独立判断［J］. 现代法学，2004（5）：102-108.

[378] 左卫民. 后疫情时代的在线诉讼：路向何方［J］. 现代法学，2021（6）：35-46.

[379] 左卫民. 中国在线诉讼：实证研究与发展展望［J］. 比较法研究，2020（4）：161-172.

[380] 韩旭. 后疫情时代法院在线审理刑事案件之隐忧及纾解［J］. 浙江工商大学学报，2022（1）：44-54.

[381] 张毅. 论公众共用物共享权的分析路径［J］. 北京理工大学学报（社

会科学版），2021（6）：151-160.

［382］欧恒，张琪．环境民事公私益诉讼融合的问题与路径［J］．环境保护，2020（16）：30-34.

［383］梁平，潘帅．环境公益诉讼模式的重构——基于制度本质的回归［J］．河北大学学报（哲学社会科学版），2022（2）：126-134.

［384］张旭东．环境民事公私益诉讼并行审理的困境与出路［J］．中国法学，2018（5）：278-302.

［385］李一丁．生态环境损害赔偿行政磋商：性质考辨、意蕴功能解读与规则改进［J］．河北法学，2020（7）：82-95.

［386］王旭光．论生态环境损害赔偿诉讼的若干基本关系［J］．法律适用，2019（21）：11-22.

［387］范少虹．绿色金融法律制度：可持续发展视阈下的应然选择与实然构建［J］．武汉大学学报（哲学社会科学版），2013（2）：75-79，128-129.

［388］梁迎修．方法论视野中的法律体系与体系思维［J］．政法论坛，2008（1）：61-67.

［389］张文显．法理学［M］．北京：高等教育出版社，北京大学出版社，1999.

［390］龚廷泰．"整体性法治"视域下市域社会治理的功能定位和实践机制［J］．法学，2020（11）：125-138.

［391］张斯珉．人类文明新形态的生态意义［J］．甘肃社会科学，2022（6）：10-17.

［392］蔡华杰．习近平生态文明思想中坚持"党的领导"命题诠释［J］．马克思主义与现实，2022（5）：20-27.

［393］叶静漪，李少文．新时代中国社会治理法治化的理论创新［J］．中外法学，2021（4）：845-864.

［394］秦媛媛，刘同君．论政府法治论视角下的社会治理方法与路径［J］．江

苏大学学报（社会科学版），2020（6）：102-111.

［395］刘明明. 改革开放 40 年中国环境执法的发展［J］. 江淮论坛，2018
（6）：27-33.

［396］龚宏龄，吕普生. 环境执法权为何"逆流而上"？——基于环保案例
的质性分析［J］. 中国行政管理，2021（10）：97-105.

［397］刘超，伍森. 垂改背景下县级生态环境部门的法制困境与法典回应［J］. 南
京工业大学学报（社会科学版），2022（5）：1-17，115.

［398］杜辉. 生态环境执法体制改革的法理与进阶［J］. 江西社会科学，
2022（8）：131-140，208.

［399］张炜达，郭朔宁. 社会治理法治化：生成逻辑、价值意蕴与中国方
案［J］. 西北大学学报（哲学社会科学版），2022（3）：118-128.

［400］蔡宝刚. 聚焦社会：社会主体参与社会治理的法治观照［J］. 求是学
刊，2021（6）：101-111.

［401］王干，林家鑫. 人与自然生命共同体视域下的环境法治困境与应
对［J］. 学习与实践，2022（6）：80-87.

［402］D. Garrick, et al. Water Markets and Freshwater Ecosystem Services:
Policy Reform and Implementation in the Columbia and Murray-Darling
Basins[J]. Ecological Economics, 2009, 69: 366-379.

［403］Franciska Rosen, Per Olsson. Institutional Entrepreneurs, Global Networks,
and the Emergence of International Institutions for Ecosystem-based
Management: The Coral Triangle Initiative[J]. Marine Policy, 2013, 38:
195-204.

［404］G. E. Roesch-McNally, S. S. Rabotyagov. Paying for Forest Ecosystem
Services: Voluntary Versus Mandatory Payments[J]. Environmengtal
Management, 2016, 57: 585-600.

［405］Roldan Muradian, Laura Rival. Between Markets and Hierarchies: The

Challenge of Governing Ecosystem Services[J]. Ecosystem Services, 2012, 1: 93-100.

［406］ Pamela D. McElwee. Payments for Environmental Services as Neoliberal Market-based Forest conservation in Vietnam: Panacea or problem?[J]. Geoforum, 2012, 43: 412-426.

［407］ Rene Abcede, Weena Gera. Examining the Coherence of Legal Frameworks for Ecosystem Services toward Sustainable Mineral Development in the Association of Southeast Asian Nations[J]. Ecosystem Services, 2018, 29: 228-239.

［408］ Małgorzata Stępniewska, et al. Capability of the Polish Legal System to Introduce the Ecosystem Services Approach into Environmental Management[J]. Ecosystem Services, 2018, 29: 271-281.

［409］ Bratman, Gregory N., et al. Nature and Mental Health: An Ecosystem Service Perspective[J]. Science Advances, 2019, 5(7): eaax0903-eaax0903.

［410］ Raum, Susanne. A Framework for Integrating Systematic Stakeholder Analysis in Ecosystem Services Research: Stakeholder Mapping for Forest Ecosystem Services in the UK[J]. Ecosystem Services, 2018, 29: 170-184.

［411］ Dick, Jan, et al. Stakeholders' Perspectives on the Operationalisation of the Ecosystem Service Concept: Results from 27 Case Studies[J]. Ecosystem Services, 2018, 29(c): 552-565.

［412］ Mauerhofer, Volker. Legal Aspects of Ecosystem Services: An Introduction and an Overview[J]. Ecosystem Services, 2018, 29: 185-189.

［413］ Missemer, Antoine. Natural Capital as an Economic Concept, History and Contemporary Issues[J]. Ecological Economics, 2018, 143: 90-96.

［414］ Barbier, Edward B. The Concept of Natural Capital[J]. Oxford Review of Economic Policy, 2019, 35(1): 14-36.

［415］ Fairbrass, A., et al. The Natural Capital Indicator Framework(NCIF) for Improved National Natural Capital Reporting[J]. Ecosystem Services, 2020, 46: 101-198.

［416］ Helm, Dieter. Natural Capital: Assets, Systems, and Policies[J]. Oxford Review of Economic Policy, 2019, 35(1): 1-13.

［417］ Brandon, Carter, et al. Integrating Natural Capital into National Accounts: Three Decades of Promise and Challenge[J]. Review of Environmental Economics and Policy, 2021, 15(1): 134-153.

［418］ Mauerhofer, V. The Law, Ecosystem Services and Ecosystem Functions: An in-Depth Overview of Coverage and Interrelation[J]. Ecosystem Services, 2018, 29: 190-198.

［419］ Audun Sandberg. Property rights and ecosystem properties[J]. Land Use Policy, 2007, 24: 613-623.

［420］ David Toledo, et al. Ecosystem Service Valuation Framework Applied to a Legal Case in the Anchicaya Region of Colombia[J]. Ecosystem Services, 2018, 29: 352-359.

［421］ Diana Suhardiman, et al. Payments for Ecosystem Services in Vietnam: Market-based Incentives or State Control of Resources?[J]. Ecosystem Services, 2013, 5: 94-101.

［422］ Frederik H. Kistenkas, Irene M. Bouwma, Barriers for the Ecosystem Services Concept in European Water and Nature Conservation Law[J]. Ecosystem Services, 2018, 29: 223-227.

［423］ Carol Adaire Jones, Lisa DiPinto. The Role of Ecosystem Services in USA Natural Resource Liability Litigation[J]. Ecosystem Services, 2018, 29: 333-351.

［424］ Marc D. Davidson. Distributive Justice in the International Regulation of

Global Ecosystem Services[J]. Global Environmental Change, 2012, 22: 852-861.

［425］ Fu, B., Wang, S., Su, C., et al. Linking ecosystem processes and ecosystem services[J]. Current opinion in environmental sustainability, 2013, 5(1): 4-10.

［426］ Vallecillo, S., La Notte, A., Zulian, G., et al. Ecosystem services accounts: Valuing the actual flow of nature-based recreation from ecosystems to people[J]. Ecological modelling, 2019, 392: 196-211.

［427］ Adam Fenech et al. Natural Capital in Ecology and Economics: An Overview[J]. Environmental Monitoring and Assessment, 2003, 86(1-2): 3-17.

［428］ Robert Costanza et.al. The Value of the World's Ecosystem Services and Natural Capital[J]. Nature, 1997, 387(1): 3-15.

［429］ Aharon Barak. Purposive Interpretation in Law[M]. Peinceton: Princeton University Press, 2005.

［430］ Rudolf von Jhering. The Struggle for Law[M]. trans. John Lalor, Chicago. Chicago University Press, 1915.

［431］ RAZ J. The Morality of Freedom[M]. Oxford: Clarendon Press, 1986.

［432］ Joanna Burger. Costs and Benefits of Delaying Remediation on Ecological Resources at Contaminated Sites[J]. EcoHealth, 2019, 16: 454-475.

［433］ Karl Mackie, David Miles, William Marsh, et al. The ADR practiceguide: commercial dispute resolution[M]. Butterworths, 2000.

［434］ Frank B. Cross. Natural Resource Damage Valuation[J]. Vanderbilt Law Review, 1989, 42: 269-341.

［435］ Adrian Vermeule. Optimal Abuse of Power[J]. Northwestern University Law Review, 2015, 109: 673-694.

［436］ Evan J. Criddle, Evan Fox-Decent. Keeping the Promise of Public

Fiduciary Theory: A Reply to Leib and Galoob[J]. Yale Law Journal Forum, 2016, 126: 192-215.

[437] Nicola Gennaioli, Andrei Shleifer. Judicial Fact Discretion[J]. Journal of Legal Studies, 2008, 126: 1-35.